李建荣 / 著

谈

一线教师 的 教育科研

TAN YIXIAN JIAOSHI
DE JIAOYU KEYAN

四川大学出版社

责任编辑:吴近宇
责任校对:罗永平
封面设计:墨创文化
责任印制:王 炜

图书在版编目(CIP)数据

谈一线教师的教育科研 / 李建荣著. —成都:四
川大学出版社,2018.5
ISBN 978-7-5690-1838-7

Ⅰ.①谈… Ⅱ.①李… Ⅲ.①教师-教育科学-科学
研究 Ⅳ.①G40-03

中国版本图书馆 CIP 数据核字(2018)第 101893 号

书 名	谈一线教师的教育科研
	TANYIXIAN JIAOSHI DE JIAOYU KEYAN
著 者	李建荣
出 版	四川大学出版社
地 址	成都市一环路南一段24号 (610065)
发 行	四川大学出版社
书 号	ISBN 978-7-5690-1838-7
印 刷	永清县晔盛亚胶印有限公司
成品尺寸	148 mm×210 mm
印 张	10.875
字 数	292 千字
版 次	2018 年 5 月第 1 版
印 次	2020 年 8 月第 4 次印刷
定 价	45.00 元

◆读者邮购本书,请与本社发行科联系。
电话:(028)85408408/(028)85401670/
(028)85408023 邮政编码:610065
◆本社图书如有印装质量问题,请
寄回出版社调换。
◆网址:http://press.scu.edu.cn

自序：因为爱

从教三十六年了，我有近二十个年头与教育科研为伍。其间，有追求，有苦闷；有兴奋，有沉思；有成功，也有遗憾。

"最好别去，免得自讨没趣"

刚参加工作的时候，对教育的认知或许是最无知、最粗浅的，但也是最真挚、最虔诚、最具激情的。中师毕业后我被分配到离县城六十里地的安化完小，首带的班里就有"八大学习金刚"，陈秀丽便是其中之一。哪个老师不喜欢班里优秀（尤其是学习成绩优秀）的学生呀？

一天，我巡视学生吃午餐，无意中发现陈秀丽不在。得知她到学校背后的小山上看书去了。我找到她，问她："你为什么不吃午饭呀？"她嗯嗯几声，没有直接回答。不吃午饭，下午怎么有充足的精力学习？打听到教数学的陈老师跟这孩子在一个生产队，我便找陈老师商量如何处理这件事。陈老师满怀同情地告诉我："陈秀丽有四姊妹，三女一男，大姐、二姐在校读书成绩很好，都被她爸爸以不同理由弄回了家。"他还说，"陈秀丽的爸爸认为女孩子是别人家的人，没必要读那么多书，能写自己的名字、会算简单的加减乘除法就够了。"我听后，执意要去家访，陈老师担心而又坚决地劝阻道："秀丽父亲的脾气很倔，在村了里是出了名的六亲不认，连自己的大女婿也

1

被他拿着斧子赶走了。希望你最好别去，免得自讨没趣。"看到陈秀丽那无助的眼神，我没想更多，便在放学后随陈秀丽一道去她家了。那天晚上，我与陈秀丽的爸爸进行了彻夜长谈，最终使秀丽爸爸接受了我的建议，同意秀丽从第二天起带米粮到学校蒸饭了。

让我最为难忘的是 1985 年暑假，我从安化完小考调到县城一所省重点小学，秀丽爸闻讯后，丢下打谷子的农活跑到我的宿舍拉着我的手说："李老师，我秀丽认准你了，你走到哪里，我就让她跟到哪里！"我告诉她："我去的是一所小学，没有初中。秀丽该读初中了，她就留在学校初中班吧。"秀丽爸死活不同意，最后，我只好拜托新店区中学的一位老师（我的师范学友）想法子收下了这个孩子，才得以顺利离开安化完小。

"你最好别去，免得自讨没趣"是对我的善意劝阻，但我去了，还有实实在在的收获——改变了一个"倔"家长重男轻女的思想及做法。这件事留给我的思考是什么？那就是一个"爱"字。你爱孩子，孩子就爱你，家长就会死心塌地地相信你。从教书的第一天起，爱就在我的心里扎了根。后来我总结的班主任工作"爱、真、全、细、严"五个字的经验在全县班主任工作会议上进行交流，赢得了大家雷鸣般的掌声。

"这雪景好美，与课文中的描写一样"

说来也怪，正好要上《第一场雪》，昨晚就下起了纷纷扬扬的大雪。我想起了参加工作的第一学期冬天的事。

早上起来，看见屋外满是厚厚的积雪，煞是美丽动人。学生陆陆续续来到学校，他们的脸和手冻得通红，但个个似乎觉得这是场久违的雪，他们都吆喝着要去赏雪、玩雪。我立刻改变主意，将语文课改成了瑞雪赏玩课。

爱玩是孩子的天性，玩雪更是有一种说不出的开心与惬意。

我领着全班 51 个孩子来到学校东南面的山坡上，深一脚浅一脚地在雪地里前行，雪地里留下了或深或浅的大小脚印。

"我就拿雪打你了，怎么样？哈哈哈……"

"那是兔子的脚印吧，估计兔子现在可没有我们快活！"

"哈哈哈，大家快看呀，这雪包子让我唾液回流，垂涎欲滴。"

"这美丽的雪景，只有天公才有这本事奉送给我们啊！"

"昨天晚上，我预习了课文《第一场雪》，好像就是写的我们眼前这雪景。课文中写到的'山川、河流、树木、房屋，全都罩上了一层厚厚的雪，万里江山，变成了粉妆玉砌的世界。落光了叶子的柳树上挂满了毛茸茸亮晶晶的银条儿；而那些冬夏常青的松树和柏树上，则挂满了蓬松松沉甸甸的雪球儿。一阵风吹来，树枝轻轻地摇晃，美丽的银条儿和雪球儿簌簌地落下来，玉屑似的雪末儿随风飘扬，映着清晨的阳光，显出一道道五光十色的彩虹'。作者真是下笔如有神呀，把胶东半岛的雪景写到我们眼前了！"

"是啊，这雪景好美，与课文中的描写一样！"

"你喜欢这雪景吗？我相信你们一定能学好《第一场雪》了！"

…………

我们在有趣、无羁的交流中回到了教室。刚才的一连串问题似乎在此时都不是问题，冬天里下的这一场雪与课文《第一场雪》正好不期而遇，并且是对课文的最好解读，简直是天作之合，这不正启迪着我们的教育智慧吗？爱学生，需要抓住稍纵即逝的教育契机，以博大的教育之爱去浸润学生纯真的心田，这样我们的教育就会充满生机、活力与灵性！

"能活起来的，才是我们的语文学习"

教学应该是多样化的，是满足不同学生需求的，是促进学生活学活用、变知识为能力、变能力为信念的。基于这样的考虑，我大胆尝试在班上、年级，乃至学校组织开展了一系列训练活动。

我的嗓子不是很清亮，有些沙哑，为弥补这先天的不足，在师范校学习期间便喜欢上了器乐。可否将我的喜好传递给学生呢？通过询问、调查，我发现学生有这方面的需求。于是，我在年级内率先组织口琴、笛子演奏训练兴趣班。开班不久，学生人数就达到 67 人，每到训练时间，他们来得早、来得齐，整个团队兴致高昂，俨然比在语文课堂、数学课堂上还要兴奋和投入。

篮球也是我所爱的运动。每天早上，我轮流训练班上的男、女生篮球队，教他们运球、控球、传球，教他们个体技能、团体配合，教他们体能锻炼和心理素质的同步提高。一段时间过去了，我班篮球队成了全校师生刮目相看的战斗团队，在学校几乎没有哪个班能与我班一较高下了。

如果说器乐训练是在培养兴趣，篮球运动是锻炼协作精神，那么，办班报《蓓蓓乐》是我在班级里的又一新发明，这一发明与语文课紧密相连，且能延伸语文学习能力。

我组织学生成立了写作兴趣组，利用每周三下午第三节的课外活动和周末时间在校园内外采风、采访，写成新闻报道稿，或写成"童瞳看社会"记实作文，然后通过班级小报《蓓蓓乐》进行发布。《蓓蓓乐》小报开始是由我用蜡板刻写，然后油印，分给大家阅读的。后来，孩子们兴趣很浓，便主动请缨参与其中。杨光的字写得好，自然是主要蜡纸刻写员，兼任小社长。左艳玲喜欢画画，她就担起了插图、排版等美编工作。王宇凡文章写得最好，毫无悬念地当起了主编。王煜有一米七几的个头，被推举为油印总负责。整个兴趣小组的同学都是《蓓蓓乐》的建议者、参与者、撰稿人，人人都关心《蓓蓓乐》的现在与未来。孩子们说："能活起来的，才是我们的语文学习。李老师教我们练器乐、打篮球、办《蓓蓓乐》班报，让我们的语文学习实实在在地活了起来。这样的语文学习，使我们终生受益。"

说来也奇怪，在办《蓓蓓乐》油印小报一周年之际，县教育局副局长周尚远到校检查工作发现了这一有价值的新生事物后，立即要求校长"扩大至全校"。时隔不久，《蓓蓓乐》摇身一变改名《蓓蕾》成了学校的校报。又过了一年多，新任教育局副局长会同县人大副主任商议，将我们的校报《蓓蕾》进一步升级，成为全县中小学师生的唯一一张县报。县报《蓓蕾》分中、小学两个版别，每月一期，由我担任小学刊的执行主编，共发行55期，还成功宣传了中央教科所农村小学作文教学研究学会在营山县举办的全国作文教学研讨活动，成了各校语文老师、学生十分喜爱的一张报纸，较好地推动了全县语文教学工作，尤其激发了全县师生写作的积极性。

"我们要像当年那样围绕在您身边，做李老师的开心果"

我一直认为，好学生不是老师教出来的，但老师良好的教育能促进学生更好地发展。老师的言行举止常常能在学生的一生中留下难以抹去的印迹。

"五一"节，营山县城守一小1987级三班的学生要在南充举行小学同学会，那是我刚被调进县城所教的第一届学生。是啊，时间一晃三十年就过去了。这次小学同学会，他们特地邀请了我作为老师代表参加。为此，我给他们准备了两样特别的礼物——一是小学毕业照，我估计他们有的无法再找到这个"宝贝"了；二是我手头仅存的一本《秋实集》。这本集子收集的是1987年至1994年我教过的学生发表在报刊上的作文，里面就有这个班的写作高手李辉发表在《春笋报》上的《姐姐，石榴花又红了》和《路》，有王海燕发表在《读与写》上的《别了，旧居》，有翁丽发表在《读与写》上的《"二和尚"吃肉》，有何亮发表在《读与写》上的《秋夜》等。应该说，看似普通的一本集子，却显得弥足珍贵——它代表着他们当年语文学习的水平，象征了我这个语文老师倾注在他们身上的殷殷情愫。

活动选在南充西山上的一家农家乐进行。这样选择，既突出了我们师生都来自农村，有农民的背景，又显得不张扬，有返璞归真之感。

活动由原班长王海燕、原大队长周杉组织。其中，有一项是我所没有预料到的，那就是他们要考验我对到来的 32 个当年的孩子是否还有印象，还能不能逐一叫出他们的姓名。说来也真怪，我本来是个记忆力很差的人，特别是在记忆人名方面好像有天生的障碍。但是那天，我像是事先有充分准备似的，除了三个变化太大的同学没能叫出其名字外，其余每个孩子的名字我都记忆犹新，一一叫了出来，我还说出了不少孩子当年的家庭情况、住址，以及他们儿时最要好的伙伴。孩子们大感意外，同时也给了我一个个最为珍贵的定格的瞬间——要么对我讲课的细节进行活生生的再现，要么对我在班上做过的事做出形象化的回顾，要么还调侃我当时有些"偏心眼"，没有发现有的人的潜力，没给当干部的机会让他们展示……班长最后总结说："快三十年了，李老师当年的音容笑貌深深地留在我们的记忆中。我们知道李老师桃李满天下，优秀的弟子不计其数，但对于我们这群儿时的小伙伴，李老师还能像我们一样记忆如此深刻，我们从内心深处感谢李老师！今天，我们再次团聚了，今后我们要像当年那样围绕在您身边，做李老师的开心果……"

但说实在的，从担任学校行政工作后，所教班级的语文教学就有些让我感到遗憾了。毕竟人的精力是有限的，当你把精力投注到行政管理之后，语文教学、班级管理、参与学生活动等，就变得有些"应付"的味道了，自己与学生之间的亲密程度也会打折不少。所以，在自己从事教学工作的三十多年里，最愿意去回味的就是作为普通老师所做的平凡的教育教学工作的细枝末节、点点滴滴。

坚守语文教育的本真回归之道

在三十余年的教育教学及探索之路上，自我感觉我应该算一个不甘寂寞、有些"好事"的人。从刚参加工作的满腔热血，到抓住"兴趣"探索"兴趣作文"之路，再到对语文教学"以内容为中心"转向"以表达为中心"的思考，又到今天的"交际语境下的语文教育"，可以说自己的语文人生是在不断地否定与不断地肯定之间螺旋推进、不断发展的。

时至今日，为什么我会选择"交际语境"来触及语文教育呢？黎巴嫩诗人纪伯伦有一句名言："我们已经走得太远，以至于忘记了为什么出发。"语文从远古走来，承载着太多的重负，以至于人们看不清它本来的面目。语文的内涵无限丰富，就像一片茂密的丛林，常常让身在其中的人迷失。透过现象还原本质，语文教学错综复杂的现象和林林总总的问题，其实都可以归结为三个基本问题：为什么教？教什么？怎么教？

"为什么教"是关于语文教学的价值追问，"教什么"是关于语文教学的内容追问，而"怎么教"是关于语文教学的方法追问。弄明白了这三个问题，我们就不至于种了别人的"自留地"，而荒了自家的"责任田"。于是乎，我在认真思考、反复论证之后，大胆提出了"交际语境下的语文教育"这样一个话题，于两年前开始在学校语文大组和我领衔的市、区两级名师工作室中展开大胆探索。我提出了杜绝游离语境，强化主旨聚焦；杜绝偏离语境，强化整体建构；杜绝空谈语境，强化学力培养；杜绝抽象语境，强化逻辑思辨；杜绝浅薄语境，强化深度探究；杜绝包办语境，强化适度导引；杜绝滥化语境，强化神形兼备；杜绝读写分家，强化两性统一；杜绝表里不一，强化审美育人的"'九杜绝'与'九强化'"理念，使我们的教学研究与探索有了长足进步。我还针对长期以来语文教育在形式、内容和具体方法上的种种弊端，构建了"交际语境"的基本理论框架，并以"回归语文教育的本真""交际语境的现实解读""交际语境与语文教育""交际语境下的语文教学实践"四个板块写成了《交际语境下的语文教育》一书，已由四川人民出版社出版，获得了四川省第十七次优秀教育科研成果（专著）一等奖。

因为爱，我的一生都与语文教育相伴；因为爱，我的语文教育总是充满了研究的成分；因为爱，语文教育也回馈给我一个又一个惊喜；因为爱，我获得了比不少语文老师更高、更多的荣誉。不过，我想说我的语文人生只能算是中国语文教育中的一滴小水滴，还不足以对中国语文教育产生什么影响。但有如此无数的小水滴，最后也许会凝聚成滔滔江河和浩瀚大海。愿我们每个语文教师都能奉献出自己的精力与心血，为我们的语文教育添砖加瓦、锦上添花！

大恩不言谢，我要特别铭记：本书的整理与出版，得益于四川图书出版界资深编辑吴晓桐先生的点拨、指导；有赖于四川大学出版社徐燕编辑的倾力支持；也要感谢我的同伴——成都市和成华区两级工作室成员黄杰、苟雪梅、张学霞、周红英、任洁、易汇慧、杨涛、龚文星等老师的热情参与，写稿改稿；还要感谢书中提到过的合作者及本人所在单位的相关同仁！谢谢大家！

李建荣　于圣合苑寒舍

2017 年 10 月

目 录

第一编　破解科研魔咒

王后生下了"睡美人",非常高兴,邀请人类和仙子族各方好友前来参加盛宴,却没邀请女巫卡拉波斯。心怀嫉妒和愤恨的女巫不请自来,以"公主会被纺织机的纺锤刺破手指而丧命"的诅咒作为"礼物"。幸而紫丁香仙子未献上祝福,她把女巫的毒咒缓解,使公主不会死去。

于是,国王下令禁止使用纺锤。然而公主十五六岁那年正好在一座古塔中碰到了一个正在用纺锤纺线的老婆子,公主一挨着纺锤就倒在了地上。诅咒成真,公主一直在林中沉睡,四周的藤蔓荆条成为公主睡床的帘帐。

日复一日,年复一年,直至有一天,一个年轻的王子路过,兑现了仙子的祝福,才把公主吻醒。城堡中的所有人都苏醒过来,继续做着原先没做完的事情。从此,王子公主过着幸福的生活。[①]

这是《格林童话》中一则叫《睡美人》的经典故事。这个故事生动诠释了"魔咒"的基本含义。"魔咒"是以一种神秘、奇异的方法,通过念一些所谓"咒语",使别人受到控制或伤害的怪异现象。

《西游记》中有关于"魔咒"的元素,最著名的就是"紧箍

---

① https://baike. so. com/doc/5414859-7594980. html.

咒"。只要唐僧一念紧箍咒，孙悟空便会头痛欲裂，举手投降，乖乖听话。

为什么孙悟空会被戴上紧箍咒呢？因为孙悟空搅乱蟠桃大会，偷喝玉液琼浆，误入太上老君的兜率宫，偷吃"九转金丹"，使天庭地府鸡犬不宁。但他本领高强，天上人间鲜有人能及，他的能力有助于唐僧西天取经。观音菩萨担心孙悟空的无拘无束，不听唐僧使唤，便给孙悟空戴上了这紧箍咒，从而使孙悟空完全被唐僧掌控。这就是"紧箍咒"的魔力。

时至今日，人们又赋予了"魔咒"更多神秘的色彩。

世界著名的"魔鬼三角洲"魔咒，田径场上的"克拉克魔咒"，中国人的"石油魔咒"，还有"股市魔咒""爱情魔咒""消费工业魔咒""考试魔咒""职场升迁魔咒"等，都是人们未能解开的"谜"。

在教育科研方面，也存在着这样的怪现象。

一、一线教师的科研魔咒

这里所说的"一线教师"，主要指的是中小学教师，尤其是小学教师。一线教师在教育科研方面遇到什么"魔咒"，或者说误区呢？分析发现，主要有两大误区，一是认识误区，一是操作误区。

（一）认识误区

1. 我的本职工作是教书育人

学校短信通知："全体语文老师，周二上午第二节课在小会议室举行'如何做课题研究'专项培训，请带上《教师工作手册》，准时到会参培。"有老师马上怒斥："做啥课题呀！我们的本职工作是教书育人，常规工作都忙不完，哪还有精力做什么鬼研究？"

教书育人，是教师肩上沉甸甸的责任和担当。一旦选择了教师这个职业，就意味着你必须默默工作、无私奉献、淡泊名利、静心育人，你也就应该做好自己的"三心"规划。

一是安心工作，提高师德修养。学校是塑造人的基地，教师是塑造学生人格的工程师。一个教师的世界观、人生观和价值观，甚至一言一行，都会对学生产生深刻影响，这种影响甚至是一生的。所以，教师不仅要有渊博的知识，更要具备良好的师德。要从身边做起，从点滴做起，用自己的言行举止做学生的表率，用自己的良好师德对学生施加潜移默化的影响。

二是舒心生活，净化生活情趣。要远离甚嚣尘上的社会乱象，要杜绝唯利是图的错乱心态，有意识地培养自己健康而高雅的兴趣爱好，如琴棋书画、吹拉弹唱、弄拳舞剑、游泳骑行、打球种花、钓鱼写作等，净化自己的生活情趣。因为教师对学生的影响不只是知识的熏陶，更是全方位的人格塑造与"润物细无声"的人格陶冶。我们要为学生的幸福人生奠基，没有高雅的生活情趣给学生做示范，就无法把崇高的人生追求、快乐的人生境界、良好的个人心态传递给学生，也难以培养出有健康生活情趣的学生。

三是潜心教育，提升业务素质。韩愈曾说："师者，所以传道受业解惑也。"教师首先要有良好的修养和渊博的知识，才能做到传道、授业、解惑，学生也才会"亲其师，信其道"。所以教师必须要有扎实的专业知识，主要表现在"精通"与"知新"两方面。精通，就是要掌握所教学科的基本理论，了解学科的历史、现状、发展趋势和社会作用，不仅要知其然，还要知其所以然，要抓住要领，举一反三、触类旁通、运用自如，也要采用学生喜闻乐见的教学方法，辅以精彩的讲解，最大限度地激发学生的学习兴趣。知新，就是要保持旺盛的求知欲，不断给自己"充电"，要博览群书，汲取新知识，尤其是在当今这个信息大爆炸时代，网络、电视等媒体的快速发展和广泛普及，为信息的传递搭建了"高速公路"，我们要充分利用这些有利条件，及时汲取新信息、新知识、新理论，完善自己的知识结构，借鉴先进的教学理论和经验，利用科技手段，创新教学方式，丰富教学内容，实现科学教学、科学育人。

"三心"是对我们每个教师的必然要求，也是干好教师工作的基本前提。案例中的那位老师不愿参与教育科研的原因是"我的本职工作是教书育人"，并用这个看似简单明白结论来抵触教育科研，拒绝教育科研，对立教育科研。这类还停留在"照本宣科"层面的老师是应该反思自己的。因为不管是提高师德修养，还是净化生活情趣，或是提升业务素质，都会涉及也应该考虑"用什么最佳方式""用什么科学范式"来"提高""净化""提升"的问题。这个"最佳方式""科学范式"就属于教育科研的范畴，就需要用到教育科研的思维、方法、技术等，而不应该将教育科研拒之门外。

2. 教育科研是专业人员的事儿

学校教科书主任对执笔完成教研组小专题研究成果的老师说："你们组在这个小专题研究方面做了很多扎实的工作，但在《报告》中仅把事情列举出来了，没有进行有价值的提炼，需要再做些努力——"这位老师立马反驳道："我们从早忙到晚，上课、教研、批改作业、处理学生中的问题，各种事情应接不暇，哪还有精力静下心来做提炼？提炼的工作，应该找专业人员来做！"说完，就把先前的资料重重地甩在桌子上。

科研，是科学研究的简称。我国教育部的定义是："科学研究是指为了增进知识包括关于人类文化和社会知识以及利用这些知识去发明新的技术而进行的系统的创造性工作。"美国资源委员会对科学研究的定义是:"科学研究工作是科学领域中的检索和应用,包括对已有知识的整理、统计以及对数据的搜集、编辑和分析研究工作。"由此可以看出,科学研究是指对一些现象或问题经过调查、验证、讨论及思考,然后进行推论、分析和综合,来获得客观事实的过程。其一般程序大致分为五个阶段:选择研究课题、研究设计阶段、搜集资料阶段、整理分析阶段、得出结果阶段。正因为科学研究是发现、探索和解释自然现象,深化对自然的理解并寻求其规律的过程,所以,要求真,就要讲究一定的专业性技术要求、格式规范等,教育科研也必须遵循科研的一般规律及要求。

正因为教育科研有一定程度上的严格规定和系统约束,所以,它显然要比一般意义上的班主任工作、德育工作、教学工作等更难、要求要高,这便是老师们认为"那是专业人员的事儿"的借口。我们知道,教师是凡人,凡人就有惰性,凡人就需要有外力的推动,"多一事不如少一事",在同等待遇条件下,谁愿意给自己增加一些有难度、高要求的工作任务呢?

但反过来一想,要让我们的工作变得更轻松、更有技术含量、更有职业规范,就必须引进科研意识、科研思维、科研方法、科研规范等。为什么没有谁敢对医生说:"你不会就让我来?"为什么社会上一些人敢对教育指手画脚,说三道四?原因就在我们的教育教学中融入的科研成分少了,真正的专业性还不够强,没有学过教育的人也感觉自己是"内行",是"专家"。所以,我们有必要加强自己的专业彰显,不做教育的"蹩脚"和"外行",更不能说"那是专业人员的事儿"的大笑话。

3. 别给我增加额外负担

一个老师在办公室面对一个后进生大声训斥着:"你看看,你看看,这个问题给你讲了多少遍了,为什么还是一塌糊涂，乱做一气呢？"

教师，在外行看来，任务轻、事情少、休息时间多、待遇可观、职业崇高，还受到社会青睐与敬重。其实呢，我们披星戴月，起早摸黑，每天一来到学校就忙碌起来：办公室、教室、会议室，教学楼、学生活动场地，上课、批改作业、评阅试卷、记录学生表现、个别辅导，听课、评课，组织学生活动、带领学生体育锻炼，与家长联系、与同行交流、向领导汇报，填报各种表册，应对各种检查、验收、展示，参加各项培训，等等。成天马不停蹄，有时一路小跑，时间不够支配。下班回到家，还得准备第二天的教案、课件、教具，有时晚上做梦还在辅导学生，还在与别人探讨工作上的未尽事宜。在这样劳心劳力的繁重工作压力下，如果再加上用更高标准的科研来要求大家做教育教学的深度探索、系统研究，大家有怨言也再正常不过了，把教育科研当成是"额外负担"也就是自然的了。

上面这个案例中的学生为什么对老师讲过多次的题还是乱做一气呢？是学生没用心听，还是老师根本就没给学生讲透？是学生出了问题还是老师自身有什么问题需要改进？俗话说："会怪怪自己，不会怪怪别人。"不管是学生的问题，还是老师的问题，都是值得探讨的问题，也就是可以作为我们进行研究的问题。我们不把教育科研认为是额外负担，而将教育科研拿来作为协助我们更有效、更高效地完成教育教学任务的法宝，上面的问题或许很快就可以得到解决。俗话说："要给学生一碗水，你就得拥有一桶水。"在现代信息技术日新月异、突飞猛进的今天，教师的话语权早已受到严峻挑战，你不再掌握《教学参考书》之类的独享资料，再有难度的问题，只要点开电脑，问问百度，一切近在眼前。所以，今天的教师绝不能只有"一桶水"，必须坚持终生学习，做到与时俱进，保证自己具备"长流水"。只有不断更新知识系统，不断充实知识系统，才能使自己胜任教书育人、立德树人的光辉职业。

以上情况是一线教师抵触科研的主要原因，也是一线教师不愿从事教育科研的"魔咒"。当然还有其他原因，包括教师待遇不高，找不到荣誉感；教师职业倦怠，找不到幸福感；教师重复劳动，找不到新鲜感。加上不同学校有不同校情，对教育科研的热衷度也不一致；有的上级部门有意无意拔高教育科研的要求，等等，都可能使教师对教育科研产生疏远感。

受传统教育思想观念等诸多因素影响，一些教师没有充分认识到从事教育科研的意义和价值，并对教育科研产成了一些错误的认识，陷入了"科研魔咒"泥潭之中。那么，中小学一线教师在这方面有哪些表现呢？

不愿做。

> 某小学在开学的教育科研工作会上，教导主任、教科室主任就本学期的教学教研工作做规划和安排：每位老师本学期撰写一篇论文；40 岁以下老师围绕教研组小专题上一堂研究课，写一份教学实录和一篇教学反思……任务还没布置完，一些中老年教师便议论起来，甚至个别老师马上提出反对意见："我们就是一线老师，我们的工作任务本来就很重了，还增加这么些科研任务干什么！"

从上面的案例不难看出，一线教师把教育科研看成是教育行政主管部门和学校附加在他们身上的一种额外负担。他们认为，自己本身的教学质量压力很大了，教学负担已经够重了，从事教育科研工作只会进一步加重他们的负担。"不愿做"的思想由此产生。

诚然，一线中小学教师的工作任务重，各级部门对"教学质量"抓得紧，教师压力的确不小。但殊不知，教育科研是帮助我们解决教育教学的实际问题，是促进教师个体和群体专业发展，提高教育教学质量的有效方式。如果教师不能提升自己的教育科研能力，那么，他就只能"死教书，教死书，教书死"。

不该做。

2016 年，某中学获批了一项市级课题。学校成立课题领导小组、课题研究小组，并召集相关主研人员、参研人员召开课题开展会。在动员大会上，当老师们听说自己要参与到学校的市级课题研究中时，大多数老师认为自己成了"冤大头"。一些教师写道："当我看到'研究'一词时，首先想到这是专家、学者的事。其次，觉得科研离自己非常遥远。"

为什么案例中的老师会产生"这是专家、学者的事"的想法？究其原因，在于教育科研一直被认为是教育理论工作者、教研人员和高校教师的事儿，是所谓的专家和学者们的专利。

同时，一些领导、专家也把中小学教师的研究与理论工作者的研究等同起来，一味强调研究的学术性、理论性、专业性和抽象概括性等，导致一线中小学教师认为科研"高大上"，且与自己无关。他们认为，搞科研是一门高深的学问，需要深奥的理论、严密的思维、超人的智慧、专门的技能和技巧、独特的研究方法，以及高超的研究工具与手段等，并认为科研有一种神秘感，认为只有科学家和学者才能搞研究、做出创造和发明。因此，"不该做"的思想便在一些教师的心里扎下了根，说起做科研便拒之门外，推之千里。

不能做。

某校为开展一项课题研究，先是请来了省级专业研究部门的一位研究员做理论指导和课题研究规划，每年付给这位研究员团队 15 万元专项经费。这位研究员的设计与学校实际不符，一年后，无法再合作，只好作罢。后来，该校为了把课题做得更漂亮，欲请一位全国顶级专家做更深层次的指导。由于要价每年 100 万元，最终没能达成合作协议，又只好搁浅。

有的课题研究定位不算高，难度也不大，本校老师完全可以做好相关研究工作。但是，有能力的不想做，没能力的又做不了，导致课题研究申报书写得像模像样，人员安排、时间分配、研究的预期效果及成果形式等设计得井井有条，但就是长时间不见其组织科研活动。到了研究阶段结束阶段，便请教科室的同志来听一听课，查一查报告，就算是汇报了、交差了。这岂不是闭门造车，自欺欺人？这样的科研有什么价值？

有的课题研究涉及的理论较深，囿于学校人手和研究水平制约，一些教师如天狗吃月，无从下口；还有些课题本身以假、大、空的纯理论性研究为重，教师研究的主要方式就是找资料查文献，通过理论的演绎推理，最终形成研究成果。这样的研究没有多少实用价值，只能制造一个又一个无价值的"伪课题"。而一些与教育教学联系很密切的实践性课题，却鲜有人研究。有一所学校，连计算机辅助教学的硬件都不具备，却申请了一个名为"网络环境下的课堂教学研究"的市级课题，老师没有网络教学的实践感受和体验，只能通过"假设"制造出了一份结题报告来。

部分学校为了"面子工程"，追求课题研究的高级别，从市级、省级到国家级；从一般性课题到"重点"课题。参与研究的老师，往往也会把其作为自己教育教学的一个重要"资历"，当作自己职务晋升的重要砝码。一方面，学校追求课题的数量，但由于僧多粥少，就出现了一些用不正当手法获取的高级别课题，导致了科研腐败行为的产生；另一方面，课题研究的周期性较短，参与研究的老师又局限在小范围之内，导致研究带有很大的狭隘性和局限性，这样的研究必然是一种浮躁的研究。学校承接课题是为出名、为拿牌、为评审、为课题而课题，课题与课堂联系不紧密甚至没一点关系。而老师是为了拿证拿奖拿本,只要参与,不管有没有真正的研究,最后都能将证书拿到手。课题研究过后,课堂依然没有丝毫改变。这样的科研课题,在实际教学中不能实施推广,其他学校也不能借鉴使用,"伪科研"一伪到底,急功近利、费力费神、令人担忧。

不会做。

从事教育科研需要一定的教育理论素养和相应研究基础,需要具备相关的教育科研知识、技能并接受专门的教育科研训练,而这些要求正是我们刚开始进入科研行列的一线教师所缺乏的。

一些学校迫于外在的要求和压力,硬性要求每位教师都必须申报课题、参与教育科研活动,但又缺乏专业的指导和帮助,如平时写论文、做课题时,老师们孤军作战,没有研究团队的合作,没有专业人士的引领,瞎碰乱撞,自然也给参与科研的老师带来"难度极大"之感。

目前,虽然教师队伍的整体素质有所提升,但真正能够独立或在有关人员指导下半独立地开展教育科研的教师数量绝对不多。绝大多数教师对于教育科研的基本理论、方法,知之甚少,也缺乏规范的、系统的培训。很多学校里,能够完整地撰写出一个符合基本框架的教育科研方案或报告的教师凤毛麟角。虽然每年获奖的、发表的文章总的数量看起来不错,但又有几篇确实是由教师自己写出来的论文呢?

深入一线才能够真正发现,部分教师不仅在教育实践方面经验不足,在教育理论方面更是存在很大缺陷。平时的教育教学工作更多地是凭借经验和直觉,所以,搞起科研来难免有些力不从心,甚至产生惧怕感。由于思想深处的文人相轻的陋习作祟,有的人又不愿虚心地去学习,于是,表现出来的就是抵触或轻视。

当然,也有相当数量的教师希望自己能够提高教育科研水平,也流露出着急、焦虑等情绪,可由于工作压力、时间、精力等方面的原因，同时缺乏有效的、系统的学习培训，他们也难以在短期内有效地提高科研素养。

综上所述，一线教师对教育科研的一些表现极大程度地制约着教师科研素养的提升，限制着学校教育现代化、均衡化、国际化的发展。

（二）操作误区

1. 求异走偏

有个成语叫"求同存异"，但季羡林先生在《朗润琐言》中却主张学术上要"求异存同"。因为学术研究贵在出新，不宜陈陈相因，在踏着前人的脚印走路或按着别人的腔调吆喝的同时，要有所发现，有所前进。这就是要"异"于前人和"异"于他人。否则，不过是雷同重复，谈不上有什么意义了。自然，"求异"并非完全排斥"同"，"异"中也有共同的知识和认识，须遵循共同的原则和规律，不过，"异"才是它的独特价值所在。所以，学术研究要在"异"中存"同"，不能以"同"化"异"。古代思想家黄宗羲在《明儒学案》中也说："学问之道，以各人自用得者为真。凡倚门傍户、依样葫芦者，非流俗之士，则经生之业也。此编所列，有一偏之见，有相反之论，学者于其不同处，正宜着眼理会，所谓一本而万殊也。以水济水，岂是学问！"这里强调"一本而万殊"，不要"倚门傍户、依样葫芦"，不要"以水济水"，而要重视"一偏之见，相反之论""着眼理会其不同处"，正是强调学术研究应当"求异存同"。现代学者胡适、章士钊等针对喜"同"恶"异"的现象，认为"同固欣然，异也可喜"，要人们做到"好同而不禁异"。学术研究要在"求异"中创新，在"求异"中发展。清代李笠翁在《闲情偶寄》中说："东施之貌，未必丑于西施，止为效颦于人，遂蒙千古之诮。"齐白石更告诫后人："学我者活，似我者死。"巴尔扎克关于"第一个形容女人像花的是聪明人，第二个形容女人像花的是傻子"的话，也说明文艺创作不能"嚼别人嚼过的馍"，要"求异"求新。"双百方针"是发展文化艺术的根本方针，要做到"百花齐放""百家争鸣"，关键是要有众多不同色彩的"花"在"放"，有众多不同的声音的"家"在"鸣"，倘若千"花"一色，百"家"一声，只有"同"没有"异"，也就不见什么"双百方针"了。

实际上，"求异存同"体现的创新创造精神，在社会各个领域都需要张扬。不少企业都喜欢用一个口号，叫做"人无我有，人有我优，人优我强"，这里的"有""优""强"，就是以"异"求发展，以"异"求提高。如此"求异"求变，正是当前时代创新精神的体现。

要做到"求异存同"，需要解放思想，突破常规思维。莫泊桑说过："应该时时刻刻躲避那些走熟的路，去另寻一条新的路。"他强调这是"制造新生命的唯一法门"。人们熟知的司马光砸缸和曹冲称象的故事，就是求异思维闪光的产物。在学术研究和文艺创作中，要像季羡林先生所主张的那样"求异存同"，发展"求异"思维，把努力的重点落在"求异"上。

"求异"是有道理的，但在科研中，不遵循教育教学的客观规律，不注重学生身心实际，剑走偏锋，刻意求新求怪，寻求"人咬狗"一类的"新闻亮点"，自然会导致研究的价值走偏、方向走偏、行为走偏、过程走偏、结果走偏，最终只能是徒劳无益，甚至可能给我们的教育事业带来巨大危害。所以，科研中的"求异走偏"是值得高度警惕的。

2. 贪大求全

中国科学院院士、无机化学家钱逸泰认为："成功可能有很多种原因，但往往失败只有一条，那就是想太多。做科研一定要专注，不能贪大求全。"

"科研兴教"是不少学校办学的战略目标。为实现这一目标，提高教师素质是根本，提高课堂教学效率是关键。而实现教师素质和课堂教学效率的提高，就必须实现三个转化，即将教师由"经验型"转为"专家型"，把教育的任务、难题转化为教育科研课题，把"苦干型"工作方式转化为"学习、实践、科研"三结合的新方式。为此，人们积极提倡教师投身到教育科研活动中，走教育科研之路。提高教师的整体素质是十分重要的，也促成了不少教师在做好日常教学工作的同时，积极进行课题研究。

一线教师参与教育科研，需要得到学者、专家、教授的智力支持。但有的所谓"权威"贪大求全，想一举攻克某些重大科技难题，虽然这种愿望是好的，但科研有其自身的规律，不按规律办事，只能事倍功半甚至一事无成。俗话说得好，想一口吃成个胖子是不现实的，饭要一口一口地吃，仗要一个一个地打，积小胜为大胜才是明智的做法。

有的一线教师自己也有些眼高手低，他们不切实际地追求"夺眼球""有影响力""前卫"的课题，好高骛远，贪大求洋，最后只能有头无尾，无果而终。因为选择的科研课题太大，即使花了很大气力，也很难研究出成果来。如一个村小教师选择研究"新课程背景下课堂教学的有效性"这样的大课题，显然就是很不合适的，他的精力、能力，或许都不支持他去做这项研究，更不要说会有什么成效了。又如一所学校的几位老师确定了一个叫"农村寄宿制学校建设与管理的研究"的课题，实际上这几位老师只是负责学校的几个寄宿班，要研究寄宿制学校建设与管理，明显不合适，这个题目应该由校长或局长去研究，如果换成"丰富寄宿生在校生活研究"则是很好的选项。

3. 跟风追踪

《师从天才：一个科学王朝的崛起》这本书描述了在医学领域一个具有师承关系的团队如何一代代地传承研究风格，获得了一个个开创性的重大发现。该书阐述了科学界的一个非常奇怪的

13

现象——师承关系在培养科学顶尖人才方面具有强大作用:"一种特别的东西、关键性的东西,在若干代科学家之间代代相传。"科学研究需要扬弃和传承,但一味地跟风是不可取的。教育科研中,也不乏这种现象。如一个时期有一时期的研究热点、焦点,这些热点和焦点就成了大家热衷研究的范围和课题。通过聚众人之力是可以较快获得某个领域、某个方面、某个阶段、某个焦点的研究的突破的,"众人划桨开大船""人心齐,泰山移"讲的就是这个道理。

所谓跟风,顾名思义,就是跟着别人做,跟在别人后面跑。既然是跟着前人或别人的脚步捡问题,那就不是自己独立寻找问题,捡来的问题往往不是很难,或是不太重要,顺手就解决的问题往往被开拓者解决了,剩下的就只有较难的或者没用的,所以跟风是不会有好出路的。

跟风相对容易,因为问题都是现成的,也很容易得到承认。现成的问题,现成的市场,引诱我们去跟风。做跟踪性课题,不担心市场,做新课题,可能没有市场,除非课题有足够的吸引力。中国人喜欢凑热闹,没有很多人做同一个问题就觉得比较冷清,觉得不正常、不习惯。而欧洲人则恰恰相反,即便有人做出了很好的成果,很多人也并不喜欢讨论别人的问题,除非他觉得他可以在里面达到新高度,否则,还是坚持做自己的课题。传说,有的驴车如果没有头驴,其他的驴自己不会走路,必须让赶车的人牵着走。科研毕竟是以创新为主要目的,不是以社会活动和生活为主要目的,因此,跟风只是浪费生命的又一种形式,永远出不了大的成果,也难以得到自己想要的东西,所以,我们要根除跟风的恶习,进入创新型科研行列,探索出一些与众不同、令人耳目一新的研究成果。

4. 课题至上

"课题至上"是高校或相关科研院所管理所有学术的基本制

度。高校或者科研单位将"课题"本身列为学术评价中的刚性要求之一，即无论个人在学术上有多少成绩，职称评定或者相应鼓励机制中，有无课题成为至关重要的必备条件，一些高校目前在评教授时，规定必须有国家课题，否则不能晋升等要求，就是"课题至上"的表现。

在高校或相关科研院所存在的"课题至上"现象，也影响着中小学一线开展教育科研。比如，上级文件明文规定，凡评优、评先进个人、评职称、评学科带头人、评特级教师、评选工作室领衔人、评选先进单位、年度目标考核，等等，大都要把"科研项目及成果"单列出来进行考核。级别越高、等级越高，得分就越多。这样的评价导向，就引导老师们产生"课题至上"的意识。相对于"不拘一格降人才"，"课题至上"的评判标准本身是有致命弱点和严重缺陷的，有待管理部门修正。

5. 论文情结

在过去的一段时间里，我们的学术评价，尤其关注论文发表，这是偏离学术评价的，是用论文发表数量和发表期刊档次来充当高校的学术政绩，大多数论文是为发表而炮制的，并没有多大价值，有的甚至可以说是"垃圾论文"，还有抄袭、造假、花钱买的论文，不仅没有价值，而且丧失了学术良心和操守。"论文情结"之下的学术会越来越功利，舆论则只有以极端的"反论文"方式来发泄不满情绪。这会让整个社会的学术价值观念变得混乱。

2016年1月，国务院办公厅下发《关于优化学术环境的指导意见》，重点治理学术不端行为。要优化学术环境，关键在于要从以前的发表论文导向转变为重视学术创新价值和贡献的导向。这一导向，可能会影响我国学术研究的未来走向。

在一线教师中，如果不是个人需要，或单位硬性要求，可能绝大部分老师是没有自主写作、自觉写作、自愿发表论文的愿望和冲动的。所以，对中小学教师而言，关于教育科研的要求可以适当放低一点，但不要再走"论文情结"的歧途，重点要看论文的价值，而不要简单地用是否发表、发表期刊档次和发表数量这样的易于扭曲论文写作初衷的评价方式，以改变某些中小学一线教师安于现状、不求进取的客观现实。

二、科研魔咒的破解之道

（一）问题即课题

教师的职责是教书育人，而要更好地教书育人，不能科学提高自己的方法和途径，就不能很好地提升、更新自己的思想，也就不能与时俱进。单凭在学校里学到的知识，是无法收到良好效果的。因此，作为教师，应该在干好教育教学常规工作的同时，竭力提高自己的业务水平，包括科研意识、科研能力、科研方法。

中小学一线教师如何做科研呢？我们不要把科研想得太复杂、太高深、太难做，只要抓住"问题即课题，教学即研究"，就一定能够收到实效。

什么是课题？问题即课题。我们在教育教学实际中碰到的操作难题、教法难题是问题，教材中遇到的疑点、难点是问题，课堂中如何讲授、如何正确讲授是问题，师生如何互动、如何启发是问题，如何解决学生提出的疑难问题、如何引导学生提出疑问是问题，学生的学习方法不好、效果不佳是问题，个人的教学困惑、如何突破瓶颈是问题，怎样解决班级管理的诸多麻烦是问题，学生个体学习的差异是问题，学生群体活动也是问题……抓住各种问题中的某一点细心研究，深入钻研，找到合适的答案，并寻求到理论的支持，这就是课题，这就是研究。

　　在具体实践中，我们可以对集体备课，分析重点难点，探讨研究教法，比较方式优劣，形成完整教案进行研究；可以对学生的自主学习方案进行研究；可以对师徒结对，共同探究教材教法问题进行研究；可以对课例研修，实现"同课异构""同课同构"及教学展示等具体教学活动进行研究；可以对上课、说课、分析、争论等途径、策略进行研究；可以对高效教学的方法、途径进行研究；可以对论文写作、参赛、投稿进行研究；可以对读书沙龙、读书报告会等活动的组织进行研究；可以对课题的申报、立项、研究、中期检查、结题等系统工作进行研究……一句话，凡是教学中的一切行为，都可以作为问题（课题）的范畴，都可以成为科研的内容。

　　那么，在德育方面又如何开展科研呢？道理是一样的，凡学生的一切行为，包括吃、穿、住、行，包括集体活动、单独活动，包括校内活动和校外活动，都可以纳入我们的观察视野，融入我们的研究课题。

　　既然所有教育教学中的问题都可以成为课题，所有的教育教学活动都可以进行研究，那么，我们如何开展研究呢？也是一句话：教学即研究。

　　我们在教育教学中采取的所有的教和学的手段，都可以视作教育教学研究：通过师徒结对、课例研修、自主学习、集体备课等各种形式，开展对教材教法的研究；通过班会团队课、励志报告、朝会晨读、榜样引领、活动游戏、文体活动、班规校纪、文化陶冶等多种方式，对学生进行教育，从道德的角度培养学生；认真准备、积极调研、寻找答案的过程，这些举动也是研究。

　　说得简单点，把我们的教研通过我们的行动去落实，将我们的想法通过我们的行动来体现，让我们的思想在充分研究、认真执行以后由学生的表现来展示，这就是我们的教育教学研究。

　　在问题即课题、教学即研究之后，再加上"成长即成果"，就能更全面地反映我们的研究了。学生在我们的努力下取得了点滴进步，我们自己在研究的过程中得到了提升，这就是我们的研究成果。

（二）实践与反思

李克强总理曾说："喊破嗓子，不如甩开膀子。"我们不应做说话的巨人，行动的矮子。书读得再多，如果不能运用于实践，不能拿书中学到的知识、理论去解决实际问题，读书就是没有实际意义的。

我们已经知道问题即课题、教学即研究、成长即成果的道理，现在就需要我们付诸行动，用学到的教育理论、教育原理、研究方法、评价手段等，去解决教育教学中的真实问题。

同样都是中师毕业，但多年以后，为什么有的教师成了教育教学某个方面的有名专家，而有的教师却停留在中师阶段学到的那点认识、知识上？

同在一所学校，几年以后，为什么有的教师变得理论知识丰富，操作技能娴熟，成为被大家推崇的学科首席？而有的教师私下里能说会道，一旦让他登台来一场讲座，他却只能推诿，不敢接招？

同在一个课题组参与课题研究，一段时间后，为什么有的教师积累了很多宝贵资料，且能对其研究内容讲得头头是道、眉飞色舞，而有的教师反应极其迟钝，理论说不上来，行动也不对号？

要追问原因，其实很简单，那就是你真正奉献了多少时间，投入了多少精力，阅读了多少文章，思考了多少问题，收集了多少资料……一句话，付出的努力、参与的实践，才能够让你有货真价实的收获。

四川人喜欢打麻将，每打出一张牌都会进行一次快速反思。

如这张牌能不能打？先打出去哪张牌为好？这张牌打出去之后，会不会给别人创造难得的机会？别人有了机会，会不会给自己带来输牌的危险？一旦自己打出去的牌"点了炮"，自己更是要深刻反思：为什么我不打另外一张？别人都没敢动，我为什么要冒天下之大不韪，去做第一个吃螃蟹的人？……总之，即使你的牌再好，只要让别人占先和了牌，或是你亲自"点了炮"，你就等于拿到了最差劲的牌了。

在麻将桌上的反思，对我们的教育教学实践也有启发意义。反思，本义是回头、反过来思考，也有反省之意；也可以理解为是指对自身思维过程、思维结果进行再认识和检验的过程。反思能力对教育科研来说是至关重要的。因为反思也是一种学习，是对自己先前的行为与结果的正误、优劣进行重新审视、甄别、矫枉过正的一个学习过程。所以，反思有利于自我意识的觉醒，有利于破解实践中的迷茫和困惑，有利于后续行为轨道的校正，有利于在解决问题的同时不断完善自己。

在科学研究中，如何提升自己的反思能力呢？

一是自我剖析。自我剖析既是对自己进行批判性反思的过程，更是自我提高的过程。人本主义心理学家马斯洛曾说："人都有自我发挥和完成的欲望，使自己的潜能得以实现、保持和增强。"来自内在动力的激励作用要远远大于外部约束的激励作用。我们经过不断自我剖析、自我诊断、自我调整，不断改进自己的工作并形成理性认识，最终得以自我提高，这种不间断的自我剖析活动，就是教师自我发展、自我实现的过程。随着这种活动的成功，我们的自信心和自尊感也随之加强，这将成为我们进一步完善自己和提高自己工作水平的强大动力。同时，自我剖析的过程，也是自我否定的过程，是十分痛苦和难受的，需要我们有否定自我、重塑自我的勇气。在反思中，我们一旦找到了问题，特别是找到了解决问题的突破口，就会获得不断前进的动力，也会实现精神上的跨越。

二是以他为镜。就是将其他老师作为反思自己的一面镜子，经常性地认真对照、反思，及时发现自己在研究中存在的偏颇。只要善于吸纳他人的成功之处，并有效融入自己的经验中，你就等于是站在巨人的肩膀上居高而招、居高而呼，你的成功概率也将大大增加。我们还要虚心听取同行或专家的意见，避免陷入"不识庐山真面目，只缘身在此山中"的窘境。

三是以生为镜。教师工作的出发点和落脚点都应体现在学生的发展上，衡量教师工作的质量也必须在学生的发展上才能表现出来。因此，学生的反馈意见应该成为我们反思自己的一面镜子。在反思过程中，我们要充分听取学生的意见，广泛采纳学生的好的建议，这样会促进我们今后的研究更加有效、更加有针对性，更加有研究的必要和价值。

（三）交流与总结

要在交流的基础上总结。一项研究，往往有多个教师参与，每个人在研究中承担的责任不一样，观察的视角也不一样。在研究的过程中，各自阅读的书目会有不同，获得的信息有别，产生的认识也有差异，所以，我们要分阶段、有侧重地组织参研人员"言无不尽""坦诚相见"，甚至针锋相对地辩论、交流，尽可能更全面地收集研究中的情况、收获、反思与意见。然后，再进行及时梳理、认真整理。这样既可以对过去研究进行回应、反思，又可以为后续研究提供正确的思路、方法，避免走弯路，尽量不走错路。一次总结完成后，应该让"总结"再与大家见面，使参与者获得阶段的认识、提炼、分析和自我总结。要尽量杜绝由某人或一两个人坐在办公室里关门静思，这种闭门造车的做法在教育研究中是不应该出现的。

要在总结之后再交流。既然形成了总结，那就是一个阶段的成果。科研成果害怕被束之高阁，它应该产生更大的社会效益。所以，只要你自己觉得的研究对推动教育教学有帮助，对不同年级、不同学校、不同学科有借鉴作用，就应该举办阶段成果推广活动。一是请专家为我们的研究进一步把脉，指明今后的研究方向、研究重点、研究突破点；二是宣传自己的成功做法，尤其是要把自己的研究成果向愿意学习的同行推介，达到"一花独放不是春，百花齐放春满园"的效果；三是要在校内校外掀起"无科研不教学"的浪潮，鼓励老师与科研为伍，与研究相伴，催生全体教师由知识传授向知识建构发展，由"教书匠"向"专家型教师"转变，实现全员上下人人有科研意识，个个建科研项目，最终实现科研立校、科研兴校、科研优校的目标。

总之，学校科研并不难，只要面对真问题，开展真研究，我们就可以获得真发展；只要我们源于实践、服务实践，在实践中研究，在研究中实践，就不愁我们的研究不会生根、开花、结果。

愿我们对科研的理解，能启发读者去揭开教育科研"犹抱琵琶半遮面"的神秘面纱，破解令我们望而生畏、裹足不前的"科研魔咒"，秉持实事求是的科研精神，我们就一定能抵达教育科研唯真、唯美的彼岸！

第二编　叩问真实问题

一、叩问教师方面的真问题

(一) 学生的期待

她教我再认识当今教育[①]

课间，同学们都在各自玩耍。我来到曹茂婷桌前，本不打算做什么。

"李老师，你是只教我们二年级，还是要教到六年级呀?"她有些不好意思问出口，但还是忍不住问了出来。

"你希望我教你们到几年级呀?"我顺口问道。

"我不知道。"她有些腼腆，欲言又止，过了一会儿，才补充说:"你只教我们二年级吧!"

她怎么会这样说?是不是我听错了?或是其中还有什么我不知道的情况?我不动声色，继续追问:"为什么呀?"

"我也不知道……"

---

① 2012 年 9 月，本文被评为成都市成华区 2011－2012 年度基础教育课程改革优秀论文评选一等奖。

"喜欢不喜欢总得有个原因吧。为什么只希望我教你们二年级？是不是你不喜欢我？或是我有什么让你们不满意的？如果有，你要帮帮我呀，说来听听！"

她想了想，倒豆子似的说："你怎么给我们盛饭、盛菜，不管我们是不是喜欢吃，都得要全班一个标准呢？"

"学校的菜谱是经过营养搭配的。喜欢吃的就吃，不喜欢吃的就不吃的话，这对身体不好呀！"

她没有再说什么，对我嫣然一笑，又回到座位上了。

这件事让我感到十分意外。我回到办公室，立马记下这也许是令我终生难忘的一幕。

是啊，多么不经意，但又是多么掷地有声的一句话呀！这句话让我惊讶，不，是让我警醒，因为我打心里就很喜欢这个班，很喜欢这个班的孩子，很喜欢眼前的这个文静的小女孩，但万万没想到她会有如此想法。

我对这个班的孩子付出的心血并不比班主任少，但怎么会在孩子心中留下这样的印象？这是不是曹茂婷一个人的想法呢？如果更多同学都这样想，那是不是我真做错了？她说的"只希望你教到二年级"，只是因为盛饭、盛菜吗？还有没有比盛饭、盛菜更可怕的原因呢？……如果作为一个特级教师，作为一个学校行政管理人员，作为在学校、在全区都有极大影响的老教师，真因为学生集体的"心愿"而被"炒鱿鱼"，那是怎样难堪的结果呀？我越想越迷糊，越想越害怕，不，是越想越震惊！

反思，是对自己过去行为的批判；观察，应该能说明更多问题。于是，下课时间或我有空的时候，我都会留在班级里。上课时，眼观六路、耳听八方，留意全班每个孩子的表情和举动。为了进一步检讨自己，我还在一节语文课教学任务完成之后，专门安排了一项活动——"用放大镜发现别人身上的优点"。本意是引导学生去找同学身上的优点，尤其是要找出缺点较多的同学身上的优点。没想到班上的一对双胞胎姐妹率先抢到发言机会，她俩站起来就像放连珠炮似的说："我要先夸夸李老师。李老师的优点太多太多了，李老师每天都是最早到校的。""李老师从来没有骂过我们，教育我们也常用故事启发，用道理告诫。""李老师的字写得特别好，让我们看了很舒服，也很想模仿。""李老师教我们的方法与其他老师不一样，总是带着鼓励。""李老师虽然很忙，但花在班上的精力是最多的。""李老师下课后与大家一起玩儿，就像我们的老哥哥。"……两姐妹你一言我一语，几乎不给其他同学留一点儿机会。在我几次"打断"之后，才终于把话题引到了找同学的优点上去。那天，我真为孩子们的观察力所折服。几天之后，我注意到其他同学并不像我想的那样，而是上课一天比一天专注，交流一天比一天积极，做作业也一天比一天自觉，课堂发言一天比一天精彩，课前的"听默"拿到满分的孩子一天比一天多，对此，我心里感到十分满足。

关注学生是教育永恒的话题。现在的教育确实不比从前，不再是只要有知识就行，有知识仅是老师的基本功，有适合时代要求的教育技能、技巧才是做好老师的基础。这个技能、技巧的基本点就是爱学生。"以生为本"不是一句空口号，而是包含诸多要素——认知与情感、知识与技能、态度与表现、思想与行为、学习与生活、自己与他人、吸收与展示、课内与课外、学校与家庭、个体与群体，等等。不仅如此，还包括老师的言谈举止、知情意行、喜怒哀乐，都要顾及学生的感受，顾及每个学生不同的承受能力。只有这样，才可能受到学生发自内心的欢迎和喜爱。先前，我是关注学生的，但就因为考虑到午餐营养搭配的问题，就要求学生"不要挑食"，学校提供的饭菜，每样都得吃；但这就没有满足每个孩子的需求，没有顾及每个孩子的心理承受能力，也就导致了他们对我的不满意，这是需要深思的。只有放下架子，远离"师道尊严"的阴影，从"神龛"上走下来，把自己融入孩子们的世界中，才能真正尊重学生。具体地讲，要做"三师"。[1]

1. 做严师，培养未来社会人

"要想把什么样的世界留给什么样的人，就必须先把什么样的人留给什么样的世界。"当今世界，日新月异、变化频繁、竞争激烈、优胜劣汰，只有适应社会的人，才能被社会所接纳。教育就是要将生物人转化为社会人，转化为适应社会并能对社会做贡献的人。要使学生适应当今社会，就要通过教育使学生学会做人、学会学习、学会生活、学会处事、学会生存、学会发展。要培养这样的人才，教育就必须按照时代要求，遵循教育规律，严而有格、严而有度、严而有衡、严而有方地设计、实施教育策略。就语文而言，要坚决摒弃应试教育的思想、方法和教学行为，不再走"少、差、慢、费"的弯路，抓住语文课程的特点，遵循语文教学的规律，培养学生热爱祖国语文的情感，指导学生正确地理解和运用祖国语文，丰富学生的语言积累，培养学生的语感，发展学生的思维，培养学生具备社会实际需要的识字能力、阅读能力、写作能力、口语交际能力和综合学习能力，并且提高学生的品德修养和审美情趣，促进学生逐步形成良好的个性和健全的人格，使其德、智、体、美全面和谐地发展，为将来投身社会奠定良好基础。

2. 做良师，培养独立发展人

智慧理论启示我们：人人都能成才，人人都能发展，人人都有潜能。我们应树立"三百六十行，行行出状元"的思想，不偏爱某些学生而放弃另一些学生，面对有差异的学生，实施有差异的教育，实现有差异的发展，发掘学生的巨大潜能，让学生健康

---

[1]　李建荣：《"课程标准"呼唤我们怎么做》，载于《南充教研》，2002 年第 2期。

快乐每一天，在五彩缤纷的舞台上尽情自如地展示各自的潜能。在教学中，要重视学生问题意识的培养，鼓励学生敢提问题，愿提问题，善提问题；不培养"小绵羊"，不搞机械化的人才铸造，要重视学生创新人格的培养，尤其要重视学生个性的培养。当今社会对人才的需要是多方面的，有个性的独立发展人才显得更为重要。我们语文教师应着力在学生的语言修养和哲学修养方面多做努力，按照"发展为本、主动参与、重在思维、合作成功、探索创新"的课堂交往设计标准实施全新的课堂交往，让学生在形象感知、自主感悟、合作讨论、相互评价、自由表达、分析归纳、抽象概括、创造想象等探索性活动中，体验创新的情感，领悟创新的策略，健全创新的人格，培养创新的能力。教师要充分利用好课堂 40 分钟，让这 40 分钟成为有效时间，并鼓励学生"善于利用时间的下脚料"，进行个体学习、主动探究和合作学习，培养学生的语文实践能力，使学生逐步掌握运用语文的规律，使语文伴随学生健康的人生、快乐的人生、成功的人生、潇洒的人生。

3. 做人师，培养探究实践人

"业师易得，人师难求。"我们应培育师魂美、师心慈、师表端、师身正、师言谨、师行果、师道尊、师风纯、师品优、师学勤、师业精、师艺高等师德修养，更新教育观念，做教育的实干家，变职业为事业，永葆教育事业青春，潜心治学、锐意进取，找准切入点，形成特色，做到"人无我有、人有我优、我优我名、人名我特"。在学生面前，放下架子、蹲下身子，与学生一道去探索真理，发现真理，实现共生共创、相互尊重、相互合作的学习。教师要关注学生的个体差异和不同学习需求，爱护学生的好奇心、求知欲，充分激发学生的主动意识和进取精神，加强语文课程与其他课程以及与生活的联系，促进学生语文素养的整体推进和协调发展。并在语文实践活动中，进一步培养学生的爱国心，进一步体验中华文化，厚植民族精神，树立学生的民族意识，培养学生正确的审美观点、健康的审美情趣、客观的审美态度，进一步养成实事求是、崇尚真知的科学态度，使学生初步掌握科学的方法，并且树立语文学习的自信心，并培养良好的学习习惯。

总之，为了祖国的未来，我们必须面向全体学生，关心学生的全面和谐发展，尊重学生的自主发展，突出学生的创新发展，实现学生的可持续发展，培养所有学生基础的语文学力，使他们掌握基本的语文能力，使他们成为名副其实的学习的主人、未来的主人、国家的主人。

（二）原理的运用

“打蛇打七寸”原理在教学中的运用
——以《景阳冈》教学为例

学情分析

《景阳冈》这篇略读课文再现了武松趁着酒意，执意上景阳冈，并赤手空拳打死一只吊睛白额大老虎的故事，表现了武松的勇敢机智和无所畏惧。学生学习这篇半白话半文言文的课文是有一定难度的。但由于故事有趣，学生在心理上容易接受，只要合理驾驭，精心设计，坚持以生为本，注意落实“四点”（语言文字训练点、朗读训练点、思维训练点和延伸练笔点），大胆让学生自读自悟，开展好小组相互探讨、交流，是可以化难为易，完成全部教学任务的。

教学目标

1. 正确、流利、有感情地朗读课文，能重点阅读描写武松在店家喝酒和打虎经过的段落，并能口头复述故事的主要内容。

2. 能透过武松的语言、动作、内心活动来体会武松机智、勇敢、豪放无畏的性格特点。

3. 学习作者通过人物语言、动作、内心活动写人的表达方法。

材料准备

1. 教师准备：武松打虎的相关音像资料。

2. 学生准备：课前阅读《水浒传》，了解有关武松的其他故事。

教学过程

1. 激趣导学，引入新课

(1) 你知道兽中之王是什么吗？它为什么堪称兽中之王？

(2) 你怕老虎吗？但是有这样一个人就不怕老虎，你想知道有关的故事吗？

2. 尝试初读，整体感知

(1) 指名朗读课文，其余学生做好听后的意见反馈准备。

(2) 生生互动，共同评议读书情况。再抓住有困难的语句反复练读。

(3) 讨论。

师：课文着重写了哪两件事？

生：主要写了武松上景阳冈之前喝酒和借着酒兴在景阳冈打虎两件事。

师：在"喝酒"这件事上，课文详细写了哪些要点？

生：作者抓住武松"酒量大""食量大"和"不信冈上有虎"三个要点在写。

师：在"打虎"这件事上，作者又详细写了哪些要点？

生：作者详细写了武松"听见风声发现老虎""老虎扑来，顺势躲闪""老虎气势减退，武松抓住要害狠打老虎"和"打死老虎"四个要点。

3. 合作学习，侧重领会

(1) 开展比赛。研读课文写"武松打虎"一件事，然后交流小组的研读情况（教师深入学生，进行引导学习和重点提示，使学生真正把课文读懂）。

（2）小组代表登台交流小组研读情况（学生使用多种形式进行汇报交流，如角色扮演、绘声绘色朗读、重点分析、台下同学提问台上同学回答等，教师适时插入事先准备好的声像资料，帮助学生对课文内容进行理解）。

组1：我们组通过深入学习课文，理解了作者为什么在写武松打虎之前，要先写武松在冈下喝酒这件事。一方面，武松在冈下喝酒，不仅喝了十八碗，而且吃了很多肉和菜。这说明武松饭量大，酒量也大。从他的饭量，我们可以推断武松是一个个子不小，身强力壮的汉子；从他喝了很多酒，我们又可以看出武松酒量大，应该是比较豪爽的那种人，特别能喝酒的人一般都比较豪爽。再从他在店里喝酒时与老板的对话，我们更可以看出，武松心里想什么口里就说什么，性格比较急躁，不喜欢拐弯抹角，好像有一种什么都不怕的感觉，也说明他是一个很豪爽的人。当店家告诉他冈上有老虎出没，晚上不宜过冈时，他既不听别人劝告，还误认为店家想谋他命害他财，更体现出武松十分倔强的性格特点。就这样，作者把一个固执、豪爽、倔强的武松活脱脱地呈现在我们眼前了。另一方面，我们组认为，作者这样写，为写武松上冈并且能打死老虎做了很好的铺垫。

组2：我们组通过讨论，理解了课文第二段中作者描写武松打虎的三次思想活动有什么作用。我们认为，第一次，武松想："转身回酒店吧，一定会叫店家耻笑，算不得好汉，不能回去。"说明武松特别爱面子，有江湖好汉的特点，也说明他比较固执的性格特点。第二次，他细想了一会，说道："怕什么，只管上去，看看怎么样。"武松的固执更是体现得淋漓尽致。第三次，他一面走，一面自言自语道："哪儿有什么大虫！是人自己害怕了，不敢上山。"这又说明武松自己在给自己壮胆，还猜疑人们是在自己吓自己，他不信任别人的特点又表现了出来。从武松的这三次思想活动，我们可以看出武松具有豪强无畏的性格特点。正是因为他无所畏惧，才使他在真老虎面前表现得那般从容、镇定。

组3：我们组理解了作者在写"打虎"这件事时，为什么要那样细致地描写老虎的凶猛。老虎本来比武松要强大得多，武松在老虎面前，可以说就是一个孩童遇到了一个彪形大汉，孩童要战胜彪形大汉，在常理之下几乎是不可能的。但如果孩童战胜了彪形大汉，就更能反衬孩童的厉害。因此，作者在这里是运用了衬托的表现手法，目的是反衬出武松英勇无畏的英雄形象。

组4：我们组认真研读了课文写猛虎扑来时，武松为什么要"三闪"。因为我们查找了资料，从资料中了解到老虎扑食的几个基本招数，那就是"一扑""一掀""一剪"三招。一旦它用了这三招却都不管用了，那它的气焰就消失得差不多了。但这三招是十分厉害的，来势也十分凶猛，如果武松不能很好地顺势避开，那就将成为老虎的猎物了。作者写武松面对老虎的"三闪"，不仅说明武松知道老虎扑食的基本方式方法，也说明武松并不是只有勇却无谋的人，他的智慧也是过人的。这样写，展现了武松善于避开锋芒，遇事沉着和机敏的性格特点。

组5：我们组知道了武松为什么要揪住老虎的顶花皮猛提、猛打。顶花皮，是老虎的命门所在，武松抓住老虎的致命点在打，这是击中要害、克敌制胜的对敌方法的体现。有句俗话叫作"打蛇打七寸"，也是这个道理。从这里，我们又可以看出，武松是勇中有谋的。

组6：我们组开始对作者写武松打死老虎后，为什么还要写他"手脚都酥软了""一步一步挨下冈来"不是很理解。但通过多次读课文，最终明白了作者这样安排材料的意图是使所写的人物更加真实可信。我们知道，要打死老虎并非易事，武松虽然力大过人，但在老虎面前仍然是小巫见大巫，有鸡蛋碰石头的意思。尽管后来他打死了老虎，但肯定是用尽了全部力量，这正好与"已精疲力竭""手脚都酥软了"相映衬，写武松"一步一步挨下冈来"才在情理之中。

4. 自主练读，积累感悟

（1）武松是个怎样的人？

（2）课文哪些地方给你的印象最深？为什么会给你留下这样深的印象（联系全文对武松神态、语言、动作和内心活动的形象描写来体会）？

5. 写法迁移，课堂练笔

今后，我们在写人物时可以学习本文的哪些表现手法？你能不能学习课文的某一段的写法，马上写一段话（也可在课后完成）？

附：板书设计

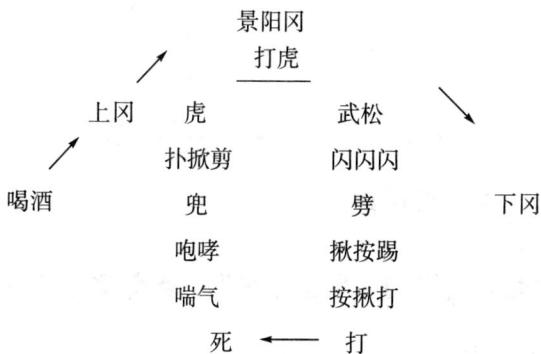

教学反思

学习《景阳冈》这篇课文，对学生而言，是有一定难度的。一是因为它不是纯白话文，还有文言文掺杂其间；二是课文较长，又是名著，值得研究的地方很多；三是课文故事离学生的生活实际有一定距离，学生不可能有打虎的经历。如果老师"独霸讲台"，一讲到底，虽然可以讲深讲透，但这不符合"课改"理念，学生难以成为学习的主人，真正进入文本，更读不出自己的感觉和收获来。

怎样引导学生在一课时内学完这样一篇课文呢？考虑再三，我认为武松能打死老虎，一是因为他胆量过人，有无所畏惧的精神；二是因为他力大过人，还有勇有谋。他打死老虎的成功经验就是运用策略，击打老虎的要害。学生应该很好地掌握这一点，这是很重要的。于是，在设计教学时，我利用"打蛇打七寸"的原理，让学生自主读课文，在小组中合作学习，自我解读课文的重点部分——"打虎"。这也是学生最感兴趣的部分，也是课文的重点，他们有学习的冲动和热情。事实证明，这样的教学设计是有实效的，是可行的。

当然，对"侧重领会"部分的 6 个问题，学生不一定抓得准，老师是要做一些暗示和引导的。可以直接提出问题，也可以在小组合作学习时加以点拨，还可以在"侧重领会"学习环节前，让学生质疑后再归纳提炼梳理，成为学生学习的主要问题，这也才是"打蛇打七寸"方法的具体落实。

但愿"打蛇打七寸"的教学方法能被老师们发扬光大！

（三）实录与点评

《"扫一室"与"扫天下"》课堂实录与点评[①]

1. 辨"大""小"，知志向

师：今天，我们进入"大与小"单元的学习。你们都知道"大"和"小"是一组反义词，但你们知道有带有"大"和"小"的成语吗？

生：大材小用、小题大做、大同小异、没大没小、大惊小怪、大街小巷、大事化小、因小失大……

---

① 成都市成华小学汪紫鹃执教，李建荣指导并点评。

师：看来大家平时都很注重积累，你们做得很好！在这些成语中，我们可以看出"大"和"小"是相对的，在对比中才存在大小，没有小就没有大，无大则无小。这节课我们就来学习一篇谈论大和小辩证关系的课文（指课题）。全班齐读（"扫一室"与"扫天下"）。

师：看到课题，你最想知道什么？

生1："扫一室"是扫哪一室？"扫天下"怎么扫？两个"扫"是意思一样吗？

生2：他们中间用"与"来连接，那二者有什么关系呢？

生3：为什么在课题里加了引号？

师：大家提的问题都很有探讨价值，相信通过这节课的学习，你们的问题都可以迎刃而解。下面，就让我们赶紧走进文本，自读课文，边读边思考：文章讲了一件什么事？

生：文章讲了薛勤看到陈蕃的书房里又脏又乱，就告诫陈蕃：要想"扫天下"必须先"扫一室"，从身边小事做起，才能干成大事。

师：你概括得非常完整！让我们先认识一下故事的主人公陈蕃吧！请大家自读课文第一自然段，看看陈蕃是个什么样的人。

生：陈蕃是一个"志存高远"的人。

师：什么是"志存高远"？

生：就是有非常远大的理想和抱负。

生：就是有宏伟的目标、远大的志向。

师：陈蕃的志向是什么呢？

生：我从后面的课文了解到他的志向是想干轰轰烈烈的大事情，想要"扫天下"。

师：真不错，你学会了联系前后文来理解。让我们明确了陈蕃胸怀大志，从小立志要"扫天下"。

把握文章内容，忌讳"走偏锋"，也就是用局部去代替整体。本课的开课，以单元话题引入，进入课文学习。然后，围绕"陈蕃是个什么样的人"展开，引导学生概括出文章主要内容，树立起了总体印象。做法正确。

2. 论"大""小"，明行动

师：你们觉得陈蕃是个志存高远的人，但薛勤是怎么看的呢？

生：有志向，但难以实现。

师：那是为什么？

生：他连自己的书房也不收拾打扫。

师：你怎么知道的？

生：课文第三自然段里写了薛勤来到陈蕃家看到的情况，简单地说，就是脏乱得不堪入目。

师：真会读书。那我们来看看第三自然段，作者是怎样写薛勤看到的情况的？（生快速阅读第三自然段，并抓住写"脏"的词句作勾画、批注）

师：你们发现了什么？

生1：我从"书房里又脏又乱"这句话知道这个房间很脏很乱！

师：你一下就抓到了这段话的中心句，眼力真好。

生2：我从"桌子上书呀、杂物呀什么都有，满是灰尘；地上到处是垃圾；墙壁上有不少蜘蛛网。屋里不仅肮脏，连空气也显得污浊"这一句感受到屋子里到处都是垃圾，而且很久没有打扫过了，真有些脏乱不堪。

师：读得好，抓得准。从中心句到具体描写，你们两个的答案合在一起，就完美了。

师：你能带着自己的体会读出屋子又脏又乱，不堪入目的感觉吗？

（生读）

师：有这种感觉吗？

生1：我觉得她读得很好。她把"什么都有""满是""不少"这些词读成重音，突出了屋子的确脏乱。

生2：我觉得她读"空气污浊"的时候皱起眉头的表情很好，让我感觉她都不想再呼吸这个屋子里污浊的空气了。

生3：我给她提点小小的建议，就是可以读得稍慢一点，更能把整个屋子的空气都有快让人窒息的感觉体现出来了。

师：你还很谦虚哟！能给她做个示范吗？

（生读——全班学读）

师：孩子们理解得好，评价得也很好，让我们认识到了薛勤对陈蕃的看法是有道理的。但我觉得仅凭看到的现象就作如此判断，其理由是不是不太充分呀？

生1：我还从薛勤进屋的表情看出，薛勤心里有一种难以说出来的滋味。

师：是吗？

生1接着说：课文写道："薛勤一进书房，着实吓了一跳。薛勤看了后，不禁皱起了眉头。"从薛勤的动作和神态我发现他觉得这个屋子实在脏得吓人，不具有读书人应该有的爱整洁的品质。因此，薛勤作出了那样的判断。

生2：我还想补充——他对陈蕃说："年轻人，怎么弄得这么乱呀？为什么不把屋子打扫干净呢？"从薛勤的语言我们也可以看出屋子已经脏乱得太不像话了！一个有远大志向的人，必须做好身边的小事。

师：你们这些小客人都忍不住向主人提意见了。是呀，作者在文中先是直接写屋子"又脏又乱"，接着，又抓住薛勤的动作、语言、神态描写让我们感受到陈蕃的屋子太脏太乱，后面的写法算是间接描写。间接描写的方法也是我们在习作中会常常用到的。

生3：我还从"薛勤心里暗想：此人年少而有大志，但连小事都不愿意做，怎么能做大事呢？"薛勤的这个心理活动也非常明确地表明了他的态度，不愿做小事肯定做不了大事。要想"扫天下"，必先"扫一室"！

师：同学们真厉害！很会抓句子，剖析得也很到位。

生4：我还从这个反问句里读出了薛勤的观点是有道理的："年轻人，你连一间小小的屋子都不扫，又怎么去扫天下呢？"

师：是啊，连小事都做不好，还能做好大事吗？但是，陈蕃却不以为然，他是怎么想的？

生1：陈蕃说："大丈夫活在世上，要干的是轰轰烈烈的大事业，要扫除的是天下一切不平之事，哪里会花心思去清扫一间小小的屋子呢？"这就是他最明确的观点。

生2：我觉得他是志存高远，不屑于干打扫书房这样的小事，也有他的理由。因为不管做什么事，总会耽误一定的时间和精力，如果把这些时间和精力用在读书上，为今后"扫天下"做准备，也是值得的。

师：哦，两种不同的观点，到底哪个对呢？

生1：我反对他的观点，扫一间屋子需要花多少时间呢？扫一间屋子哪里就会对他读书影响有多大呢？他也可以一边扫屋子一边回顾所学知识，不是两全其美吗？

师：你的口舌太厉害了！不过，你说的也确实有道理。

生：我觉得陈蕃是在以"扫天下"作为借口不扫屋子，那也是在诡辩。他的思想出了问题，像他这样不爱劳动的人就是做不成大事！

师：你的想法与薛勤一样呀。了不得！

生：我认为陈蕃应该改变他的想法，才能干成大事。

师：此时，如果是你，准备怎么去帮助陈蕃？

生1：陈蕃，我认为干大事也得从小事做起，小事做不好，肯定也做不好大事。

生 2：陈蕃啊，俗话说"不积跬步无以至千里，不积小流无以成江海"，成功需要脚踏实地的努力才行。

生 3：陈蕃，扫不扫屋子，其实并不重要。但做好身边的小事是一种认真、踏实的态度，这些都是成功的必需要素！

师：那经过薛勤的教育，志存高远却不愿"扫一室"的陈蕃会有改变吗？

生 1：我觉得会，因为课文最后说他陷入沉思，他一定是在反思自己的行为。

生 2：我也觉得会，从他后来成了一个有出息的人，我们就知道他是听了薛勤的话的。

理解课文，不能就内容说内容，更不宜一段一段地逐一分析，要在一定的思路引领下，引导学生既了解课文内容，又从课文内容向外延伸，既训练学生的听说读写能力，又训练学生的逻辑思维和思辨能力。你看上述的实录，学生在课堂上思维的火花一旦被点燃，其爆发力是不是令我们出乎意料，刮目相看？好的语文阅读课，就是让学生津津乐道的语文课，就是让学生不断碰触思维火花的语文课，就是让学生获得智慧成长的语文课，就是为学生审美奠基、尚美成长的语文课。

3. 行"大""小"，事竟成

师：刚才有同学说到陈蕃后来成了一个有出息的人，谁来交流一下你收集到的资料？

生：陈蕃的一生，始终都处在宫廷争斗之中。作为东汉的大臣，他要么与专权的外戚争锋，要么和弄事的宦官相抗。陈蕃作为汉室重臣为朝廷做出了独特贡献。这其中，陈蕃不畏强权、犯颜直谏的做法最让世人感叹。忠君、报国、辅社稷之危，面君直言，不避生死，体现了一位忠臣的拳拳心志，更体现出先贤的风范。在内忧外患的情况下，依然苦苦支撑，虽然最后的结果是为国捐躯，身首异处，但给后人留下的除了无尽的惋惜外，还有"大丈夫当扫除天下"而事未尽的悲壮。

师：看来，陈蕃果真相信了薛勤的忠告，从"扫一室"做起，长大成了"扫天下"的栋梁之材！真是值得敬佩啊！了解了陈蕃的故事后，你想说点什么？

生1：陈蕃的成长经历告诉我们，要想将来能干大事，今天必须学会干好小事。

生2：我过去总觉得家庭条件不错，就没把读书当成一回事。今后，要改变自己，爱读书，爱劳动，做好每一件哪怕微不足道的小事，为今后的发展做好准备。

生3：陈蕃遇到了薛勤的帮助，他才有后来的大成就。我们今天有老师的谆谆教诲，应该好好记住老师的话，把基础打牢，将来为报效祖国做贡献。

师：读好书不光是为自己，也是为了祖国的未来。周恩来总理读小学时就立下了"为中华之崛起而读书"的宏大志向，他后来成为中华人民共和国的第一任总理，为全中国人民做出了毕生贡献。相信你们今天立有志向，将来一定会回报社会！

"文以载道"，读书就是为了明事理、端人品、会做事、做好事。课堂上对学生的世界观、人生观、价值观的培养，也是十分重要的。

4. 循"大""小"，练写作

师：其实我们身边还有许许多多像陈蕃这样的从身边点滴小事做起，后来成就大事业的人，大家可以把这样的事例写下来。你也可以模仿第三自然段的写法，通过直接描写和间接描写，把人物写得更丰满一些。请选择自己感兴趣的写一写。

学生进行小练笔。

读中学写，读后练写，以读育写，应该是语文教学比较重要的任务。最好实行学一课练一个点，不要漫天撒网，最后效果将不如预期。

（四）教学与反思

寓美于学　寓情于文[①]
——《毽子里的铜钱》教学反思

琦君的《毽子里的铜钱》被选入北师大版四年级教材"金钱"主题单元中，这篇文章蕴含着很多审美成分。在教学中，我寓美于学，寓理于文，主要从以下几方面引导学生去感受文中的美，收到了极好的效果。

1. 创设审美情境，诱发读文兴趣——感知整体美

学习一篇课文，总得让学生事先有个情感基调，有个诱发情感的触点，有个刺激学生跃跃欲试，想马上进入学习状态的动因。《毽子里的铜钱》的写作时代离今天较远，学生不易产生认同感。为此，我用下面一段话作为引子，较好地调动了孩子们学习的热情。

> 同学们，你们今天吃得舒心，穿得顺心，玩得开心。但你们可曾想到，你们的爷爷、奶奶那一代人在年轻时因为吃了上顿没有下顿，饿得面黄肌瘦，有的人甚至还得了黄肿病、水肿病，最后因无法医治而亡。有的人出外干活，干着干着，就由于身体无力、支撑不住而倒下，并且再也起来不了了。那就是在 20 世纪 30 年代，我国人民处于地方割据、军阀混战、民不聊生的悲惨时代，他们的日子是我们难以想

---

① 2009 年 6 月 25 日，发表于《语文报》总第 156 期。

象的。今天，就让我们走进那个年代，去感受他们生活的痛苦和艰辛吧。

孩子们在我的情感刺激之下，急不可耐地阅读课文，读完之后，有了对课文的初步感受——老人生活很艰辛，但他却很纯朴，很谦卑，有一颗慈祥、善良的心；"我"得到了老人赠送的两个烤山薯，激动而幸运，从心里感激老人。也从老人那里学到了体谅他人，关心他人的基本道德。尽管学生还不能完全读懂有些句段，但总感觉课文的故事很吸引人，也很感染人。这样，学生就从整体上感知了课文，产生了阅读文章的激情。

2. 抓住课后问题，透析文中人物——体验心灵美

文后有这样一个问题："对'我'和卖山薯的老人来说，毽子里的铜钱珍贵吗？"这个问题是贯穿全文的一个核心问题，也是理解课文的重要问题，学生初读课文，不可能马上回答这种有相当大难度的问题，需要细细研读课文，并深入思考，才有可能找到答案。为此，我以这个问题为中心，并围绕它设计了深入理解课文的一系列小问题，如：珍贵是什么意思？课文中的珍贵指的是什么？课文直接写了毽子里的铜钱珍贵吗？对老人来说，毽子里的铜钱为什么珍贵？老人是怎样对待毽子里的铜钱的？为什么说老人的行为"珍贵"？"我"从老人那里学到了什么？对"我"来说，毽子里的铜钱为什么珍贵？作者为什么要以"毽子里的铜钱"作为文章题目？学生通过多次读课文，逐渐理解了课文内容，终于找到了这个中心问题的答案，理解了"珍贵"在文中的真正含义。学生明白了"满脸风霜""背影佝偻""一双黑漆漆的手""栉风沐雨"的老人只能靠卖烤山薯为生，一个铜板对他来说的确太重要了。他家生活并不宽裕，甚至有些捉襟见肘，他家的妻儿老小全靠他。而二婶少给他一个铜板，这个铜板也许会让他"亏本"，也许会断了他家几顿的生活来源，也许会使他家的生活从此雪上加霜，但他不能强行向二婶索要，只能"愣愣

地望着她家那扇门"。学生也明白了:"我"准备用自己毽子里的铜钱帮二婶补偿给老人,既表现出"我"的天真、无邪,又表现出"我"幼小的心灵是很质朴的、纯真的,有一种善解他人、帮助他人的心愿。"'我'急急忙忙撕开毽子的包布,挖出两枚亮晶晶崭新的铜钱,递到老人手里……"但老人没有收,他看懂了"我"善良的举动,看懂了"我"乐于助人的真诚,看懂了"我"的心思,只"接纳了我的心意"。从这里,我们也不难看出,老人虽然很无奈,但是他很纯朴、很善良,能理解别人、同情别人。学生对课文的理解,应该说是达到了预想的目标,他们的心灵也受到了极大的震撼。这样的学习,不仅是有效的,也是有深度的,更是在学习的同时,陶冶了思想,净化了心灵,从而促进了学生行动上的美化。

3. 理清课文线索,分析文章层次——欣赏结构美

这篇课文,在理解上是有相当难度的,主要是线索比较多,而且比较复杂,既有从"我"的角度展开的"从毽子里取铜钱—给老人铜钱—老人拒收铜钱"的"铜钱"线;又有从老人的角度展开的"卖烤山薯—送烤山薯—再送烤山薯"的"烤山薯"线;还有从事情发展的行文的因生活窘迫,只有卖烤山薯——白送烤山薯给"我"吃—二婶买烤山薯,少给铜钱,老人只有愣眼相看—"我"想帮二婶补给烤山薯钱遭拒收—老人再白送"我"烤山薯吃—老师教育"我"长大后要格外体谅他们—"我"终于读懂了老人的"情感"线。怎样帮助学生准确把握这样复杂的行文线索,进而理清文章的行文思路,是教学中的又一大难题。

学习的权利在学生,理解的权利更在学生。我引导学生细细研读,他们既明白了全文是按"总—分—总"的总体结构构思全文,又明白了文章中间一部分是按照事情发展的顺序讲述了发生在"我"和老人之间的这件感人的事。文章感人,完全是出于义

41

中人物的内心、情感、故事在起作用，所以，学生觉得情感线是本文的主线。在理解课文时，应紧紧抓住这条主线。至此，学生不仅明白了是什么，还明白了为什么，真实地感受到了文章的结构美。学生在读书获得知识，在读书中训练思维，在读书中得到发展，在读书中享受情感，真是"书中自有黄金屋"！

4. 精读课文片段，赏析表达技巧——感悟文采美

书，要靠学生读出感觉来，不是靠老师讲出精彩来。学生在课堂上，感悟到了老人的善良，感悟到了老人的慈祥，感悟到了老人的谦卑。这还不够，还要引导他们用心去体味，用心去对话。为此，我强调学生抓住自己认为重点的片段反复咏读，反复玩味，真正被文章所感染。后来，学生都能抓住描写老人神态、动作、语言、心理活动的重点词句进行领会。他们抓住"老人一声不响，却笑呵呵地伸手在烘缸里取出一个小小的烤山薯，往我手里一放说：'给你吃。'"和"他好半天才明白我的意思，马上把铜钱放回我的口袋里，摸摸我的头说：'小姑娘，我怎么会拿你的钱呢？不过你的好心肠，我永远不会忘记的。'他又从烘缸里取出一个小山薯给我说：'再给你一个。'""我摇摇头不肯接。他却把烤山薯塞进我的口袋里，向我笑着摆摆手，提着烘缸走了。望着他微微驼着的背脊，我心里空落落的，好像丢失了什么东西""老人愣愣地望着她家那扇门；我呢，愣愣地望着老人。"等几个段落，特别注意了加点词，声情并茂地进行了朗读和体会。在他们的朗读中，我们可以感受到孩子们的内心受到了震撼，尤其是对突出老人品质的重点词语的体会非常到位，也读得很有感情，我也被他们的朗读深深地感染了。学生在读后还能从不同角度，发自内心地、有层次地说出从句子中读懂了什么，感受到什么。我为学生动情，更为他们自豪。

5. 延伸课文学习，思考人生价值——追求人生美

课文仅仅是一个个例子。对课文的学习，不能仅仅停留在课

文中，还要因势利导，适时拓展，由学课文再引导到学做人，这是我们语文老师的重要职责，这就是所谓"文以载道"。对本文的学习，我在完成上述任务后，还设计了这样一个问题："编者把这篇课文编排在'金钱'这个主题单元中，意图是什么?"孩子们回答得很积极。有的说："老人虽然很穷，还要靠卖烤山薯维持一家人的生活，但他的行为值得我们学习，他的品质更值得我们发扬。"有的说："文中的'我'，尽管当时还看不懂老人的心，但他们看懂了老人的人品很好，很想帮助别人，我会学习他。"也有的说："随着改革开放的深入，我们国家富强了，我们的家庭条件也变得更好了，但我们还要看到祖国的边远山区和世界上还有很多生活在贫困线上的人们。我们不能忘记他们，还要给他们力所能及的帮助。"还有的说："编者的意思是——再苦再穷，也要正确看待金钱。君子爱财，应讲究取财之道。我们不能做没良心的人。"更有这样的同学说："我们学校一直在开展美的教育，今天，我们要做心灵美、行为美、语言美的少年；明天，我们要做心灵美、行为美、语言美的公民。我们要追求尚美的人生!"

是啊，如果说孩子们有了这样的想法，有了这样的追求，还能付诸这样的行动，谁还能说我们的教育不是成功的教育?谁还能说我们的语文教育不是成功的语文教育?

造化后生，舍我其谁?

（五）关于阅读教学

指导阅读须得法[①]

我国唐代杰出书法家颜真卿曾有诗云："三更灯火五更鸡，正是男儿读书时。黑发不知勤学早，白首方悔读书迟。"英国诗

---

① 2009年7月，本文获得成都市基础教育课程改革优秀论文评选一等奖。

人、政论家约翰·弥尔顿也认为:"优秀的书籍是抚育杰出人才的珍贵乳汁,它作为人类财富保存下来,并为人类生活的进一步发展服务。"19世纪俄国最伟大的作家列夫·托尔斯泰则指出:"重要的不是知识的数量,而是知识的质量,有些人知道很多很多,但却不知道最有用的东西。"三位先哲的话语,集中说明了读书的三个要点:其一,一个人要利用年轻时代多读书,要抓紧一切可用时间去读书;其二,要坚持阅读好的书籍,阅读经典的书籍,阅读经过时间检验且流芳百世的书籍;其三,要讲究读书质量,要从读书中获得启迪,从读书中获得能产生知识的知识。

古代人、现代人,中国人、外国人,都是重视阅读的。阅读,对于每个人,都是十分重要、必不可少的。

从小学一年级开始,语文老师就教我们怎样阅读。直到大学毕业,我们还在学习怎样阅读。很多大学毕业生,读的书不算少,讲起书中的故事来,也是眉飞色舞、口若悬河、头头是道,但一旦即兴演讲或做起文章来,就显得言语羞涩,词汇干瘪,甚至词不达意、语无伦次、逻辑混乱。这到底是怎么回事?

本文想就怎样引导学生读书谈谈自己多年来在教学中的一些体会,以飨读者,尤其想帮帮那些读书效率差的小读者。

1. 字词句段要结合

任何一篇文章,都是由基本的文字符号组成的,这些文字符号经过作者的巧妙组合,像变魔方似的组成了词句段。词句段再经过作者的合理布局、巧妙安排,就构成了一篇精美的文章。一本书也是这样,只不过比一篇文章长了些而已。可见,读书时,首先就得注意字词句段的问题。

阅读汉语读物,还有别于阅读其他文字的读物,因为汉字属于表意文字,每个汉字都代表着一定的本来意思。组合之后,更是由于语境的不同,其表达的意思还将随着前后文字发生变化。最经典的例子是"'说曹操曹操就到'这个句子中的曹操指谁",

如果不联系当时的情景，谁也不能准确回答曹操究竟指的是谁了。

词语是能表达最基本的意思的最小语言单位。翻开《新华字典》《汉语大词典》等工具书，我们就可以发现，很多的词语，除了它的本义之外，常常还有由本义派生出来的引申义或比喻义，有的变化之后的意思还很多。如：头——在《新华词典》（1980年版）中就有"脑袋"（头颅）、"头发"（剃头）、"事物的起点、终点或尖顶部分"（话头、山头）、"次序在最前面"（头班车）、"用在年、天等前面，表示过去的时间，或在某个时间以前"（头年、头五点钟）、"领头的、头目"（头头、头子）、"方面"（话分两头说）、"量词"（一头牛）、"表示约计、不定数量"（三头五百）、"词尾（读轻声）"（木头、甜头）等十种解释。而再以"头脑"为例，它有三种解释，包括"脑筋、思想"（头脑清楚）、"头绪、要领"（摸不着头脑）、"首领、头目"（他是我们的头脑人物）。如果我们在读书时，不能准确把握每个词语的意思，就容易出现不能准确理解其意的现象。

如"姑爷"一词，北方人指女婿，南方人指爸爸的妹夫，其意思差异很大。又如古代说"行"，今天是"走"，古代说"走"，今天是"跑"。寓言《东施效颦》"贫人见之，挈妻子而去之走"中的"妻子"一词，指老婆和孩子，在古文中大多这样。而今天，"妻子"不再是老婆和孩子的合称了。乐府诗《十五从军征》"遥看是君家，松柏冢累累。兔从狗窦入，雉从梁上飞，中庭生旅谷，井上生旅葵"中的"累累"同今天的"垒垒"，"雉"指的是"野鸡"；"旅"同"穭"，指的是一种不种自生的谷物。古文中的"山东"多指泰山以东，今天却指的是山东省。

再如网络上使用最频繁的词语之一："切"，有不屑、无聊等贬义，但之前在现代汉语里是绝对找不到这样的意思的。

由于中国地域辽阔，民族众多，古今用语习惯存在差异，词义也在悄然发生着变化，所以，在读书时，要根据具体的语言环境进行准确把握。

同时，在汉语中，标点符号也像汉字一样有它的基本意义或某种特殊含义。阅读时，还要注意标点符号的使用，把标点符号当成文字一样认真对待。

"四不离"（词不离义、词不离句、句不离段、段不离篇）说的正是对词句段的理解。

例1：2005 年，高考语文湖北卷的现代文阅读《土地》中有这样一段话："你看见一条弯弯的丝瓜挂在电线上，像电信局悬下来的一个野外的话筒：刚才是谁在这里通话而且是与谁通话？或者说这么多电话筒从瓜藤下来，从土地里抛撒出来，一心想告知我们远古的秘密却从来无人接听？"怎样理解弯弯的丝瓜像"电话筒"一样"一心想告知我们远古的秘密却从来无人接听"？"远古的秘密"是什么？又为何"无人接听"？这些疑问在本段内的上下句中是无法找到答案的，必须结合文章最后两段来理解。后文写道："它们也是瓜菜，但它们对于享用者来说是一些没有过程的结果……在一个工业化和商品化的时代，人们正在越来越远离土地上的过程。这真是让人遗憾。"

例2：2005 年，高考语文上海卷的现代文阅读《回望昨日的感伤》中有一段文字："茨威格是奥地利犹太人，在很大程度上，他视欧洲为自己的家园。然而，他所亲身经历的第一次、第二次世界大战的那些岁月，实际上却是令他一日日失去祖国乃至失去欧洲的过程。他有一种体无完肤的沧桑之感。"第 7 小题要求解答文中"体无完肤"的含义。"体无完肤"本义是指身体受到严重的伤害。这里用来形容茨威格"一日日失去祖国乃至失去欧洲"的感觉，是以身体的感受来形容心灵的感受。找准了这一内在联系，此问很好解答，即"形容茨威格的心灵受到严重的创伤"。"一词多义""美恶同辞"是常见的语言现象，只有多积累词语的本义和常用义，扩大阅读面，才能对具体语境中的多义词做出迅速而准确的反应。

例3：斯霞老师教《小英雄雨来》讲道："风一吹，鹅毛般的苇絮飘飘悠悠地飞起来。"什么是"飘飘悠悠"呢？斯老师就利用春天南京杨花到处飞扬的景象，让孩子感受词的含义和形象。虽是一个词的教学，但是它却表明：语文教学是与生活相连的，词语的教学应该是生动形象的，而不是抽象的、以词解词符号式的。语言文字的教学是整体的，而不是孤立的、破碎的。

词不离义，即准确理解文中词语的基本含义。因为无论词语有多少种特定含义，但万般变化终归一宗，都与词语的基本含义有密切联系。在现代文阅读中常有对词语的修辞义、象征义、附加义（感情色彩、表达作用、表达效果）的考查，这就特别需要结合词语的本义来理解，而不可强加给词语某种莫须有的意义或脱离基本含义妄加臆断。

如果说"词不离义"是结合具体语境理解词语的起点，那么"词不离句，句不离段，段不离篇"就是最常用也是最重要的解读手段。词语是构成句子的基本单位，句子是段落的组成部分，连接内容相关的段落才能构成一篇文章。句子、段落、文篇就是词语的具体语境，段落和文篇又是句子的具体语境，此外语境还包括文章的写作背景和相关资料。语言所传递的信息，只有在具体的语言环境中才能明确，一旦离开了语言环境，特别是离开了内部语境，语言的意思往往就是模糊的。所以，要想正确地理解词语在文中的含义，最基本的解题方法就是把握好内部语境，推敲琢磨一个词语出现位置的上下文。比如对"自我感觉良好"词褒贬义的判断就离不开句段。这种良好的自我感觉，只是一种主观感受，当感觉与事实相符或与表达者感受一致时，显示的就是褒义，反之就是贬义。词语意义要受制于语境。

实际上，考试题中考查的词语含义往往不是词典上给出的基本含义，而是在所给语境中的临时含义。换句话说，要分析文中词语的修辞义、附加义等临时含义，除了不脱离词语的基本含义即"词不离义"外，更重要的是把握"词不离句，句不离段，段不离篇"的原则。

不仅考试如此，学生平常读书时也应该这样处理，如此，我们就不会在理解上走弯路了，更不至于瞎子点灯——白费蜡！

2. 量度序位要融合

培根在《论读书》中说："读书，足以怡情，足以博彩，足以长才。"宋人黄庭坚也说："三日不读书，便觉面目可憎。"韩愈在《礼记·学记》中又说："学者有四失，教者必知之。人之学者，或失则多，或失则寡，或失则易，或失则止。此四者，心之莫同也。知其心，然后能救其失也。教也者，长善而救其失者也。"可见，教师只有懂得受教育者的不同心理特点，才能帮助学生克服缺点。教育的作用，就是使受教育者能发挥其优点并克服其缺点。十根手指有长短，众人难得一般齐。所以我们不能老是盯着班上的几个尖子生，而忽略了其他人。每一个受教育者都是具有独特个性的活生生的个体，我们的责任就是走近他们、了解他们、从骨子里认识他们，然后因材施教，启迪他们的心智，开发他们的潜能，只有这样，才能做到长善救失。换句话说，面对愈来愈烈的社会竞争，我们的教育也必须以全新的独特的方式，改变现有状态，重建崭新模式，以适应科学的发展、社会的变革和未来的需求。我们的教育应该是：不仅把"人"当作教育的对象，而且把"人"当作教育的核心，一切从"人"出发，一切为了"人"。

在图书出版市场日益活跃的今天，每天均有数以百计、内容各式各样的图书上架。品种的极大丰富无疑为读者提供了更多的选择余地。但是，就在这种热闹非凡的景象里，一项令人瞠目的调查结果告诉我们——中国国民识字者的阅读率正在呈下降趋势。中国出版科学研究所副所长余敏公布了中国出版科学研究所的最新研究成果，调查显示，中国国民识字者的图书和杂志阅读率均呈下降趋势，2003 年国民识字者中图书的总体阅读率为51.7％，比 1998 年下降了 8.7％；杂志阅读率为 46.4％，而早在 1998 年，国民的杂志阅读率超过 50％，达到 57％。导致国民识字者阅读率下降的原因有：现代生活节奏紧张，人们变得浮躁；文化出版界正越来越明显地呈现出"快餐化""浅阅读"的特质，从"读"书，到"看"书，一字之差，却可见社会风气的转变。大多所谓读书人得出的结论是：世风日下，人心不古，书念不下去，翻翻而已，浮躁之风漫延；网络给了我们批判与对话的武器，同时也带来了浮躁的习气。实际上，现在很多人不是迷失了阅读的方向，而是丧失了阅读的乐趣和理想。梁实秋先生说："书，本身就是情趣，可爱。大大小小形形色色的书，立在架上，放在案头，摆在枕边，无往而不宜。"的确，读书是人们生活中的一部分很重要的内容。读书使人生变得充实而有乐趣。爱生活的人必定爱读书，爱读书的人必定会更加爱生活。

有媒体报道，日本自民党干事长中川秀直与中国学者座谈《论语》与传统道德，并向参加座谈的中国人民大学国学院教授赠送了日本著名企业家涩泽荣一的著作《论语和算盘》。《论语和算盘》大量引用孔子的话，把经商成功经验归结为"《论语》＋算盘"，特别强调经商要把《论语》作为经典，务必确立义利合一的信念。其实，崇尚经典，阅读经典，并非日本实业界人士的"独创"。美国的一些大公司，就有个不成文的"惯例"：招聘高级管理人员必考莎士比亚作品等西方公认的经典著作。而中国沈阳的黎明航空发动机（集团）有限责任公司，也注重"以文化人"，对管理人员有一个特别要求，那就是必读三本书：《道德经》《孙子兵法》《黄石公三略》。

在阅读中，我认为序、量、度、位，指的就是引导学生阅读的数量、质量、顺序和要求等。关于读书的量度序位，要有科学性，同时符合学生的年龄特点。

首先，是序的问题。序就是次第，就是顺序，就是对读的书的先后次序的考虑。这也要因人而异，要因孩子的理解、感悟能力而异。原则上，是先易后难，由浅入深。从今天到过去，从国内到国外。这样的安排，便于学生在心理上接受，也便于在没有明确顺序的前提下形成自然的、比较合理的顺序。安排"序"时，要观察孩子的个体差异，要了解孩子的内心需要，要刺激孩子的心理需求，努力让他们在不经意间进入教师、家长设置的阅读"圈套"，并且不觉得是大人的要求和特意安排，而完全是出于他们自己内心的需要。这样的阅读安排，孩子才不会感到厌烦，才不会产生畏难情绪，才会慢慢地由被动读书变成主动探索。

其次，是量的问题。我们都知道有量变才可能促进质变的道理。没有一定的阅读量，就谈不上阅读水平的质变的提高。记得有一篇文章中曾说过，美国的小学生每周至少要看两本课外读物。这足以看出美国小学语文教学十分重视量的问题。我国早就有"熟读唐诗三百首，不会作诗也会吟"的古训，说的也是量的问题。小学阶段，正是学生大量阅读、广泛阅读的大好时光，如果在小学阶段能让学生每学期读上几本、几十本适合他们的书籍，远比多开展几项无意义的活动有意义得多。比如，对于德育首位的话题，很多行政领导者认为，要让学生在活动中去设身处地，去换位思考，去体会感化，其实，这都不是在解决"本"的问题。我们都知道，《小学生守则》第一条就明确规定："热爱祖国，热爱人民，热爱中国共产党。好好学习，天天向上。"我们的老师也从学生入校门的第一天起就开始告诫、训练，但为什么很多学生心中只有自己，没有父母，没有他人，凡事以"我"为先呢？我们能不能换一种思维，把那些干瘪的告诫、苍白的说教换成让他们去多读几本好书，使他们从读书中自我获取，自我感悟，自我习得，也许那样效果会更好。《钢铁是怎样炼成的》不就很好地激励了几代苏联人甚至全世界的人吗？《茶馆》的作者老舍先生写发生在茶馆里的这部戏，拿定了"躲开政治问题"的主意，想用这部戏来写中国社会"五十来年的变迁"；作家说"躲开政治问题"，是因为自己一向"不十分懂政治"，所以，能达到的最佳效果就是可以用小人物们"生活上的变迁反映社会变迁"，不也"侧面地透露出一些政治消息"吗？剧中所有乌烟瘴气、令人窒息的社会现状，全都依赖暗无天日的旧制度而存在，这是观众一看就明白的道理。在《茶馆》这部话剧中，作者尊重观众的头脑，他丢弃政治说教，专靠活生生的艺术形象说话，把想要表达的政治见解，轻而易举地就送到了观众心里。由此可见，多读书、读好书，能让人明白事理，能让人获取正确的政治主张，能净化人的心灵，陶冶人的性情。

　　第三，是度的问题。这个度，就是书的可读价值、是否适应学生阅读，以及哪个年龄阶段的孩子读更合适等。这个度在把握上是有相当难度的，也不能对任何人的要求都完全一致。需要因人而异，因情况而变，因势利导，灵活掌握。一般地说，一二年级学生，应主要读些图文并茂，带有注音的，符合低年级学生阅读水平的浅显读物，如《唐诗三百首》《三字经》《声律启蒙》等书的注音版；中年级学生就可以慢慢接触《一千零一夜》《我的童年》《爱弥儿》《钢铁是怎样炼成的》《爱的教育》等著作了；到了高年级，他们的知识面足以去读中国四大名著、《论语》《鲁宾孙漂流记》《羊脂球》《家》等经典著作了。学生开始读的时候，不一定全懂，这没关系，多读几次，随着知识的增多和生活阅历的丰富，他们总会有自己的理解。韦启昌译《叔本华美学随笔》中说："人们总是阅读最新的，而不是所有时代中最好的作品，所以，作家们就局限于时髦和流行观念的狭窄圈子里，而这

51

个时代也越发陷入自己的泥潭之中。因此，在挑选阅读物的时候，掌握识别什么不应该读的艺术就成了至关重要的事情。这一种艺术就在于别碰那些无论何时刚好吸引住最多读者注意的读物——原因就是大多数人都在捧读它们，不管这些是宣扬政治、文学的小册子，抑或是小说、诗歌。……我们必须牢记这一点：那些写给傻瓜看的东西总能找到大群的读者；而我们则应该把始终是相当有限的阅读时间专门用于阅读历史上各个国家和民族的伟大著作——写出这些著作的都是出类拔萃的人，他们的后世名声就已说明了这一点。只有这些人的著作才能给我们以熏陶和教益。"由此看来，阅读经典太重要了。

第四，是位的问题。"兴趣是最好的老师"。学生阅读，不应一开始就有十分明确的甚至很高的目标，应像钓鱼一样，把"诱饵"做得很香，使鱼儿愿意"上钩"。一旦"鱼儿上钩"了，就不愁不能钓到"大鱼"了。有的老师害怕学生不理解老师的意图或苦衷，总喜欢在一开始就讲清楚为什么要这样或那样，急于解释如果这样做了，对他们会有怎样的好处。表面上看，这样做没什么不好，但细细想来，这就犯了一个最低级的、本不该犯的错误——你讲得越多，学生听起来虽然舒服，但总感到有做不完的事情，今天做了，明天又会有新的任务，与其做，不如落下，免得日后给自己找更多麻烦。所以，这样的定位，就显得不合时宜了。同时，杀鸡取卵，拔苗助长的做法更是不可取的。

当然，序、量、度、位四者不是孤立的，要科学思考，综合考量，既要让孩子有吃的，也要让孩子吃得消，心中始终想到孩子毕竟是孩子，孩子做的事要具有孩子的特性，不要成人化地强硬灌输和要求。

3. 面线点体要交合

面、线、点、体的概念，更多地出现在理科学习中。其实，阅读也是离不开面、线、点、体的。

任何一篇文章或一本书，都是作者精心思考之后的产物，表达了作者一定的写作意图，即主题思想。为了更好地表达自己的"意图"或"思想"，就必须考虑合适的表达方式，或称表达技巧。但不管出于什么样的考虑，都得由组成文章的面线点体巧妙安排而成。

所谓面，就是要整体把握。比如，学生读的教材，总是在某册教学目标的统领下，分单元自合教材，每个单元又有自己相对独立的教学目标。在处理每篇课文时，不仅要抓住全文的主要内容，而且要抓住每段的具体内容，还要分析文章的结构特点，包括分析文章的线索、材料安排的顺序、段落层次、开头结尾、过渡照应等。整体把握，是阅读首要的任务。诸如：本文主要讲了一件什么事？是从哪几个方面讲的？哪个段落是重点？读了课文，给你的总体感受是什么？……我们认为只有建立了整体印象，才有助于接下来的对文章进行深入学习。阅读一本书的道理同样，也要像老师处理一篇课文一样，首先整体把握，形成整体印象。

所谓线，就是既要纵向地整体把握，也要横向地整体把握，还要深层地整体把握，犹如穿糖葫芦，要抓住穿糖葫芦的那根竹签。具体地说，整体把握的"线"，包括结构线、主旨线和情感线。结构线是指要理出文章的结构线索、结构特点，去皮肉见其骨。如：把文章分成几层，哪些材料先写，哪些材料后写，哪些材料详写，哪些材料略写，在何处有伏笔，在何处是呼应，如何开头的，怎样结尾的等。主旨线是分析文章是在弘扬什么，还是歌颂什么，或批评什么，或谴责什么等。不仅要准确地归纳出文章的主旨，而且要悟出体现主旨的层次。情感线则是用于文章表情达意。钻研文章要悟情，悟出主要人物或动物、次要人物或动物及作者的情感变化。阅读一篇课文，就要把握文章的情感基调：或喜，或悲，或哀，或乐，或爱，或憎等。如：《叶公好龙》

的情感基调是讽刺、揶揄；《献你一束花》的情感基调是惋惜中带有崇敬；《修鞋姑娘》的情感基调则是欣赏、赞美、敬仰。

所谓体，就是以文本为依托，了解文本背后的内容，了解写作背景，补充有关资料。这样钻研，利于课内外结合，利于扩大阅读面、增加阅读量，利于与信息技术的整合。

首先是文章的体裁，弄清楚文章是记叙文、说明文、散文、议论文、诗歌等。弄清楚了文章体裁，才便于针对相应的体裁做出正确的文体分析。

其次是了解文章的写作背景，文章是表情达意的，任何一篇文章都是在具体背景下的产物，弄清楚了相关背景，才能准确把握作者的写作意图。如：《种子的梦》是著名诗人柯岩 20 世纪70~80 年代的作品。当时正值"文化大革命"后期。如果不知道这个写作背景，单看文本，是很难理解诗人把自己喻成"小鱼潜身在碧绿的海底"这样的句子的，更难把握诗人的写作意图，可见背景资料的重要性。

第三是文本背后的内容，包括了解与本文有关的其他背景资料。如巴金先生的《海上日出》是一篇写景的优秀之作。如果要真正理解文本，就要了解巴金写这篇文章的其他背景。他是乘坐"里昂热"号油轮在公海上漂流了一个多月，天天除了看到碧绿的海水，就只能看到蔚蓝的天空。他善于观察，觉得海上日出确实很美。而且他想到自己的弟兄姊妹很多，未必每个人都有机会看到这样的美景。于是，他产生了写作的冲动。知道了这些，理解这篇课文，必然会更有深度。

阅读时，也要分析文章的主要表达方法，包括记叙、描写、议论、抒情。分析文章的主要表现手法，包括记叙文中的人物肖像描写、行动描写、语言描写、心理活动描写等手法；并说明文中的主要说明方法。

所谓点，指的是读书中的局部问题或某方面问题。我们知道文章的整体与局部是对立的矛盾统一体。整体由局部组成，局部又离不开整体。只有从整体中抓局部，从局部中悟整体，这样钻"点"才有价值。

读文章，要研究文章的"点"，从某种意义上说，就是我们所说的深入重点，分层学习，侧重分析文章某方面、某部分的内容。研究"点"，包括语言文字学习点、感情朗读训练点、发散思维扩散点、精彩语段积累点、读写结合训练点。

以发散思维扩散点为例，就可以考虑其扩点、异点、疑点、争点、熔点等。《语言的魅力》中诗人帮盲人写的那句话"春天到了，可是……"就是很好的扩点处。《龙的传人》中"提起龙，中国人莫不引以为自豪"和"西方的龙往往集各种凶恶于一身，专干害人的事情"，就可以引起学生深入探究。《凡卡》中爷爷能否收到他寄出的信，就是一个争论点。学习《题西林壁》时，就可以借《望庐山瀑布》作为"他山之石"来攻本首诗"之玉"。只要长期坚持这种类似的发散思维训练，自己也会感到读书的收获与日俱增、今非昔比。

阅读一篇文章或一部著作，如果能坚持按照面、线、体、点的要求，自我坚持训练，所得必然多。

4. 知情意行要整合

20世纪50年代，美国斯坦福大学的莱维特在《管理心理学》一书中，对人的行为提出了三个相关的假设：行为是有起因的，行为是受激励的，行为是有目标的。由此他提出人的行为模式为：

$$刺激 \rightarrow 需要 \rightarrow 行为 \rightarrow 目标$$

有关学者总结了心理学家与行为学家的观点，认为"人的行为是在需要、动机、目标的推动引导下引发的""行为由动机支配，而动机则由需要引起"。进而提出人的行为的一般模式为：

需要－（引起）→动机－（支配）→行为－（指向）→目标

再后来，有人提出人是生物有机体，具有自然性，同时，人又是社会的成员，具有社会性。作为自然性的人，其行为趋向生物性；作为社会性的人，其行为趋向精神性。他们认为知情意决定着行。

"知"：认知。是对行为办法和目的的认识，即知道怎么做及知道做的目的。

"情"：情感。是对行为及行为环境（包括行为的条件）的态度体验，即行为的心理环境与外部条件。

"意"：意志。是对行为的意向（决定）与对行为遇到困难时的态度（决心），即愿意做与有决心做。

知道怎么做与这样做的目的，同时又具备做的心理环境与外部条件，并愿意做，且能克服各种困难，这样人的高级行为就能开始并正确地持续进行。人的高级行为的一般模式，又称为"知情意行"模式：

知＋情＋意→行

知情意行是构成思想品德的四个基本要素。知，即道德认识，是人们对道德规范及其意义的理解和掌握，对是非善恶美丑的认识判断和评价，以及在此基础之上形成的道德辨识能力，是人们确定对客观事物的主观态度和行为准则的内在依据。情，即道德情感，是人们对社会思想道德和人们行为的爱憎、好恶等情绪态度，是进行道德判断时引发的一种内心体验，对品德认识和品德行为起着激励和调节作用。意，即道德意志，是为实现道德行为所做的自觉努力，是人们通过智力权衡，解决思想道德生活中的内心矛盾与支配行为的力量。行，即道德行为，是人们在行动上对他人、社会和自然所做出的行为反应，是人内在的道德认识和情感的外部表现行为，是衡量人们品德的重要标志。知情意行之间的关系及其发展可以概括为提高道德认识、陶冶道德情感、锻炼道德意志和培养道德行为。知、情、意、行四个要素是相互作用的，知是基础，情是动力，意是关键，行是表现。知、情、意决定着行的方向和效果。只有做到知、情、意、行的结合，一个人才会更快、更高、更强地发展。

叶圣陶先生说过："语言文字的学习，就理解方面说，是得到一种知识；就运用方面说，是养成一种习惯。"而从某种意义上说，任何语文能力的形成，都离不开良好的学习语文的习惯。读书也是如此，也得养成良好的习惯。

吕叔湘先生说："语文教学的首要任务是培养学生各方面的语感能力。"新课标指出："应该让学生更多地直接接触语文材料。"因此，在阅读中要让学生去感悟文中的人物情感，感悟其中蕴含的事理，培养学生读书的有效的途径和方法，形成健康的人格品质。

阅读教学"三得"

阅读教学的"三得"，指的是得意、得言、得法。

意，即文本的内涵、主旨以及作者蕴含于其中的情意。得意，就是读懂文本的内涵。包括读懂文本中关键词的含义，读懂文本背后的深意，读懂作者表达的情意。真正的"得意"，需要通过语言文字领悟作者传达的意义，如果不深入品味，领悟语言文字的表达，所得的"意"，只能是冰山一角而已。"得意"的过程，具有培养学生的阅读方法、阅读习惯、理解能力、思考策略、个性见解、批评精神等作用。弱化"得意"，将导致语文学习陷入纯训练的窠臼。

言，即文本的言语形式。包括文本中精妙的词语、优美的句式、恰当的修辞，以及文本的段落结构、文章的布局特征等。得言，是语文学习的独当之仟。当下，大多数老师仍在"课文写了什么"上下功夫，偏偏忘了"课文是怎么写的""是怎么遣词造句、谋篇布局的""是怎么实现作者意图的"，而这些恰恰是阅读教学的重中之重。

法，即问题解决的策略和窍门。得法，就是在学习的过程中收获学习的方法。"得意"需要与"得法"一体，"得言"需要与"得法"一体，有时三者互为一体。没有方法的学习，学生获得的是"果"，并不具备持续的自我学习的能力。没有方法的学习，学生不可能达到"不需要教"的地步。

"三得"阅读教学，强调的是学生学有所得，"得"的主体是学生。阅读教学的最终目的是学生的成长，是学生的收获，而不只是教师教得精彩。

"三得"，不是简单的三个部分，而是一个圆融的整体，有时"得意"与"得法"一体，有时"得言"与"得法"一体，有时三者共同融合在一起。"三得"的具体指标在不同学段各有侧重。

"三得"不是标新立异，而是源自对语文课程标准的深入解读，是三维目标的具象。"三得"是学生的学习结果，也是学习的过程，"得"的是知识，也有能力；"得"的是方法，也有过程；"得"的是言语，还有精神。"三得"让阅读教学的目标指向更加集中，教学环节的设计更加清晰简约。

（六）关于作文教学

作文教学要做到"五结合""五反对"

读与写的结合　"读书破万卷，下笔如有神。"引导学生多读一些课外书，不仅能开阔学生眼界，丰富学生知识，而且能使学生在大量的阅读中领悟遣词造句、谋篇布局的规律，为此，可向学生强调读书与写作之间的关系，并以一些典型事例鼓励他们，给他们推荐一些好的文章、书刊。

做与写的结合　"巧妇难为无米之炊。"学生作文之所以"空"且"假"，就是因为目"空"一切，无话可谈。为了使学生在作文中有"米"可"炊"，可鼓励学生主动找"米"，留心周围的事物，从生活中发现真善美，捕捉闪光点；另外，老师应精心设计和组织一些丰富多彩的课外活动，鼓励学生深入生活，做生活的小主人。

课与写的结合　把语文教学与作文教学有机结合起来，使两者合辙接轨，产生共振，是搞好作文教学的重要途径。因此，每上一节语文课，从教案、教学到作业，从要求确立到内容安排，从内容到归纳中心思想，老师都要把写作为重点。

"大"与"小"的结合　"大"即大作文，"小"即小作文，小作文是为大作文做准备的，先小作后大作。老师在作文教学中，应针对学生作文中的薄弱环节加强单项训练，结合教学，鼓励学生尝试即兴写作。

"导"与"评"的结合　指导合评讲是作文教学的两个中心环节。老师在布置作文时应先准备好几篇习作例文，从审题立意、选材剪裁、布局谋篇、表情达意等方面加以评述，说明好在哪里，差在哪里，以及为什么差。当学生对此有了深刻的理解时，再出示作文题目，让学生根据题目的要求谈谈自己的构想，并围绕题目和中心拟出作文提纲，在此基础上才动笔写作。

反对指导太少　有部分教师在作文课上，要么指导寥寥几语，要么是不加任何指导，随意命题就让学生写。许多学生无从下手，或东拼西凑几句，学生作文质量太差，教师挖苦批评，久而久之，形成恶性循环，导致不少学生厌恶作文。

反对指导太多　也有部分教师，与上述做法相反，他们唯恐学生写的作文不如意，不惜时间和口舌，每次作文都不分主次地多方面指导，有的甚至给学生写几个开头，这样反而扼杀了学生的创造性思维。

反对指导太死 还有部分教师目光短浅，为了应试，不是从培养学生写作能力入手，而是采用"公式化"方式进行指导，这种方法只能使学生写一些内容呆板的作文。

反对轻视评讲 有些教师错误地认为作文评讲课可有可无。因此，作文指导课上得扎实，而作文评讲课就不重视。有时简单地说几个不足的地方，有的甚至不讲评。

反对忽视口语训练 有些教师认为作文课只重视指导学生写，而忽视指导学生说，其实说是写的基础，特别是对中年级学生来说，先说后写，写是必须的，说与写是相辅相成的。

（七）作文题记的写法

作文题记的写法

题记，一般放在正文开头之前，位置特别"抢眼"。好的题记一下子就能抓住阅读者的心，给人留下深刻的印象。对题记的要求较为简单：短短的语句，美美的语言；淡淡的情感，浅浅的哲理。那么，什么样的题记才能令人过目不忘，成为文章的点睛之笔呢？答案只有一个：让题记活画出作文的灵魂！

1. 设置悬念引人入读

题记以悬念的形式出现，能立刻激发人们阅读的兴趣；如果悬念再设置得"精彩"一些，那就犹如一颗石子投向平静的水面，激起人们的阅读欲望，引发想象的美妙意境。

例1：以"喝彩"为话题写作文。（2003年北京中考题）

也曾自卑，也曾哀怨，因为我知道你有多丑，可那一刻，我由衷地为你喝彩……

——写给残疾的母亲

例2：以"书"为话题写作文。（2003年天津中考题）

一个喜欢读"书"的女孩，一个不喜欢"读书"的女孩。我就是这样一个双色女孩，你愿意倾听双色女孩的蓝色寂寞吗？

——题记

例 3：风雨中。（2003 年湖南长沙中考题）

那风雨怎么会忘记？闭上眼就会想起；那风雨埋藏在心底，欲倾诉却只能借助纸和笔……

——题记

例 4：以"盼"为话题写作文。（2003 年山东中考题）

我是差生我怕谁，反正没人注意我。

不妨文中抒真情，盼君听我心里话。

——写给自己的话

2．真情拨人心弦

作文是用心写出来的，放在"版眼"的题记，只有真正用"心"、用"情"写出来，才能拨动人心弦，引人共鸣。

例 1：以"交往"为话题作文。（2003 年四川中考题）

今天是我的生日，祝福却无语；今天是你的祭日，落泪又无声。权且让我以心做纸，以泪作文，再忆你我相识的点点滴滴吧。

——写给知己朋友

例 2：以"母爱"或"父爱"为话题作文。（2003 年浙江宁波中考题）

风筝升天，禁不住丝线缠绵；大雁南飞，依然频频回望。岁月易老，世事易变，流逝的岁月中，不变的是母亲那一生都深情的牵挂。

——写给母亲的话

例 3：以"相信自己"为话题写作文。（2003 年河南中考题）

不要抱怨自己的命运，我们都是上帝的宠儿；不要畏惧山外的山，人外的人。相信自己：你就是山外之山，人外之人。

——写给昨日自卑的我

例4：以"责任"为话题写作文。(2003年广西、重庆中考题)

几万年前，人类茹毛饮血；几千年前，人类刀耕火种；几十年前，人类登上月球……人类在告诉人类：人，需要责任。

——题记

（1）揭示主题

用题记来点明主旨，让读者对文章的中心有明确的把握。对于比较含蓄的散文，尤其需要这种点题方式，它能够让阅卷老师对文章有一个准确的判断。

如一篇名为《花开花落》的作品的题记是这样的：

"死并非生的对立面，而作为生的一部分同时存在。"

文章写大多数的花儿选择在春天绽放，可面对死亡却无人为之高唱挽歌；而菊花选择万物凋零的秋天悄然开放，即使光泽已逝，风采不在，秋风也为之吟唱，小女孩也会为之默默祈祷。题记紧扣内容，文章的主旨给了读者明确的提示，因此读者对这篇文章的主旨的理解就不会出现偏差了。

《乱世中的美景》是写著名女词人李清照的，写她的坎坷命运成就了她的文学成就。作者在题记中这样写道：

"愁，造就了乱世中最美的风景。"

这个题记虽然运用了比喻的修辞，但是比喻所揭示的题旨还是不难看出来的。

（2）阐述话题

作文时，需要在话题与文章之间架构一道桥梁，打通自己文章与话题的联系。在题记中对话题进行一番自己的阐述，写出自己对话题的理解，这无疑是一种聪明的做法。

《"鼓励"自传》的题记中这样阐述话题：

"鼓励，是学海中劈波斩浪的桨；鼓励，是人生中相互依持的拐杖；总在汹涌波涛中给予你无穷力量，总在低谷中增强你的自信！"

作者借助比喻，阐述了自己对话题"鼓励"的理解，同时又点明了题旨，可谓一箭双雕。

（3）渲染铺垫

在许多题记中，或引用格言警句，或运用诗词名句，或借助比喻起兴，描写铺排，渲染气氛。

《暗地的孩子》的题记中就采用了描写的方法进行渲染：

"我是暗地的孩子，拥有冷漠如兽的神情，眼神游离地走在落叶凋零的秋天，在倾斜的墙脚，肆意到孤独的风景；没有一只鸟飞过观望破碎的图画……"

《乡村让我陶醉》的题记则采用了铺排的手法进行渲染：

"乡村是一个美丽的地方，乡村是一个静寂的地方，乡村是一个与世无争的地方，乡村是一个纯朴的地方……"

（4）交代陈述

以题记的形式对文题做简要的交代，或者说明写作的意图，或者陈述寄托的对象，或者交代写作的背景。

《神曲》一文的题记为：

"谨以此文献给那些致力于保护海洋环境的卫士——"

文章以但丁《神曲》的"地狱""炼狱""天堂"为文章的三个小标题，写海洋从被污染到重新回归纯净，赞颂了海洋的环保卫士为此做出的努力。显然，题记交代的就是文章的赞誉对象。

（5）设置悬念

有时候，题记也可以在制造悬念方面展示它的功能。

《听，蜗牛不再哭泣》一文的题记是这样的：

"葡萄架上，一只蜗牛寂寞地哭泣，同伴们也许早就尝到了葡萄的甜美，可它究竟还要走多远呢？"

蜗牛为什么要哭泣？蜗牛为什么要走那么远（题记还暗引了台湾校园民谣《蜗牛与黄鹂》）？这样的悬念深深地吸引了读者。

《浸在"赞"海中的树》一文的题记也有异曲同工之妙：

"雪花随着时间降落了又融化；玫瑰伴着时间绽开了又凋谢，凋谢了又绽放；而不同时间里的人，他的思想又会怎么样呢？是否也会变换？……"

3. 唱出"反调"出人意料

常言道：水无常态，文无定式。如今呼唤创新精神、激励张扬个性日益成为作文的主旋律。真正意义上的创新，是指善于从不同角度、不同视觉、不同层面去思考同一问题，从而获得不同的感受和体验，丰富作文的内涵并写出独到新意。当然，题记中的"反调"也要做到个性与规范的有机统一。

例1：以"××的我"为题作文。（2003年广东中考题）

嘿嘿！"两面三刀"有什么不好，我就是个地地道道的"两面派"。

——我的自画像

例2：以"自然"为话题作文。（2003年黑龙江中考题）

我愿做只井底之蛙，那儿清凉又舒爽，那儿隐蔽又安全。来，来，来，请跟我来，跳到井底远离人类。

——一只井底之蛙的劝世格言

附："题记"佳作辑录

父亲那一跪才使我明白，我与父亲之间缺乏的不是爱，而是沟通，心与心的沟通。

——《沟通》题记

地球孕育了生命，生命对于每个人来说都是宝贵、唯一、公平的。正因为生命如此宝贵，所以我们更应该去关爱它。

——《关爱生命》题记

当理想的七彩翅膀拍击着现实的空气时，我进入了一个微妙的、朦胧的、多雨的季节。游过少年时代的梦境，我伫立雨中，17岁的日子有风也有雨，有快乐也有烦恼。

——《我的快乐与烦恼》题记

曾经有过许多黄昏，我对着夕阳低吟浅唱；曾经有过数不清的黎明，我迎着朝霞倾诉我的向往。少年时代是如诗如画的岁月，少年时代是放飞琥珀般的梦的季节。

——《我的未来不是梦》题记

父亲用母亲般的关怀温暖我湿冷的心；父亲用母亲般的温柔体贴我受伤的心；父亲用母亲般的手抚平我伤裂的心……

——《家事》题记

生活是什么？在孩子眼里，生活是快快长大；在大人眼里，生活是赚钱过日子；在老人眼里，生活是健康长寿。

——《生活告诉我》题记

我失去的东西太多了，就连诚实、自信这些人生中最重要的东西，竟然也丢了。我应该将它们拣拾起来，带着它们重新上路。

——《寻找失去的东西》题记

若干年前的某一天，我和伙伴们正在天堂玩耍，被稀里糊涂地装进一只天蓝色易拉罐里，从此开始了我的易拉罐人生。

——《易拉罐人生》题记

母亲的爱，是一条长长的电话线，无论我走多远，都时时刻刻把我牵挂，它将陪伴我走到永远。

——《母爱》题记

生活中处处充满了风景。你是高山，你就是一道风景，因为你把峻峭和雄伟展示给了人间；你是垂柳，你也是一道风景，因为你把妩媚和风姿展示给了世界。

——《我就是一道风景》题记

跳跃，让我学会勇敢；跳跃，使我充满信心；跳跃，在无时无刻撞击着我的心扉；带着我挑战下一次飞跃。

——《笑容，跳跃的奏曲》题记

（八）作文教学中的教师素质

作文教学中的教师素质探微 [1]

作文教学历来被认为是语文教学中的一大难题。近年来，一大批有志于作文教学改革的仁人志士、专家学者都对这一"难题"进行了不同程度的研究和探索，而且取得了相当可喜的成绩。总结起来，主要有以下三方面：一是对学生作文心理（兴趣）的研究；二是对作文教学本身规律（遣词造句、谋篇布局、开头结尾、过渡照应、语法修辞等）的研究；三是对作文教学过程（作文前的引趣、激趣，作文时的渗透、深化兴趣，作文后的巩固、稳定兴趣等）的研究。以上研究侧重于学生方面的居多。笔者认为，要搞好作文教学的改革，还必须研究属于"源"的根本性问题，即作文教学中的教师素质问题。

人们常说，"师高弟子强""有什么样的教师，就可能有什么样的学生"。毛泽东曾经指出："教改的问题主要是教员问题。"邓小平也在《在全国教育工作会议上的讲话》中说："一个学校能不能为无产阶级培养合格人才……关键在教师。"可见，教师的素质对作文教学的成败是至关重要的。

教师在作文教学中应具备哪些素质呢？笔者认为，起码应具备知识、情感、意志、行为四个方面的基本素质。

1. 知识素质

有一句话说得好，"教学要以一桶水对一碗水，不能用一碗水扣一碗水。"这是大家的经验之谈。一个优秀的作文教师，必须对字词句篇、语修逻文、史地生外、琴棋书画，数理化，甚至

---

① 1995年12月，本文被收入《中国农村小学作文教学》一书，发表于《四川教育》1999年2—3期合刊。

工业、农业、商业、军事、地质勘探、气象预报，以至医卜星相、工艺杂流等都应该懂一些，有比较全面的知识。"我们所能做到也应该做到的是尽力学得多一些……"一旦作文教学中涉及某一方面的知识，才能顺利解决与疏导。简言之，教师的知识越丰富，其教学效果越好，教学质量才能有保证；才有利于迅速认识、接受新生事物，才有利于很好地学习和吸收他人的理论研究及实践总结，扬长避短，锐意进取，向新的高峰冲刺。

知识是在长期的教学和生活中不断积累、积淀起来的，除了日积月累外，还应牢记古训："凡事预则立，不预则废。"做到全盘规划，教啥精啥；查漏补缺，重点狠抓；发挥优势，独创风格；博览报刊，丰富拓宽；自学为主，切磋为辅；见缝插针，聚沙成塔；盯准目标，不断深化。

2. 情感素质

情感是人对于某一事物的态度的体现，是人的意识的一种具体表现形式。教师健康而强烈的情感素质将对学生起到潜移默化的作用。在作文教学中，教师要充满信心、朝气蓬勃、精力充沛。一个作文教师，只有具备稳固而深厚的爱好和追求，才不至于因为遇到某种阻力而消极退缩，才能持之以恒地工作、学习、探索，找到作文教学的客观规律。

一个作文教师必须全身心地热爱作文教学，全身心地投入作文教学，保持思想、认识和情感上的稳定，用自己良好的心态去从事和研究作文。目前，已有仁人志士成功地实验了"快乐教育""愉快教育""情境教育""和谐教育"……这些都是热爱和投入的成功验证。正如查有梁先生所说："乐教乐学，就要求教师去引导、激励、启发学生，而不是压抑、压制、压迫学生；乐教乐学，就要求师生自强、自尊、自信，而不是自暴、自弃、自卑。"

在作文教学中，教师要充分体现出爱心、童心、耐心。提高作文教学质量，不是一朝一夕、立竿见影的事。一曝十寒，把"弦"崩得太紧，或一时得不到自己理想中的效果就鸣金收兵，都是不可取的。相反，教师在学生的读、听、看、做、想、说、写、议、改等一系列活动中进行启发，加强诱导，充满激情。要做到三点。（1）指导儿童作文——浇洒一汪爱心。教师要心平气和，培养学生作文前的良好心态，忌漠然冷淡；要真心诚意，鼓励其成文后的自读自赏，忌拔高要求；鼓励学生自己动手动脑改作文，忌越俎代庖。（2）评阅学生作文——怀有一颗童心，坚持针对性、激励性、灵活性以及表扬为主，有利向上的原则。（3）培养作文能力——付之一腔耐心。一次作文成功，通过"照镜子"、添措施后再练；部分学生作文不成功，可"开小灶""加营养"、求进步；经常开展作文的纵向（即某个学生的前后作文）、横向（即全班学生的某一次作文）的比较，肯定、表扬优点及闪光点，激发学生的成就感和愉悦感，促进学生作文心理素质的提高。

在作文教学中，教师还要努力克服以下非正常情感因素。（1）大家名家与小人物。凡大家名家的理论或总结就视若神明，照搬不误；凡小人物、名不见经传的普通教师的经验就不重视，不屑一顾。（2）小团体内的排除异己现象。不应"墙内开花墙外香"。天天相见的几个人，或因看不见别人的长处而否认，或因与领导、与同志感情上的不融而回绝，或因怕人家的研究超过了自己而坚决抵制等。（3）认为一个班集体只有那么几个学生才写得出来，大部分都不是写作文的料，从而歧视、排斥差生……这些非正常的情感因素，都有碍作文教学效果与质量的提高。要记住："教师是太阳底下最光辉的职业。"我们要做太阳底下最光辉的事。

3. 意志素质

心理学告诉我们，意志是自觉地克服困难来达到预定目的的心理过程。意志具有自觉性、果断性、自制力、精力和能力等基本品质。一个好的作文教师，本身就具有顽强的意志、拼命向上的精神和锐意改革的意识，具有相信自己能教好作文和相信每一个儿童都能写好作文的自信心，用充分的时间和毅力去钻研作文教学新思维、新动向和新成果，能做到对作文教学的热爱持之以恒，对实验研究的浓厚兴趣持之以恒。能克服社会干扰，正确处理大气候与小环境的关系，正确处理个人的得与失的关系，正确处理他人与自己的利益的关系，培养良好的心理素质，克服惰性，轻装上阵，不达目的，决不罢休。有了坚强的意志，人就会表现出越是艰苦越向前的劲头，自觉自愿地在艰苦的道路上拼搏前进。一方面，努力克服诸如松懈懒散、因循苟安、畏惧吃苦的毛病，清除主观方面的障碍；另一方面，坚定信心，在世俗偏见面前不犹豫，在不利的条件下不动摇，积极应对各种意想不到的困难，坚定不移地为实现预定的目标而努力。

4. 行为素质

行为是指人的有意识的活动。在作文教学中，教师的行为素质是指教师不懈地加强自身修养，不停地练笔以示垂范，不断与学生进行心灵上的沟通，以利教学工作的顺利开展。"教师的行动是无声的语言。"一个作文教师，如果具备了扎实的知识素质、浓厚的情感素质、顽强的意志素质，再加上良好的行为素质，就能在作文教学中得心应手，同时言传身教，潜移默化地影响学生。

（1）加强修养

教师肩负着为社会主义现代化建设培养　代又　代新人的重任，故必须重视自身的修养，才能有效地"传道""授业""解惑"。作文教学的内容时代性强、知识综合性强、语言技巧性强，因而，作文教师要不断地加强理论和业务修养，做到一招一式一套一路有板有眼、掷地有声。

加强修养主要指：①努力学习党的方针政策，把握时代的脉搏；②充分把握和利用时间；③广泛吸收符合时代要求的先进理论和经验；④善于收集、整理资料；⑤勤做读书笔记和随感杂记。

（2）练笔垂范

"教师的身教重于言传。作为语文教师，除了应当教课本上的文章外，还应当教一些自己写的文章。简言之，一定要通过教师的创造性去激发培养学生的创造性。"作文教学是一种创造性劳动。教师练笔垂范的作用是很大的。试想，一个作文教师，自己也写不出几篇像样的文章来，学生就会感觉到"老师也不过如此"。那他们的作文激情从何而来呢？要是一个作文教师常有文章见报见刊，学生时常读到，他们怎么会不对他们的老师敬而学之、尊而仿之？久而久之，教师的练笔便对学生的作文行为产生了潜移默化的影响，学生的作文兴趣也会与日俱增，作文质量何愁提不高呢？

书面垂范如此，口头垂范的作用亦然。一个好的作文教师，如果口头表达能力强，具有即兴演讲的才能，出口成章，才思敏捷，无疑会对学生的口头表达和书面表达能力起到导之以行、"润物细无声"的效果。

（3）反馈沟通

教师的教与学生的学是相统一、相依赖的。教师的"导"要通过学生这一"主体"体现出来，为此，作文教师一定要深入学生，了解学生，与学生交友，做学生的知心人，教师与学生之间没了"师"与"生"的明显界限，没有"生"畏"师"的鸿沟，学生就能将在作文学习中的优劣充分展示给老师，就能大胆而主动地与老师交心交谈，学习作文也就轻松自如得多，他们的作文也就可能会成为感情的宣泄和心灵的表露了。

总之，一个作文教师应具有的素质是多方面的，笔者所述的知识、情感、意志和行为四个方面的素质是最基本的，必不可少的，只有具备了这四个基本素质，提高作文教学质量，激发学生作文积极性，进行作文教学改革与探索，才有内在动力和可靠保证。

（九）怎样才能上好一堂语文课

语文教学"全程备课"三部曲（提纲式）

1. 课前的预设备课

（1）看重教材

①教材是新课标精神的体现。

②教材是语文教学任务的依据。

③教材是教学内容的载体。

④教材是教学过程的支架。

（2）看透教材

①"举例"与"范例"观念——教材无非是一个例子，既是举例，也是范例。

②"一粟"与"沧海"观念——只见树木，不见森林，是鼠目寸光；只见森林，不种树木，是虚无缥缈。

③"借用"与"凭借"观念——教材选文，不是专为学生写的，是"借用"；要学习语文，又必须"凭借"它。

④"煤块"与"煤球"观念——语文犹如"煤块"，可以再利用；语文教材又是经过精细加工的"煤球"，需要创造性地开发、驾驭。

⑤"要懂"与"能懂"观念——对课文的背景、中心、内容、情感，读了必须懂；但更要着眼于过程与方法，变学会为会学，能举一反三，形成阅读能力及习惯。

⑥"语境"与"语言"观念——语言环境，是活的语言，是

生活的语言；在语境中学语文，不能离开语境孤立地学词法、句法、章法，联系生活，要联系上下文；语境要作为师生对话的话题，把语文当成听说读写等语言交际场。

⑦"共创"与"共识"观念——理解、表达，是作者、编者、教者、学者共创的过程。教学中，可以将"再现式"教学与"表现式"教学有机地结合起来。

（3）钻透教材

①钻"面"。

②钻"线"（结构线、主旨线、情感线）。

③钻"体"。

（4）钻"点"。

（4）用足教材

①品点（品味语言的音、形、意、道、境、情、采）。

②扩点（简略处、省略处、概括处、延伸处）。

③疑点（疏通性问题、深究性问题、鉴赏性问题、延伸性问题、评价性问题）。

④争点（揭示矛盾、求同存异）。

⑤联点（找到比较、联系点引发学生发现、解读、运用）。

⑥异点。

⑦移点（移角色、移情境、移情感）。

⑧评点（评价作者、评价人物、评价情节、评价观点、评价语言等）。

⑨融点（借"他山之石"，攻语文"之玉"）。

⑩积点（赏析、积累、运用语言）。

⑪盲点（不易发现的关键处、不易觉察的认知错觉、无字中的内涵）。

2. 课中的现实备课

（1）课前备课不等于课上的"背课"

（2）备课是思维活动，不只是撰写活动

（3）意料之外是现设备课的生成资源

（4）现设备课的关键是善于应变

3．课后的反思备课

（1）聚精会神地回忆自己的教学实践——反思备课的基础

上课后，最好及时地拿出预设教案，回顾课堂教学实际，想想哪些地方做得好，哪些地方做得不好，哪些地方是现设备课的。

（2）虚心好学地聆听旁人评议——反思备课的催化剂

如果有别人听课，最好及时征求评课者意见，聆听评议，集思广益，引发深思。

（3）着眼未来的反思教学实践——反思备课的关键

要具体：从这节课中，从教材钻研、选择、使用入手思考，从教学整体思路入手思考，从具体教学环节思考。

善归因：什么地方好？为什么好？什么地方不足？为什么不足？

会提升：从课标、理念上思考，分析根本原因。

想操作：虽然已教完，仍要想怎样做才好？怎样做更好？

（4）持之以恒地撰写反思笔记——反思备课的升华

可写反思后的教案，可写教学反思随笔，可写"教学反思论文"。

附：

一堂好课的基本特点

抠"文眼"——由课题设计主线；

理"脉络"——由文路设计主线；

牵"一发"——由关键句设计主线；

抓"串联"——由过渡段设计主线；

赏"题图"——由插图设计主线；

炒"题集"——由习题设计主线。

坚持八个基本原则

以教学目标为轴，体现方向性原则；

以设问启发为径，体现启发性原则；

以读书思考为本，体现主体性原则；

以讲解板书为绳，体现主导性原则；

以能力培养为旨，体现实践性原则；

以德育渗透为魂，体现思想性原则；

以激情引趣为乐，体现互动性原则；

以减负高效为荣，体现科学性原则。

体现四条基本途径

采用"三问"（什么、怎样、为什么），体现"三性"（知识性、智能性、思想性）；

协调"两主"（教为主导、学为主体），沟通"三路"（文路、教路、学路）；

按照"四段"（学、用、评、结），落实"三点"（新授知识点、智能培训点、德育渗透点）；

通过"四动"（动眼、动手、动口、动脑），达到"三会"（会读、会说、会写）。

弘扬四条基本经验

优化课堂教学目标，恰当处理教材，是落实小学语文素质教育的前提；

优化课堂教学方法，协调好师生关系，是落实小学语文素质教育的关键；

优化目标教学过程，强化薄弱环节，是落实小学语文素质教育的根本；

优化课堂教学手段，提高教学效益，是落实小学语文素质教育的保证。

5. 课堂教学要处理好七个关系

生成与预设、自主与引导、超越与守本、多元与取舍、生活与课堂、现代与传统、创新与务实。

二、叩问学生方面的真问题

（一）父母与孩子

孩子是父母的影子[①]

中国有句古话："龙生龙，凤生凤，老鼠生儿打地洞。"此话虽有些片面，但还是说明了一定的道理——父母的行为对孩子的影响是巨大的。

传说，美国有两个家族都已繁衍了八代子孙。一个家族的始祖是 200 年前康涅狄格州德高望重的著名哲学家嘉纳塞·爱德华。他十分重视对子女的教育，并代代相传，在他的八代子孙中共培育出 1 位副总统、1 位外交官、13 位大学院长、103 位大学教授、60 位医生、20 多个议员。长达两个世纪，这个家族竟没有一人被捕、被关、被判刑。另一个家族的始祖是 200 年前纽约州的马克斯·莱克，他是个臭名昭著的赌棍加酒鬼，开设赌馆，对子女的教育不闻不问。因此，在他的八代子孙中产生了 7 个杀人犯、65 个盗窃犯、324 个乞丐，因狂饮夭亡或成为残废者达 400 多人。

这两个家族的八代历史告诉我们：家庭是子女的第一个"学校"，父母是孩子的第一个"老师"，潜移默化的家庭教育及影响

---

① 本文发表于《大家教育周刊》2013 年第 21 期之"教育改革"论道版。

将会直接关系到子女的道德品质、法纪观念、人生观等的形成。一句话，成功的家庭教育是子女成才的有效催化剂。

近三十年来，我从事过乡村教育、小城市教育、中等城市教育，今天又在大城市继续从事教育工作。纵观当今的教育，有一种强烈的感受——现在的孩子真是越来越难教了。深入思考发现，其中有社会的原因，改革开放不仅引进入国外的许多先进理念和方法，同时也涌进不少糟粕，灯红酒绿、物欲横流、急功近利、利己主义，等等，教育的净土受到无情的侵蚀。孩子难教也有家庭方面的原因，有的父母疲于奔命，忙于生计，无暇亲自教育孩子。由于大多数孩子都是独生子女，父母无力过问，其长辈的"隔代亲"教育，对孩子难免溺爱；还有不少家长受到"文化大革命"影响，读书不多，不能找到自己的人生坐标实现自己的人生追求，也会对孩子带来不良影响；有的家长做生意、谋官道，但并非走正道，而是不讲规则、不择手段，甚至违法乱纪，对孩子也会起到负面作用；还有被认为是"社会进步"表现的"敢爱敢恨"，促使不少家长只顾自己潇洒，动不动就离婚，导致孩子失去了完整的家庭，这更是教育的又一巨大"麻烦"。如此等等，自然使学校教育孤掌难鸣，教育的力度减轻，教育的作用正在趋于弱化。为此，加强对家长教子女能力的教育，关乎祖国的未来，时不可待，势在必行。

某天下午在家，我无意间看到了 CCTV－2 播出的《保姆119》系列节目，甚是激动。节目中，导演用案例加分析及矫正的方式，向我们讲述了一个个生动、鲜活的家教故事，实在是值得每位家长朋友抽出时间好好看看。这其中，主要是教育家长要树立规则意识，要形成教育合力，要身体力行做好表率，要循循善诱、因势利导，等等。我相信，家长看了这一类教育孩子成长的节目，必将加深对自己孩子教育思想、教育方式、教育过程的思考，并且真正改变孩子难教的现状，使每个孩子健康成长。

（二）学生与"语文"

让学生自己去品"语文味儿"①

春天是多么美好啊，那蓝天白云……

这是《语言的魅力》一文中的一句，粗略一读，好像没有什么特别，但细细想来，就有很多值得研究的地方。且不说春天有多美好，单就那"蓝天白云"就够我们好好咀嚼了——蓝天是怎样的蓝，蓝天是怎样的天；白云是怎样的白；蓝天衬着白云又是怎样一种美丽画面；春天美好，作者为什么首先想到的是"那蓝天白云"，而不是鸟语花香等。孩子们读到这里，也许会一晃就过去了。但是，老师是否想到生长在成都的孩子（尤其是根本就没出过家门的孩子）能准确理解"那蓝天白云"吗？我们不难发现，由于成都特殊的地理位置，尤其是盆地因素，成都上空常常是被尘埃、云层笼罩着，他们哪里能感受到真正的"蓝天白云"？即便有的孩子能想象出"蓝天白云"的美丽，那也是跟着家长走出盆地，走出成都，从感受到的其他地方的"蓝天白云"移植过来的。这样一说，结论是：哪怕是课文中看来不值得研究的地方也有太多值得研究的地方了。

由此，我觉得学生要感受到作者笔下的情景，要读出课文中的美感，就要让他们走出教室，走进大自然，从而真实地感知自然的神奇与美丽。

在地球的另一面，有一个太阳正在升起

人教版教材《夕照》最后一段写道："太阳从我们的视野中消失了，但我知道在地球的另一面，有一个太阳正在升起。"在

---

① 2009 年 9 月，本文获得成都市小语专委会论文比赛二等奖。

其配套的练习册中有一道题："地球的另一面指的是哪一面？你知道这一面的 5 个国家吗？请你写出来。"这道题对老师来说，要说出"地球另一面"的 5 个国家，也许并不难。但对学生来说，尤其对地理知识贫乏的学生来说，那就比登天还难了。我们还应该想一想，即便是老师，谁又能对全世界的国家在哪个洲如数家珍、倒背如流呢？北美洲、南美洲有哪些国家，你能准确无误地说出来吗？老师都不能准确掌握，又如何判断学生答题正确与否？

这不是在为难老师，也不是在为难学生，而是要求老师对学生进行开放式的教育。也就是说，我们做老师的有时候还得谦虚地做学生，还得跟着学生一起学习。不然，闹笑话、出错误就在所难免了。那样，我们就有违"解惑"之责任了。

让教材首先感动我们自己

曾记得一些教师说过："北师大版教材没有人教版教材好教。"原因是什么呢？通过比较发现，北师大版教材比人教版教材更开放，更具有灵活性，更注重体现编者的关注人文性和让学生直接感知文章的原汁原味儿的理念，如《月迹》《三月桃花水》《忆读书》《新月集》等就是如此。这些课文都是采用散文形式构篇来表现主题的。有的课文涉及的知识面很宽，作者的思路很活跃。一旦老师不能准确把握，又怎能引导学生去准确领会呢？

难怪四大名师在教学上有一个共同认识——在教每一篇课文之前，自己一定要先把课文读熟，甚至读到能够背诵为止。只有这样，教师本人才能更好地把握住课文的写作思路、谋篇特点、写作技巧、主题思想等。今天我们的老师确实由于诸多原因影响了深入钻研教材的时间，但不管怎样，都不能借口说教材太难，能把握多少就把握多少。如果我们是"瞎子"，那会把学生引向何处？所以，对每一篇课文，必须深入钻研、准确理解，然后用新课标的理念和教学方法去实施教学，我们的行为才会符合为师者的规范。

不识庐山真面目，只缘身在此山中

大家知道这是苏轼《题西林壁》中的两句诗。这两句诗富有深刻的哲理，对我们做人、生活都有极大的启发。但我们是否想过：学生在我们的教导之下，除了按照教参、资料的注释理解诗句之外，还能不能联想到与这句诗的含义有紧密联系的其他含义？今天的学生为什么难教？今天的教材为什么难把握？今天的老师为什么难当？依我看，也许就是这两句诗隐藏的又一种含义罢了。我们身居师者的位置，或多或少地还有一些"师道尊严"的烙印，隐隐有一些老师教我们的痕迹，我们不能"跳出山界外"，那又怎能做到"不在无行中"呢？如果我们真让"长大后，我就成了你"变成现实，我们的教育真该是最可悲的了。由此，我觉得我们应该"会当凌绝顶，一览众山小"！

综合上面的几点理解，我想，在新课程的理念下，我们应该在语文教学中做好以下几项工作。

1. 教师要像"长流水"。老师的能力是有限的，老师已有的知识更是有限的，只有不断"充电"，丰富自己的知识，替换已经过时的知识，我们的工作才具有实实在在的引领作用。

2. 要把培养学生的学力放在首位。要千方百计地培养学生自主读书、自主解疑的习惯和能力。"教材无非是个例子"，我们不能做知识的传播者，要用有限的教让学生无限地"学"，做学生学习的引路人和方法的点拨者。

3. 要培养学生科学的读书态度。要鼓励学生开阔视野，走出校门，走进书海，并且"不唯书、不唯上、只唯实"的态度对待学习，使学生成为学习的真正的主人。

4. 要改变传统的教学方法。课堂少一些传教，多一些探讨、交流、辩论，促进学生思维活跃，思路开阔，方法正确，学法灵活，变死的知识为活的学习过程，从而引领他们不断向知识的高峰迈进。

5. 要鼓励学生自己去品"语文"味儿。在教学中，教师要少一些机械讲解，让学生多一些自读自悟。要引导学生在读书中思考，在思考中读书，多读书，读活书，把读书权还给学生，把思考权还给学生，让学生自己去品"语文"味儿，让学生在读书中日渐成长、日臻成熟。

（三）学生与阅读方法

小学生自主阅读方法"三三三"①

《全日制义务教育语文课程标准（实验稿）》中指出："积极倡导自主、合作、探究的学习方式。"什么是自主学习呢？西南大学教科所赵虹元教授指出："自主学习就是学习主体主导自己的学习，这是在学习目标、过程及效果等诸方面进行自我设计、自我管理、自我调节、自我检测、自我评价和自我转化的主动建构过程。"小学生不同于中学生、大学生，更不同于成人，他们缺乏较强的自控能力，缺乏良好的自我主导学习的方法，缺乏持久的自我学习的目标和毅力，一句话，他们缺乏阅读的主动建构行为。因此，我们小学语文教师应有的放矢，对症下药，培养他们良好的学习习惯，教给他们良好的学习方法，做小学生自主阅读主动建构能力的探究者、引导者、合作者。

教学实践证明，在小学语文阅读教学中，教给学生"三三三"的阅读方法，是帮助他们主动建构阅读行为，提高他们自主

---

① 本文发表于《成都教育》2006 年第 5 期。2008 年 7 月，该文获得成都市第十二届基础教育优秀教育科研成果三等奖。

阅读能力的一条行之有效的途径。

1. 总体把握，启用"三提问"

不管是读课内文章，还是读课外文章，首先必须引导学生了解阅读文章的基本方法：整体入手，了解文章大意—重点阅读，吸收文章精华—回归整体，与作者产生情感共鸣。

想象产生疑问，疑问促进思维的发展，思维是一切活动的核心。学生自读文章的基本问题有哪些呢？归纳起来，一是这篇文章"写什么"？这就要求学生在初读文章后，能用一两句通顺、连贯、准确的话概括出文章的主要内容。二是作者是"怎么写的"？这是引导学生理清文章思路，分辨文章详略，抓住文章重点的训练。不同的文章，有不同的材料、结构和表达方法，但有一点是肯定的，不管作者是谁，文章写什么，作者都会考虑一个合适的文章思路，也就是先写什么，再写什么，接着写什么，着重写什么，最后写什么。读者只有搞清楚这些问题，才能准确把握文章内容和文章重点。三是作者"为什么要这样写"？这是引导学生透过文章的表面文字，深层次理解作者的写作目的的问题。如果读一篇文章，解决了作者"写什么"和"怎么写"的问题，再去寻根溯源，弄清作者的写作背景和写作冲动，就不难理解他的写作目的了。我国当代作家冯骥才的《挑山工》，讲的是"我"在泰山上遇到一位挑山工，虽然肩挑重物，且看似走得很慢，却常常走到游客前面，通过交谈，"我"明白了其中的道理。作者先从泰山上的挑山工说起，提出疑问；接着通过叙述"我"的经历，解决疑问；最后讲"我"从挑山工身上受到启发。了解了这些，就算基本掌握了文章"写什么"和"怎么写"的问题了，但作者"为什么要这样写"这篇文章呢？通过深入探究，我们才发现作者是要告诫自己，同时警示他人：要有认定目标、坚韧不拔、不断攀登的精神，才可能尽快达到目标，干出一番事业来。

以上"三问"，由浅入深，层层递进，是读懂一篇文章的基本方法，是学生必须首先掌握的。

2. 重点领会，注重"三理解"

前面谈的是"读懂"的问题，这里谈的是怎样"读好"的问题。一篇好的文章，总有它成功和独特的地方，既然有"成功"和"独特"之处，就值得我们好好去读。怎样去读好呢？笔者认为，必须抓住侧重点和切入点。作为小学生，尤应以加强对重点词、句、段的理解。

一是对重点词语的理解。如鲁迅先生《给颜黎民的信》一文，第一部分"告诉颜黎民应怎样读书"，是全文的重点，这部分有大量的词语需要理解好，如"缘故""无足重轻""固然""糊涂""一味""月缺花残""黯然泪下""可恕"……其中，有的词语只要理解其大意就可以了，但对"可恕"就应该重点理解："可恕"是什么意思？谁的行为"可恕"？为什么"可恕"？鲁迅觉得谁就不可恕了？理由是什么？只有这样多角度、多方位地理解了"可恕"，才能深入理解鲁迅是怎样告诫颜黎民去读书的，从而进一步了解鲁迅怎样指导青少年读书。

二是对重点句的理解。重点句常常也是理解文章的难点句，重点句多数时候蕴含着作者的写作意图，只有理解好重点句，才有可能理解好文章内容。如许地山先生写的《落花生》一文中的父亲说："你们要像花生，它虽然不好看，可是很有用，不是外表好看而没有实用的东西。"这就是一个重点句，值得重点理解。这句话语言朴实、文字浅显，但内涵和外延丰富、深刻：花生不好看，但很有用，难道文中提到的桃子、石榴外表很好看，它们就没有实用吗？如果说桃子、石榴不仅外表好看，又对人们也有实用，父亲为什么不要我们像桃子、石榴那样？……原来父亲是用桃子、石榴和花生做比较，让"我们"要对人有用，要实实在在，要脚踏实地，不要炫耀自己，更不要华而不实。只有读懂了这些，才算理解了这句话，也才有利于理解全文。

三是对重点段的理解。周晔写的《我的伯父鲁迅先生》共有24个自然段，作者用自然空行将全文分成了五部分。其中，第一、二、四、五部分内容贴近生活，语言也不很深奥，学生容易读懂，但第三部分讲鲁迅先生在笑谈中抨击旧社会，与学生阅历相差较远，是理解的难点，因此本部分应重点理解：故事是怎样引起的？伯父是怎么回答的？"我"的问与伯父的回答是一致的吗？伯父为什么要这样回答"我"？"我"真的"恍然大悟"了吗？为什么"在座的人都哈哈大笑起来"？如果不深入了解鲁迅当时生活、工作的环境，不多找点有关文章或书籍阅读，今天的学生可能就很难理解这部分内容了。如果不理解这个问题，又怎么能理解作者的写作意图呢？

以上"三个理解"，是读好一篇文章的重要方法，我们应通过典型示范和引导，再让学生自悟自得，逐步掌握。

3. 积累感悟，做到"三运用"

《课程标准》注重丰富学生对语言的积累，关注学生的自读自悟、习得语言。为此，我们认为：学生感悟语言的过程中要习得语言的能力，应在积累的基础上做到"三运用"，才能实现有效的训练和积淀。

一是词语运用。一个句子如果恰到好处地运用一些好的词语，势必会增添秀色，增加美感。小学语文课本中的许多文章都十分讲究遣词造句，不乏神来之笔，课外阅读的一些文章也大多具有类似特色，因此，指导学生在自读文章时，要把他们认为用得好、用得巧的词语提取出来练习说话、写句子，这既是积累，更是习得语言。如果从三年级算起，以每天练两个词语说写句子为标准，到六年级，至少可以练习上千个句子，积累上千个词语，这可不是一个小数目。

二是句子仿写。习得语言的过程实际上也是用词说话、连词成句的过程。读一篇文章要有所收获，也可以将仿写精美句子作为其中要义之一。如学习了《桂林山水》，可让学生模仿写桂林山的或写漓江水的排比句，自己练习写排比长句；学了《美丽的小兴安岭》，可让学生模仿"小兴安岭多么会打扮自己呀！青松作衫，白桦为裙，还穿着绣花鞋……"练习写拟人长句；学了《太阳》，可让学生模仿写用数据说明、举例说明、比较说明的句子；学习《倔强的小红军》，可让学生学习作者怎样通过人物语言表现人物性格写类似的模仿句……总之，要求有了针对性，训练有了目的性，才能收到实效。

三是结构模拟。怎样才能把文章写好，不是老师讲得越好，学生的水平自然就能上去，要让学生在自主阅读中去感知、感悟作者的表达方法，产生内化和同化，长此以往，日积月累，学生才会在不知不觉中提高读和写的能力。

我班学生何苗在学习了《少年闰土》后，写了一篇想象作文《20年后的我》，其中第一自然段可谓是感悟了课文后习得的语言："一辆白色振兴牌高级国产小轿车飞速穿过立体交叉桥之后，稳稳地在长春市政府大门前停下来。车门被拉开，走出一位漂亮小姐，目光有神，亭亭玉立，显得十分精明能干。这就是我——长春市市长、北京大学政治系高材生'管理科学'博士。"像这样的收获，谁能说这不是教给自主阅读方法后取得的呢？

综上，都是从授给学生自主阅读的方法方面谈的，要想真正收到自主阅读的最佳效果，教师一定要转变观念，以学生为本，关注学生的成长发展，构建合作学习的平台，营造合作学习的氛围，引进"对话教育"和"超市教育"等模式，使课堂成为师生互动、生生互动的竞技场，不断增添激励因素，倾心摸索适合本班学生实际的有效措施，促进学生养成自觉阅读、主动阅读、有效阅读习惯，让学生主动建构自主阅读行为，坚持"下水练泳"，并且进行有针对性的课堂测评和及时纠正，就会收到事半功倍的效果。

（四）学生与"感情"教育

小学语文加强"感悟"教育的理性思考[①]

平时，我们常听大人们夸奖某小孩："这小孩悟性好，是读书的料!"那么，什么是悟性呢?《新华词典》解释说："悟性即知性。同'理性'一起指认识的两种能力或阶段。"笔者在文中为什么不提"悟性"而提"感悟"呢?《庄子·刻意》有"感而后立，迫而后动"之说。《后汉书·崔骃传》载："唐且华颠以悟秦。"这里的"感"和"悟"分别指"感觉、感受"和"启发，使之感悟"之意。可见，"感"是"悟"基础和前提，"悟"是"感"的发展和延伸。"感"是手段，是过程，"悟"才是目的，才是结果，两者相辅相成，互为一体，有着必然的因果联系。关于本文中的"感悟"，笔者的本意是：对于教学这一双边活动，教师应着力引导学生去"感"，在大量的"感"中，获得积累，积淀感性认识，并逐步实现发展学生的领悟能力，在此基础上产生一定的提高，甚至质的飞跃，最后达到一种超越，一种升华，产生出由"感"而"悟"出的理性认识。每个人都有一定的感悟能力，这是与生俱来的，只是有强弱之分，倾向于不同学科。《大纲》指出："小学是义务教育的初级阶段，小学语文是义务教育中的一门重要的基础学科……"可见，小学语文教学的质量直接影响着其他各学科的质量。笔者认为：小学语文教学大力加强"感悟"教育，无疑对学生学好其他各门学科都有着积极的作用。

柳斌同志指出："中小学教育的根本任务是全面提高学生的思想道德素质、文化科学素质、劳动技术素质和身体心理素质。"提倡素质教育，就是要使每一个学生先天的素质得以充分的发

---

① 本文发表于《四川教育》2000 年第 9 期。

展，同时使他们获得当今社会所需要的各种品质。今天的在校学生，是 21 世纪的祖国建设者。根据最新研究表明，21 世纪人才主要应具备以下四方面的特征：一是人的独立性和个性自由的特征，这是现代人主要特征；二是开放性、创造性、开拓精神的特征；三是具有科学知识、技术、理性和科学精神的特征；四是效率、时间观念、自律、责任感和集体精神或群体意识的特征。

教学的主体是学生，学生对学习的参与程度直接影响教学效率的提高，也是学生生动活泼发展的前提，还是他们日后走向社会不断更新知识并有创造性地工作的基础。因此，促进学生用心学习，提高感悟能力，全面提高基本素质，已成为我们必须关注的问题。这项研究，对实现高效率的教学，完善学生对个性的不断追求，培养创造性人才，有不可忽视的作用。

1. 教育家的追求

早在公元前 5 世纪，古希腊哲学家苏格拉底就发明了"产婆术"，要求教师用提问和反驳的方法让学生自己积极地寻找答案，获取知识。后来，法国启蒙思想家卢梭、教育家福禄裴尔，美国教育家杜威、布鲁纳，瑞士心理学家皮亚杰以及我国的教育家孔子、朱熹、陶行知等都倡导学生积极主动学习，学中有悟。《礼记·学记》说："善学者，师逸而功倍，又从而庸之；不善学者，师勤而功半，又从而怨之。"《孟子·离娄下》说："君子深造之以道，欲其自得之也。自得之则居之安，居之安则资之深，资之深则左右逢其源。故君子欲其自得之也。"《论语·为政》说："学而不思则罔，思而不学则殆。"汉代的扬雄《法言·学行》载："百川学海而至于海，巨陵学山而至于山。"杜牧在《留海曹师等诗》中说："学非探其花，要自拔其根。"清代的颜元在《颜李遗书·总论诸儒讲学》中说："讲之功有限，习之功无已。"诸多先哲的论断，无不重视教育思想和施教方法问题。再说通俗点，当教师，与其"授人以鱼"，不如"教人以渔"。如果学生自己能独立地去捕鱼，岂不终身受用？这也正是素质提高的本质所在。

然而，我们的教育实践远未实现先哲的教育理想，老师处于绝对的"权威"地位，"满堂灌""一言堂"依然盛行。所谓启发式教学，往往是一些表面上热闹的师问生答的表演。教师始终是教学的主旋律，学生的"演员"身份丧失殆尽。难怪，尽管有各种五花八门的实验研究，但学生的思维总是在受教育年限增加的同时又不同程度地萎缩。

2. 孔子教育理论的精华

有75位诺贝尔奖获得者于1981年1月在巴黎发表宣言说：如果人类要在21世纪生存下去，必须回首二千五百年前，去吸收孔子的智慧。孔子的智慧是什么？从语文学习的角度说，是"循循然善诱人，博我以文，约我以礼，欲罢不能"（孔子的得意弟子颜回语）的教育策略和以感悟自得的语文教学思想，是"引而不发"的启发式教学，让学生针对某个问题或阅读感受，并对其所感所悟畅所欲言，然后也并不直接去做或然或否的评判，而在适当精要的点拨中启发学生去进一步品味感悟，从而让学生去获得语文经验的顿悟与积累，实现语文素养的提高。

3. 解决教育实践中的顽症

全国各地小学生的学习负担普遍过重，究其原因，有社会、家庭给学校带来的压力，但也与学生不主动、不自觉，靠教师硬性布置作业才会学习有关。学生没有自觉学习的习惯，教师当然不得不对学生多做要求，但教师的要求再具体、再明确，也不能激发学生学习的主动性，学生仍处于被动状态，教师的教学效果也不言自明。当然，还与教师的教育策略、教学方法、教学手段等有关。"填鸭式""满堂灌""辛勤的园丁"式的教师，怎么可能培养出既有智慧，又有能力，还有创新精神的学生呢？今天我们重提加强感悟教育，并倡导"信心、兴趣、积淀、感悟、创造、愉快"等观念，就是凭借孔子教育理论的精华，为了实现教和学的和谐统一，使学生愉快地学习，在学中学会学习，从而养成独立思考探索的习惯。久而久之，学生的创造性能力便会逐步形成。同时，也可使现在的"少、差、慢、费"现象得以改变。

4. 走出教育的误区

有资料表明，中国学生与日本学生相比，考试成绩、理论知识水平并不差，但动手、操作能力就差得多。这不能不说我们的教育存在误区，究其根源，是在很长一段时间里，尤其是1978年恢复高考制度以来，我国的教育仅强调社会化，忽视个性化，重视尖子生，忽视全体学生的"全面发展"和"大面积丰收"。感悟教育旨在"一切为了学生""为了一切学生""为了学生的一切"，真正从素质教育的高度重新认识教育，充分发挥学生的潜能，促进学生的个性发展，最终实现培养大量创造型人才的目的。

古人云：学习必须做到眼、耳、口、手、心"五到"，"心到"是核心和关键，感悟教育就是要求学生"心"到，用"心"去学，用"心"去悟，用"心"去创。试想，学生的"心"到位了，还能学不好，还不能实现其后天素质的提高吗？

小学语文加强"感悟"教育的措施[1]

促使学生变被动学习为主动学习，变被动吸收为用心感悟，涉及教育观念、课程、教材、教法、管理、测评等各个方面的改革。

1. 建立新教育观

学生用心去学习的教育模式，与教师"一言堂"表面上热热闹闹，实际上心如死海的"问答式"的教育模式完全不同，教师

---

[1] 本文发表于《素质教育》1999年第5期。

必须更新教育观念，并体现在实际教学工作中。

（1）信任

相信学生通过一定的训练能进行自我教育，实现自我管理，形成良好的思想品德。学生即使出现这样或那样的问题，多数是由于认识上、能力上的缺陷造成的，只要通过努力完全可以得以弥补。

（2）尊重

鼓励学生成为社会的人，又可以不失时机地发挥自己的潜能，突出个性。通过社会化促进个性化，通过个性化完成社会化，从而实现社会化和个性化的统一。

（3）民主

重视学生集体的作用，引导学生共同讨论学习问题，引导学生建立目标，自己负责学习。

（4）启智

教师重在"引路"，结论完全由学生得出。教师不得包办代替、机械灌输。

（5）实践

在活动中交往，重在授给学生学习方法，在活动中提高，在活动中成长；在实践中探索，在实践中创造。

2. 微调课程结构

课程是教育内容的载体。传统的课程结构是单一的学科课程，只注重知识、技能的掌握，忽视生活经验的积累，不适应素质教育的要求。为保证教育质量，改变语文教学中的"少、差、慢、费"现象，宜对课程结构做适当调整。

（1）开设自主课

在全面执行部颁课程计划的前提下，适当减少语文课讲读（讲授）时间，辅以自由阅读课和自由讨论课，教师每节课讲授的总时间控制在10分钟以内，主要是给学生导行、明向、点授学法，其余时间主要留给学生自己阅读、讨论学习，让学生在读中自悟自得。教师应保证学生每天在校有 30 分钟的晨读时间，在家阅读时间不限，但宜长不宜短。有书就读，博览群书。

（2）构建活动课

生动活泼的活动课对开启学生智慧，激发学生的群体意识很有好处。为此，可开设选修活动课和必修活动课、普及活动课和提高活动课。必修活动课是由学校或班级组织的活动，旨在有系统、有计划地对学生全面素质进行训练和培养。选修活动课是学生的自主活动或兴趣特长活动时间，旨在满足学生的个性需要和兴趣爱好，帮助发展其个性。普及活动课是面向全体学生的活动，要求每个学生都达到一定要求。提高活动课是在普及活动课的基础上，为具有某种特长的学生组织的活动，旨在发挥其特长。

（3）挖掘潜在课

加强"软环境"建设，磨砺学生的意志品质，增强学生文化素养，营造博学氛围，鼓励锐意进取的作风，形成友善而竞争，善读又乐思的学风；改善"硬环境"，增加智力投资，完善教育设施，使学生有良好的校园教育环境。

3. 改进课堂教学

（1）优化过程，培中有导

实现教学"六优化"：优化教学目标，使教和学在同一方向，同一轨道会合；优化教学内容，合理安排教学程序；优化教学方法，把提高教学质量与培养全面素质人才结合起来；优化教学组织，在坚持班级教学为主的前提下，采取分组教学，个别施教等形式，注重因材施教，分类施教；优化考查评估，取消百分制，采取"等级＋评语"的课程学习评价模式，注重学生的自悟程度；优化教学氛围，激发学习热情，开发学生潜能，培养创造型人才。

（2）优化教法，学中有悟

教师在教学过程中，应起好桥梁和中介作用。教师是在学生学习活动中能很好地串联教材与学生的桥梁，所以，教师只能凭借一定的教学内容对学生施加一定的教育和训导影响。学生才是学习的主体，教师的启发诱导得当，学生就容易在学习活动中将课程内容内化为自身的素质。语文教学中，教师应努力在"创情境—激兴趣—悟意蕴""阅读文—描绘形—体验情""设疑—激疑—辨疑—解疑—展疑"等方面做文章，教中渗透学，学中渗透悟，悟中渗透创。以教学一课为例，教师重点讲细一段或几个关键句子就可以了，其余让学生自读、自解、自悟。当然，语文学习是不能离开笔的，一定要让学生养成"不动笔墨不读书"的良好习惯，并教给他们一些符号的使用方法。

（3）优化测评，平中导行

测评的科学性水平，直接影响学生学习的积极性，因此要改革传统的测评制度、形式和内容。①建立矫正—反馈机制。加强过程管理，取消期中考试。②改百分制为等级制记分。③学生参与测评，如参与命题，参与阅卷，参与评定（自评、互评）。④采用多样的检测方式。适当进行口试、实践性考试，如语文课的出黑板报，评选小作家、小播音员、小评论员、小辩论员、小记者、小编辑……⑤鼓励创新精神，评定标准既要严格，又不能框得过死，不把学生局限于书本知识内。如果学生能理论联系实际，学以致用，解答有新颖、独创之处，在给基础分的同时可以给"创造分"，以示鼓励。⑥激励上进动机，以发展的观点来评定学生的学业成绩。

4．建立良好环境

扩大学生的活动空间，不把学生禁锢在学校、课堂的狭小空间里。协调学校、家庭与社会教育，建立新型的"三维"体系，克服不利因素，发挥整体效益。

（1）学校环境

①校园绿化、美化、净化、教育化，校园是学园、乐园、花园，更是家园。②教室明亮整洁，布置图书角、书画角等。③人际关系和谐、平等。④学习气氛轻松活泼。⑤班风积极向上，富于竞争。

（2）家庭环境

①有安静、舒适、属于自己的"学习小天地"。②家长实行民主型管理和教育。③家长做好孩子的表率。④家长认同素质教育思想。

（3）社会环境

①制止社会不良行为，净化社会环境。②建立专门的教育基地。③考察社会，在考察中学习。

三、叩问学校方面的真问题

（一）校园之"静"

请给教育一片"静"土[①]

"养心一洞水，习静四围山"是我的座右铭。换句话说，教育者应该是读书者，读书要潜下心来，达到"两耳不闻窗外事"的境界。只有熬过"十年寒窗"之苦，才有可能领略到读书的快乐，也才有可能在书中找到属于自己的"黄金屋"，最终实现"厚德载物"的夙愿。学校，是孩子们读书、习文、修炼、提升的地方，需要"习静四围山"的氛围。但是，也不知从何时起，学校也变得像小社会了……笔者在此特呼吁社会各界都冷静地思

---

① 本文发表于《大家教育周刊》2013年第23期之"教育改革"·论道版上。

考一下我们中国教育该如何走？中国的学校该如何办？学校何时改变"小社会"的现状？

随着历史的变革，"学校特色化"便成了大家耳熟能详的时髦词汇。有的领导在大会小会上都要求校长在一个学期办出特色来，如果不能实现，就得吃"黄牌"，责令"限期改正"。他们还会帮着出主意——找专家把脉，找笔杆子论证，请记者宣传，几经周折之后，学校就"亮"起来了。你看，今天的学校，是不是少了一些静谧，少了一些朴实，少了一些默默无闻，而多了一些喧嚣，多了一些浮躁，多了一些功利？可以说，一般学校一个学期至少也得要有几个重要新闻上报纸、上电视、上网络。对于"窗口学校""示范学校"，那就几乎是每月、每周都有新闻热点和亮点。更有甚者，短短一个学期的一百多天中，竟然有近百条五花八门的新闻出现在各级各类媒体上，出现在人们的视线中。对此，我们不禁要问，这样的学校，到底在干什么？难道学校每做一件事都必须让全社会都知道吗？从前，学校校长是上级任命的，他的上司（局级、县级，甚至市级领导）大多"年轻化"（因为"四化"干部是这样要求的），这些年轻化的干部谁又不想抓住"年轻"这根稻草实现自己的美好愿景呢？他们只有凭"政绩"说话，他们的政绩主要来自他们所管辖的学校。于是，为了政绩，他们不得不挖空心思为自己的政绩找路子、出点子、搭台子、露影子。也许很多校长心里都明白教育不该这样办，笔者也承认一所学校要想发展得更好，就应该有特色；但是，学校特色不是异想天开就能"创造"出来的，更不是去找一些专家、一些"秀才"无端炮制出来的。学校特色应该是通过逐渐积淀、慢慢浸润，自然彰显出来的，而不能人为地揠苗助长。学校要形成特色，首先要有十分明确的办学宗旨，其次要有一批敢于思考、敢于实践、甘于奉献的教育实干家坚持不懈努力和奋斗，也包括对学校办学的反思、提炼、升华，"随风潜入夜"之后，才能"润物细无声"。这个"无声"的"润物"功能也许就是一所学校慢慢形成的特色。

所以，本人以为学校特色需要各级主管部门抛开"功利"，从宏观上指引学校的办学方向，在让学校保持相对安静的前提下，严格规定各级各类部门认真做好"五个'对'"：对学校的考核不用一把尺子，要重点考虑学校的科学发展、可持续发展和自己的特色发展；对各部门布置的工作要进行审查、统筹、整合，不给学校增加太多形式化的东西，能让教师静下心来专门研究教育教学；对基层学校的检查不能过多过杂过滥，建议少做甚至不做"挂牌""创模"之类的要求，让学校真正成为书香校园、探索圣地；对学校组织大型活动应该做较为严格的限制，原则上一所学校每个学期举办不超过两次大型活动；对学校老师进行既统一又灵活的考评制度，建立起"能者上庸者下"的人才任用机制。上级主管部门和业务指导部门，要多给学校提出高瞻远瞩的建设性意见，少做一些"指手画脚"和"模式化管理与评价"，真真切切帮助老师进步，实实在在促进学校特色发展，扎扎实实保证学生健康成长，鼓励学校领导按照自己的办学指导思想，逐步开发学校自有的工作方式、激励机制、育人模式，进而形成学校独有的办学特色。

（二）教学之"竞"

小议上"竞赛课"

因工作原因，我从县城小学考调到市里的小学，又从市里的小学考调到省城的小学。观察发现，时下的学校流行一种怪病——参加竞赛获奖而有点名气的教师不再上"竞赛课"，50岁以上的教师不再上"竞赛课"，甚至35岁至50岁的教师也不用再上"竞赛课"，当了校级或中层领导干部以后更不用再上"竞赛课”了；上“竞赛课”的任务几乎成了35岁以下老师的专利。县里、市里、省里的学校都是如此，这种现象正常吗？是否也该引起我们深思：“竞赛课”到底是为谁设的？为哪个年龄阶段的教师设的？设“竞赛课”的本来目的是什么？“竞赛课”里该不该有“绿卡”？“竞赛课”还有没有长期存在的必要？今天的“竞赛课”是不是已经有些变味？有没有重新定位“竞赛课”的必要？

其实，“竞赛课”在大的范围内，竞赛的成分确实很浓，“名师”从这里诞生，“名校”从这里崛起，“名气”从这里提升。可以说，一堂成功的“竞赛课”包容了教研组、学校、教研室、教科所等众多老师、专家、教授的心血和智慧，是集体智慧的展示，是团队实力的印证，是各种流派纷争的较量。学校、县、市、省都把这种荣誉看得很重，不惜花大量的人力、物力、财力。但是，“竞赛课”在小的范围，尤其在学校，几乎就与“公开课”“研究课”一样，竞赛的成分没有那么浓，就是排个第一、第二、第三……那又有什么作用？只不过涉及个人的面子而已。这有多少“损”和“荣”呢？

日本东京大学研究生院教育学研究科教授、教育学博士佐藤学在《静悄悄的革命》一书中说：“无论是怎样的改革，学校里只要有一个教师不上公开课，要取得成功都是困难的。只有教师间彼此敞开教室的大门，每个教师都作为教育专家而共同构建一种互相促进学习的‘合作性同事’关系，学校的改变才有可能。……关起教室门来上课的教师不能称之为公共教育的老师。”是的，一个单位的同事，何必存在那么多戒心？为什么不成为“合作性同事”呢？为什么不“肝胆相照，荣辱与共”呢？

新《课程标准》指出，要让学生在“合作、探究”的学习方式中学习。作为教师是否首先应有“合作、探究”的心理和行为准备？不难想象，如果教师与教师间“合作”“探究”了，去指导学生"合作""探究"不是更容易吗？连教师自己都把大门紧闭，不愿意与别人"合作""探究"，他怎么能在学生面前以身示范？即便我们说老教师才高八斗、经验丰富、德高望重、一览众山，但在课程改革如火如荼的今天，是否也该与时俱进，谦虚好学，为晚辈们做出榜样，既毫无保留地对小青年进行指导，又不耻下问，倾听小青年富有朝气、充满时代气息的见解？作为领导，个人智慧俱佳，参会看课机会多，信息来源又广，获取信息又快，领导的资源本身是学校的一大财富，何必只是上传下达、居高临下、纸上谈兵、隔靴搔痒、不动尊容呢？试想，如果一所学校的领导带头上"研究课"，老教师紧随其后上"公开课"，表现出不仅能做"谈匠"，还能"戎马上阵"的风范，不仅能"挥刀舞枪"，还能"大侃特侃"，理论上不落俗套，行动上掷地有声，铿锵落板，不仅能"观"而且能"摩"，像全国著名特级教师靳家彦老师那样，既当校长，又上示范课。如此，我们的青年定会插上腾飞的翅膀，在较短的时间内，迅速成长为优秀的教育中坚，甚至迅速成长为年轻的教育专家。

笔者眼界不宽，所谈难免有讹，还望同仁庇护、包涵。

（三）教研之"本"

立足"三观"，抓好"校本"研究

新《课标》带来了教育思想、教育观念、教育行为、教育策略、教育评价等多方面的历史性变革。谁能走在课改前沿，谁就抢占了教育发言权的制高点，谁就将成为时代教育的弄潮儿。成华小学从1991年建校伊始，就确立了"管理为本、改革为魂、科研为先、人和为根"的办学指导思想，在探求科学教育与教育艺术的征途上，围绕"美育"研究这根红线，开展了从"儿童生活美育与和谐发展研究""小学学科教学审美化研究""美育校本课程开发与研究"一系列研究，在不同时期做出了对教育应有的贡献，赢得了社会的广泛关注和赞誉。

新生事物总是推动历史的巨轮飞速前进。作为一所名校，怎样才能在新一轮课改中展示新的生命活力呢？经过反复思考，我们确定了以校本研究带动学校其他工作的思路。下面，我就简单介绍我校校本研究的有关情况。

1. 对"校本研究"的认识

我们是一线的教育工作者，没有系统而深厚的理论修养，没有对"校本"追根求源，而是凭直觉认识到：教育要从本校的实际出发，关注学生的发展，关注老师的发展，关注学校的发展，将以前有些假、大、空的教育科研行为具体化、学校化、学科化、专题化、袖珍化，提高教师的自主性和专业水平，促进学校的教育教学工作，为全体学生成长创造基础，形成特色。我们认为：校本研究，就是为了学校，基于学校，在学校中。为了学校，是以改进学校工作，解决学校面临的问题为指向，这是研究目的。基于学校，是从学校实际出发，所组织的各种培训、展开的各类研究、设计的各门课程等，都能充分考虑学校实际，挖掘出学校的潜力，这又解决了研究对象的问题。在学校中，是要树立一种理念，即学校自身的问题要由学校校长、教师共同来探讨、分析、解决。教师置身教育教学之中，参与学校发展与改革问题的研究，这是解决研究主体问题的。

2. 为什么要开展"校本研究"

大家都知道，课堂，不仅是素质教育的"主阵地"，而且是校本研究的"主战场"。客观地说，教师要学会在研究状态下进行课堂教学，善于把教室当成实验室，把学生作为实验对象，通过研究性教学，才能使课堂教学改革能与时俱进、行之有效。

长期以来，不少中小学校的领导和教师，一提到教研工作就吐苦水，情绪很大，比如说"没有时间啦""浪费精力啦""会影响教学质量啦"，等等。他们没有看到，学校丰富的研究机会、独特的研究情景、鲜活的研究问题、最佳的研究位置，为教师开展校本研究提供了优越的研究条件。我们要时时留心周围的一切，要自觉以研究者的眼光审视、分析和解决教学中出现的各种问题，要本着"教什么、研究什么"的原则，紧密结合本职教学工作去开展校本研究，使教学工作和教研工作融为一体，只有这样才能收到"教研相长"的效果。

可以说，过去进行的教育科研大多数有些华而不实，与课堂教学尤其是与课堂教学改革结合不紧，对课堂教学改革服务的指向性也不强。当前正是新课程推广实施阶段，这就要求校本研究要以新课程为导向，以新课程实施过程中所面临的各种具体问题为对象，努力为课堂教学改革服务。要力求校本研究为课堂教学改革服务。首先，要找准"抓手"，也就是找到"教的改革"和"学的改革"的"结合点"，找到校本研究与课堂教学改革的"结合点"或"突破口"。校本研究的"突破口"就是以教育教学实践中的问题作为课题开展研究。这就要求广大中小学教师树立起"问题就是课题"的意识，善于把教育教学中有意义的实际问题，经过"设计"转化为富有个性特色的校本研究课题，再通过攻克研究难题，来解决教育教学中存在的一个又一个问题。这种行动研究，最易达到同步推进教育教学教研工作、稳步提高教育教学教研质量的目的。其次，要明确教师在课堂教学改革中的主要作用不是"灌"而是"导"。比如，当学生的学习态度不端正时，教师应给予诱导；当学生的学习方法不对时，教师应给予指导；当学生的学习思路不清时，教师应给予开导；当学生的学习效果不好时，教师应给予辅导。第三，要充分相信学生。学生是课堂教学改革的主要参与者，他们具有教学改革的积极性，如不放手让学生参与课堂教学改革，不注意培养学生逐渐适应课堂教学改革的习惯，课堂教学改革将无法进行。为此，我们提出了开展校本研究，每个教师必须达到"三观"的要求，即"校本"发展观、"生本"发展观和"师本"发展观。

（1）"校本"发展观。课程改革的"根基"必须建立于学校，没有学校改革和发展这个基础，就不可能办出高质量的教育；就不可能做到让学生、家长、教师和广大人民群众满意。课程改革的"根基"必须建立于"为了学校"的发展的基础上，"基于学校"的实际，必须"在学校中"进行。

（2）"生本"发展观。学校的一切工作都必须围绕学生的成长进行。学校要把教书育人作为教育工作的基本导向，以学生为中心，一切教育教学工作要围绕学生的需要，有利于学生个性的全面发展，有利于学生的健康成长，引导学生进行自主、合作、探究性学习，培养学生的独立性和自主性，形成民主、平等的师生关系，体现培养创新精神和实践能力的素质教育重点。

（3）"师本"发展观。教师是学校的第一资源。在教育事业发展的总体格局中，在教育资源配置中，在教师队伍建设当中都应体现以教师为本。没有教师的发展，就没有学生的全面成长，就没有"全面、协调和可持续发展"。新课程改革要成为促进"教师发展"的载体。"师本发展观"是"人才强国"战略在教育领域的集中体现，深刻反映了新课程改革的"与时俱进"。伴随新课程改革的实施，在破除"教师中心论"，让教师成为学生学习的"促进者、参与者、合作者"后，似乎一讲"学生主体"，就不敢再提"教师主导"，把教师的作用摆放在可有可无的位置上。这也是一种错误的认识。

我们在"校本研究"中，力求促进教师的专业化发展。让全体教师在行动中研究，在研究中反思，在反思中学习，在学习中成长。具体指的是：要让每位教师更新学科知识，提高相关领域的知识素养（专业知识）；要从经验型走向科研型，注重反思与实践（专业能力）；要从关注自己的"教"走向关注学生的

"学",以学定教(专业能力与专业品质);要从以教师为中心变为以学生为中心,实现与学生的民主与平等(专业品质)。

3. 实实在在的工作经历

为了推动校本研究工作,自上学期开始,我们就在两个校区进行了备课改革。具体做法是:将原来的教师写完全教案改为分科、分组、分单元备课,再将每个教师的备课教案进行组装,复制至人手一份。在教研活动时间,由执笔人作为中心发言人对所写教案做系统、全面的阐释、交流。执教教师再把手中的教案结合本班学生实际,做适当修改、调整、补充和完善,然后就将预设的教案运用于教学之中。这样既分工又合作的备课方式,不仅减轻了教师繁重的备课任务,又实现了资源共享、优势互补,还有力地促进了教研活动的开展。

本学期之初,我们又分块、分部门举行了工作例会,在开教学工作例会时,还专门邀请了区教师进修学校的小教室主任唐浩参与论证,明确了本学期校本研究的方向、目标、任务、措施和步骤,全面启动了我校的校本教研工作。会后,两个校区分头开展工作,做到了时间、任务、内容、专题、负责人、中心发言人、活动载体与形式、阶段评估八个方面的"八落实"。我们以"主体、合作学习"为总课题,教科室又组织四位科研组长经过反复研讨,确定了语文一组、语文二组、数学组、常识组等科研组的老师,共涉及"规范学生书写""切实培养学生独立识字能力""如何指导学生将积累落实到运用""培养学生收集资料的能力""把握教材的重难点""北师大版教材与人教版教材的对比、整理""几何知识的课堂教学研究""概念课的教学设计研究""习作指导专题研究""怎样写教学反思"等近 30 个研究方向,与教导处一起,将教研与科研合二为一,保障了活动时间和活动内容的按部就班进行,导引了老师们的教研、科研行为。

"初始之物,其形必丑。"愿我们的校本研究在各位专家、领导和同仁的呵护、关照下，不再丑陋，而是逐渐美丽起来、成熟起来。

（四）学校之"特"

二十年，铸就尚美教育宝剑

——成都市成华小学走向整合的学校尚美文化建设

学者柯领认为："美是人的本质与教育的本质及其人类文化的本质。"他还指出："教育的实践应该在'教育为立国之本，美育为立教之本，审美为立人之本'。"

我校自 1991 年建校起，就确定了"以美育人"的办学理念，围绕"美育"先后开展了"儿童生活美育与和谐发展""学科教学审美化""美育校本课程的开发""教师尚美文化建设的实践与研究""小学生尚美社团的组建策略及发展价值研究""基于尚美核心素养的整合课程研究"等七轮省、市、区级课题研究，引领了全校师生的尚美发展。纵观学校的文化建设，我们是以"尚美教育"为核心，各阶段的研究紧扣尚美这个核心；同时，这种多轮研究是阶段推进、层递发展、一以贯之、螺旋上升、不断完善的。概括讲，就是三句话：三大目标——集成学校尚美文化建设总纲，三大举措——点燃学校尚美文化建设引擎，三大景观——尽染学校尚美文化建设靓色。难怪我校被中国教育学会美育专委会授予"以美育人的摇篮"称号。

1. 三大目标：集成学校尚美文化建设总纲

目标是行动的指南针和总规划，也是个体和群体努力抵达的目的地。我校拟订的学生成长、教师发展、学校特色三大目标，构成了全校师生的行动总纲。

我们的学生成长目标是：基础扎实、善思灵动、行善心美、健康阳光。教师发展目标是：求真向善、德艺双馨、以美育人、智慧大气。学校特色目标是：活动浸润、草木传情、运行高效、三足共进。

学生目标，关注基本学科知识的掌握，关注解决实际问题的能力，关注言行举止的尚美，关注身体健康、心理阳光。教师目标，则重点关注做真教育、做真研究、做真教学的明确定位，关注师德高尚与教艺精湛的协同合一，关注言传身教、潜移默化的尚美育人技能技巧，关注不同学段、不同时间、不同情境的教育智慧，关注学校行政人员的课程领导力。学校目标方面，则提倡寓尚美理念于一切教育活动之中，让学校的一草一木、一画一景都具有课程育人功能，践行教学相长、人人做终身学习者，实现尚美学堂、尚美社团、尚美校园三足鼎立，互为促进，协调发展。

2. 三大举措：点燃学校尚美文化建设引擎

校长：以"连续剧"定调走向。校长是一所学校的主心骨，如果学校随着校长的变更产生抛弃学校原有的文化基础的变化，这样的学校或许会有一时的生机，但却难以开展有深度的教育。我校历经三任校长，但他们却演绎着同一部"连续剧"，并使这部"连续剧"在不同时段有不同的精彩。也许可以这样说，我们在尚美教育园地里一次又一次播撒种子，一次又一次收获喜悦；在大浪淘沙的过程中滚雪球似的积淀、淘洗、沉积，最终成为在区、市、省，乃至全国美育研究领地里享有盛名的学校——尚美教育特色学校。这或许是很多学校需要学习和坚守的一种教育情怀。

科研：用"连环扣"助推发展。科研引领方向，科研凝聚能量，科研助推发展。印度诗人泰戈尔说："不是槌的敲打，乃是水的载歌载舞，使鹅卵石臻于完美。"二十余年来，学校或探索学生生活方面的尚美，或探索课堂教学基本要素的尚美，或探索学生活动中的尚美，或探索校本课程中的美育因素，或探索教师文化建设中的尚美，或追寻社团活动中的尚美。这些探索，似乎对师生的成长都有影响，但又总显得影响不够，有些影响不深刻甚至有点碎片化，不能使学生真正形成尚美方面的持久品质，也不能培养终生受用的能力。学校将尚美核心素养的培育融入课程整合中，对过去的多轮研究成果进行科学整合、合理提升。于是，新一轮课题研究应运而生，其意图在于做实、做细、做精尚美教育，实现以科学启迪智慧，以情感润泽心灵，艺术陶冶情操的尚美育人大目标。

师生：凭"连环功"彰显活力。肖川教授在《生命教育：为幸福人生奠基》中提出，要"用生命去温暖生命，用生命去呵护生命，用生命去撞击生命，用生命去滋润生命，用生命去灿烂生命"。教育的功能就是去发现、浸润、引爆、彰显学生亟待开发的认知领域，着眼于孩子的今天，更着眼于孩子的明天。基于这样的思考，学校的各轮课题研究像连环功一样一招接一招，招招务实而精彩：在艺术教育中探寻美、在儿童生活中发现美、在学科教学中培养美、在校本课程中塑造美、在尚美文化建设中涵育美、在社团活动中延伸美、在整合课程中提升美，基本构建起以"尚美"为主题，以教学美育、活动美育、环境美育为支柱的"尚美"教育体系，形成了"各美其美，美美与共"的学校尚美文化，"尚美"成了全校师生的共同价值追求。

目前正在探索与实践的"成华小学课程整合基本框架"研究，应该说是一个很好的例证（见图2-1）。

[整合课程愿景] （诉求）	师生发展目标：有智慧、有责任、有对爱和美的追求 学校发展目标：用科学启迪智慧，用人文润泽心灵，用艺术陶冶情操 学校文化：各美其美、美美与共。校训：爱相伴、美相随					
[整合课程板块] （预设）	基础课程		主题课程		特色课程	
[整合课程方式] （载体）	国家课程	地方课程	德育活动	传统活动	精品社团	未来教室	主题研究
[整合课程要求] （实施）	依据教材丰厚底蕴		在品质活动中助推尚美		依附校本深化育人	
[学生尚美能力] （结果）	在学科文化中构筑尚美		依托活动拓展体验		在特色课程中彰显尚美	

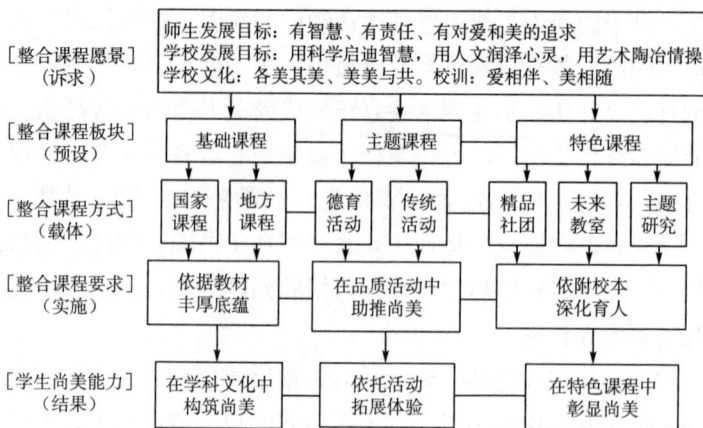

图 2-1　成华小学课程整合基本框架

　　学校的"课程整合"研究，可谓是领导高位谋划、部门协同联动、全员深度卷入，表现出学校群体成员的价值取向、信仰、态度和行为，实践着学校个体价值和标准的积聚和融合，是"爱相伴，美相随"教育理念深入全校师生的心灵深处，深入学校工作的方方面面，深入教书育人的细枝末节的具体体现；更是学科教学构筑尚美、品质活动助推尚美、特色课程彰显尚美的落实与深化。

　　3. 三大景观：尽染学校尚美文化建设靓色

　　尚美学堂培养尚美学子。课堂是学生在校学习的主阵地，也是凭借教学中各要素（目标、内容、过程、情景、评价等）实施尚美教育的重要路径。一是制订《成华小学教师尚美培训计划》《成华小学教师礼仪条例》和《成华小学审美化教学操作细则》，从思想美、语言美、仪表美、行为美四个方面对教师提出具体要求。二是组织老师对教材中的美育内容进行梳理、提炼、整合，形成尚美教育训练系列目标及内容；三是通过《成华小学审美化课堂备课要求》《成华小学审美化课堂教学实施意见》，促进老师在备课中着重从美育目标、美育因素、美育渗透点、美育手段、美育效果五方面设计导学案。在教学环节，从进入教室形象、讲台形象、上课形象、教学结束形象、教师服饰礼仪形象、整体台感形象六个方面进行具体而严格的要求。四是改革《听课记录》，创造性地设计、使用《成华小学尚美学堂观课记录》，把尚美触角直接渗透到学生学习、课程性质、学生学习指导和课堂学习文化四个板块所对应的参与时间、参与方式、参与面、参与深度、师生地位、课堂公平、学习环境开放等十余个点上，形成我校特有的审美化教学模式。五是依托"未来教室"，重构学习新空间，提出了基于技术，超越技术，转变现代教师观、学生观、学习观，彰显了尚美育人的现代价值追求。如在语文课堂教学中，我们的老师利用教材让学生去感受自然美、关注人性美、弘扬社会美、领会情感美、欣赏语言美、领略结构美、涉足表现美、体会创造美，还关注提问的艺术美、理解的深度美、设计的流畅美、板书的结构美、讲述的生动美、朗读的韵味美、思考的多维美、知识的运用美、评价的多元美等，用多元化尚美手段与方式对学生进行全方位的尚美教育，彰显语文特有的尚美育人魅力。年轻教师陈曦在教学《一个苹果》时，用一个苹果图案作为板书，形象、准确、生动地把课文内容、文章情感、学习思路等全部体现出来了，这样的设计真是美不胜收。在数学课堂教学中，老师应特别关注数学中的对称美、简洁美、统一美、奇异美等，对学生进行数理、数学逻辑思维、演绎（归纳）推理等尚美能力的训练。音乐课上，要特别关注其旋律美、节奏美、内容美、特色美、表达方式美等。总之，我们的尚美育人，强调尊重学生的个体认识，尊重不同孩子对美的不同理解，不要用"二维"思维（非白即黑）影响学生对人、事、景、物的认识，不强加自己的认识给正在感知美、认识美、鉴赏美、创造美的孩子，还孩子本真的对美的追求和憧憬，实现对全体学生审美素养的涵育和尚美人生的奠基。

尚美活动催生尚美行为。社团活动是我们所说的"尚美活动"的主体。大家知道，社团本来是相对较为松散的群众性组织，或许不便与美相联系。但我们的尚美社团本着"一个主张"（人人有所获，而非人人获得所有），围绕"三个维度"（学生个体、学生群体、学校特色），投放"四大策略"（组建、发展、评价和保障）10 余项具体措施，促进师生全员参与、自主选择、发展能力、特色成长。实践证明，社团有三大发展价值。一是对学生个体的发展价值。我们抓住兴趣、特长、参与、体验、成果这五个关键词，梳理出了尚美社团对学生个体的发展价值。具体表现在：兴趣可以促进学生尚美之内心涌动，特长可以促进学生尚美之个性张扬，参与可以促进学生尚美之行动证实，体验可以促进学生尚美之身心愉悦，成果可以促进学生尚美之生命成长。二是对学生群体的发展价值。社团不仅能促进学生个体的发展，还能促进学生群体的共同发展。群体的发展又会反作用于个体的发展，两者相辅相成，互为依赖，互为促进。一方面，小社团能够炼成闪光的珍珠。另一方面，小珍珠能串缀成夺目的项链。再一方面，小群体可以促进大群体的蜕变。三是对学校特色的提升价值。其一，学生的好品质提升了学校的品质。其二，有品位的教师支撑着有品位的学校。其三，学生文化彰显着学校文化。其四，学校品牌是由学生支撑的，学生群体是学校文化强有力的支撑。社团与品牌，品牌与尚美，相互促进，相得益彰。尤其是我们投放的去行政化干扰、双主体同步推进、GPS 定位追踪、诊断示范并举等举措，既顾及社团所有成员的良性互动；又鼓励优者更优，以强带弱，以优促劣，最终满足所有学生的多样化发展需求，从而实现在社团中自育和他育的有机结合、互为补充，进而实现社团活动的尚美育人。德育活动是我们引导孩子尚美的重要方面。我们引导孩子从身边的小事做起，紧抓文明就餐、5 分钟岗位清洁制、班级制值周等活动，还就个性化成长、友善公约、专注学习、文明入厕、洁具摆放等做了细致要求，利用诚信书吧、耕读园、姓氏家园、尚美小厅、民风堂等德育系列课程建设，促进全校孩子的行为更加规范，表现出"爱相伴，美相随"的校园风貌。

尚美队伍映射尚美风采。要做好尚美教育，首先就是要有一支尚美的教师队伍。为此，我们将教师尚美建设设定为核心目标、总体目标和具体目标三级目标。其核心目标是提高教师的审美素养和以美育人的能力。而总体目标，即我们简称的"三三"目标：对自己——信仰、习礼、笃实；对他人——怡情、谐趣、欣赏；对工作——秩序、智慧、创造。在总体目标指引下，衍生出十项具体目标：关注生活质量，追求人生价值；探索育人秘籍，享受教育之乐；传承民族礼仪，彰显高雅气质；追求博学多才，叩问教育艺术；愉悦他人心情，相处真诚豁达；情趣伴随左右，和谐团结共进；欣赏同事长处，优化人际环境；严谨授业解惑，以美传道育人；坚持终生学习，消除职业倦怠；敢于挑战自我，勇于革新创新。为实现尚美教师队伍建设目标，我们抓住"六大项目"（环境浸润、学习提升、教学探索、生活体验、交流互动、反思矫正），投放的"营造氛围，强化教师的尚美意识""陶冶情操，厚积教师的尚美底蕴""开发资源，优化教师的尚美实践""丰富体验，拓宽教师的尚美空间""深度参与，展示教师的尚美风貌""悉心感受，享受教育的尚美愉悦"六项措施有效破解了教师尚美文化建设的密码。尤其是组织教师参加太极拳、拉丁舞、瑜伽、时装走秀、健美操、蜡染、摄影、家政（含厨艺、插花、拼盘）、表演唱（含合唱）等八项教师选修课，可以说丰富了教师的业余文化生活，提升了教师的尚美品味。

多年的尚美教育实践让我校老师体会到：小学的尚美教育不仅是培养技能，而且是润泽一颗丰富的内心，提高感受人性之美、自然之美、社会之美的能力。儿童美育的真正目的是让孩子拥有一颗柔软而又敏锐的心，这样他们才能充满自信地融入这个世界，才能领略和欣赏生活中种种奇妙有趣和美丽的现象。如果"美育"开始得早，引导得从容，整个人生都会因此而受益无穷。说得窄一点，这是一种品位的养成教育；说得宽一些，这其实就是整个人格的养成教育，是要让学生有发现美、欣赏美、创造美的乐趣与能力，使孩子们终生与美同行！

（五）自主与合作

"学非探其花，要自拔其根"①
—— 自主与合作学习要把握时机，收放有"度"

传统的教学，几乎是由教师依照"常态曲线"建立起对教学的期待，通过启发、评价、矫正，达成目标，是一种被"目标教学法"创始人布卢姆称之为"目前教育制度中最浪费和最有危害"的教育。我们中国新一轮的"课改"，就是冲击这个"常态曲线"并与国际接轨的产物。

"君子深造之以道，欲其自得之也。自得之则居之安，居之安则资之深，资之深则左右逢其源。故君子欲其自得之也。"（《孟子·离娄下》）"资之深"，才能"左右逢其源"。即便是再好的教育理念，如果我们不能很好地抓住其根本，深入领会其本质内涵，也许学得的只是"形似"，而丢掉了"神合"，这样的后果是极其可怕的。

第一，要准确理解自主、合作等学习方式的内涵。

"学非探其花，要自拔其根。"（杜牧《留海曹师等诗》）"讲之功有限，习之功无已。"（颜元《颜李遗书·总论诸儒讲学》）

---

① 本文为成都市拟出版《自主、合作学习》一书的"专家视角"而作。

讲的都是自主学习。自主，就是学生自己做主，不依赖他人，自己去思考并开展的学习实践活动。自主学习，要求学生具有主动性、独立性，具有元认知能力。主动性是基本品质，表现为"我要学"。学生有了内在需求，学习兴趣就浓，就会感到学习活动是一种愉快的体验；就会在学习上对自己负责，对家人负责，对社会负责。独立性是核心品质，表现为"我能学"，不仅有独立学习的愿望，也有一定的独立学习能力。在自主学习中，学生应该具备元认知能力，即在学习活动之前，能自己确定学习目标、制订学习计划、选择学习方法、做好学习准备；在学习活动中，能对自己的学习过程、学习状态、学习行为进行自我观察、自我审视、自我调节；在学习活动之后，能够对其结果进行自我检查、自我总结、自我评价和自我补救。

与之对应的是合作学习。这是学生为了完成共同任务，有明确的责任分工的互助性学习。孔子说："独学而无友，则孤陋寡闻。"合作学习，有助于培养学生合作的精神和竞争的意识；有助于因材施教，张扬个性和满足学生的需要，建立起学习的信心；有助于师生多维互动、相互砥砺、取长补短，弥补一个教师面向有差异的众多学生时在教学上的不足，从而真正实现使每个学生都得到发展的目标。

合作学习是以自主学习为前提的。"自主"一旦与"合作"互补，学生的学习就会快马加鞭，如虎添翼。

第二，要合理分布自主、合作学习的时机。

在语文学习活动中，要充分调动起学生的自觉性和主动性，积极参与到学习活动中来。自主学习的时间要给足，可以是在家预习与课堂学习相结合。学生只有在自主阅读、自主实践中亲身体验，才会有所感悟，有所发现，他们的交流与合作才有价值。

组织学生进行合作学习，要对学习的内容、时机、人员组成等，精心考虑，统筹安排，不能摆架子、走过场。

学生在完成综合性较强的学习任务和具有挑战性的学习任务时，有一定数量的学生遇到相同疑难时，对学习内容进行扩展学习时，思维受阻时，意见分歧较大等情况时，才是开展合作学习的最佳时机。

合作学习的人员可以按同质分组，也可以按异质分组。每个小组要有组长、记录员、中心发言人等角色分工。"角色"要经常轮换，消除扮演者的倦怠感，培养其全面发展的品质。

第三，要教给自主、合作学习的策略。

学习一篇课文，不同的人有着不同的观察角度，也有不同的解读方式，教师在教学中必须创造条件使课堂成为展现学生个性和发展学生创造力的天地。认同学生间的差别，尊重学生的个性，要培养他们有主见、善于独立思考的习惯。

学生自主学习，教师必须引导他们学会"五会"，即会预习、会提问、会基本学法、会做交流前准备、会反思矫正，进而形成良好的思维品质。

在合作学习中，学生在组内要做到"四会"，即会组织、会协调、会帮助、会评价，不"走过场"，不浪费时间。这种能力，是需要老师进行培养的。

第四，要认真把握自主、合作学习的度。

德国教育家斯普朗格曾说过，教育的最终目的不是传授已有的东西，而是要把人的创造力施展出来，将生命感、价值感"唤醒"，一直到精神生活的根。怎样发挥自主与合作学习的整合优势呢？我认为准确把握其"度"是至关重要的。

清晰度。把什么内容交给学生自主学习，把什么内容安排为合作学习内容，对自主、合作学习有怎样的具体要求，每个学生在自主、合作的环节中必须达成哪些目标，合作的形式及效果如何检测等，都要让学生了如指掌，清晰明白。

难易度。教师投放的自主、合作学习的目标、内容，要适合学生的年段特点、认知规律、知识基础等实际，不无病呻吟，不好高骛远，让学生"吃得消"，但也必须"跳一跳才能摘到桃子"。

融合度。现行语文教材，大多按主题组合单元。对教材，要烂熟于心，驾轻就熟地将训练目标、内容进行有机整合，促进教学效益的最大化。

收放度。在课堂上，哪些内容放，哪些内容收；什么时间放，什么时候收；怎样放，怎样收环节等，均要考虑妥当，一切尽在"运筹帷幄"中。

只要大家细心研读张笔春等老师的教学设计和实录片段，就会感受到课堂上怎样将独立学习与合作交流相结合才是最合适的。

第三编　科研实证举隅

一、卷入课题研究

（一）"做人·作文"研究

"做真人·写真文·抒真情"研究报告[①]

"做人·作文"教学研究，是人民教育出版社教材中心立项研究的国家级教育科研课题。我校从 2000 年 9 月起，在 2003 级 1 班、2003 级 3 班开始使用《做人·作文》实验教材，2001 年 2 月起草《"做真人·写真文·抒真情"实验研究方案》，同年 9 月营山县教育委员会批准立项，10 月，又在南充市教育科学研究所正式立项，从此，该研究正式成为市、县两级共管的教育实验项目。这一课题研究开展 3 年来，已基本形成"做人·作文"教学体系，实现了大面积提高教学质量，促进学生全面发展的初衷。现将研究情况报告如下。

---

　　① 营山县城守一小"做人·作文"教学研究课题组承担研究，李建荣执笔，张慈佳修改。1996 年 9 月，此课题研究成果获得营山县科研成果一等奖。

1．课题的提出

（1）对学生作文现状的反思

当今的小学生作文（包括日记、周记、习作）普遍存在以下倾向：一是成人化倾向，教师用成人的世故化的心态和处世原则去改造学生，造成学生性格抹杀和压倒纯真童心的现象，作文中的虚假成风和套话空话盖源于此，学生也因此处于被动状态；二是模式化倾向，教师把作文法则和合格作文模式化，并要求学生无一例外地遵从，这就造成了共性规范对个性、自由性和独特性的打压，忽视了对学生个性的保护、激发、引导；三是凝固化倾向，即把作文模式变成僵硬的样板，运用各种方式向学生强制灌输，让学生模仿样板，不允许更改，不鼓励学生灵活创造，结果是压制了学生的创造性，扭曲了他们的心态；四是知识化倾向，把作文教学搞成了作文知识的不断累积，偏离了作文课的性质和目的，造成了知识记忆对能力培养的排挤；五是繁琐化倾向，这不仅表现为知识的繁琐，也表现为作文教学程式上的繁琐，用大量冗余的信息占据了学生的时间和头脑，妨碍了他们对必要知识和相关信息的理解和贯通，也不利于对学生作文能力的培养。究其根源，一方面学生在超负荷的学习重压下被剥夺了观察、阅读与思考的机会；另一方面是语文教学只注重灌输而忽视对学生观察自然、观察社会的能力培养，只注重课本而忽视对课外读物的广采博览，从而造成学生对自然与社会的惊人隔膜和漠然。他们有知识却知识贫乏，他们有思想却不会思想，他们有感情却感情脆弱甚至缺乏应有的同情心和起码的责任感，他们的视线封闭、想象贫乏、情感压抑、自我迷失、精力萎缩，他们写文章时搜肠刮肚，结果是平淡空洞，令人担忧。

（2）对传统作文教学观的反思

传统的作文教学，在作文教学的价值观上，强调作文的应试价值，忽视作文内在的价值即促进学生的全面发展。在学生观上，强调教师的作用，而忽视学生主动性的发挥，不尊重学生，无视学生的兴趣与需要。在知识观上，片面地强调形式，而忽视学生习作素材的积累、文章具体内容的组织。2000 年，营山县中小学教研室对全县语文教师组织了一次作文教学现状调查，结果表明：有相当一部分教师作文教学思想不够端正，教学行为不够科学，比较突出表现为"五重五轻"：一是重文轻人。为数不少的教师只注重字、词、句、段、篇的训练，很少考虑"人"的因素，忽视了小学生对作文"自主"和"自立"的心理需求。对学生在作文中说假话、空话的现象视而不见，不进行教育，导致学生认识水平提不高，对身边的事物熟视无睹，写不出真情实感的文章来。作文教学见文不见人，不仅不能完善学生的内在品质，而且也不能写出较好的文章。二是重知识轻能力。作文教学单纯讲解审题立意、遣词造句、布局谋篇，而忽视在具体语境中对学生作文能力的培养。三是重形式轻内容。作文教学大多从形式入手，平日既不具体指导学生观察生活，又不向学生提出积累材料的要求，也不帮助学生解决作文的内容问题，学生写起作文来，自然无话可写，无情可抒。四是重结果轻过程。传统作文教学注重学生作文的结果，忽视对学生作前、作中、作后的全程指导与管理。五是重教轻学。"教授作文"的模式，在很多老师心中根深蒂固，语文老师上作文课基本上是按"教师命题→教师指导→学生奉命作文→教师批改→教师评讲"的环节进行的，五个环节中有四个环节全由教师包揽。作文教学不以学生为主体，怎么能提高学生的口头和书面表达能力，又怎么能写出内容充实的文章？脱离实际的高标准严要求，只会增加学生的心理负担，挫伤他们作文的积极性；命题很难命到学生心里去，往往不想写的学生只能依据题目硬写，而心里想写的学生又无法写进去，难怪学生的作文内容不真实；作文指导离不开范文，难以开拓学生自己的思路，学生当然只能机械地模仿；不让学生参与改文和评讲实践，学生的改文能力和自我评价能力也就不能提高。长此以往，循环往复，导致学生对作文不感兴趣。2001 年 2 月，我们对两个实验班的学生的作文情况进行了相关调查（见表 3－1）：

表 3－1　实验班学生作文情况调查

班级	人数	感兴趣	百分比(%)	有真情实感的人	百分比(%)	无编造行为的人	百分比(%)
2003 级 1 班	69	39	56.6	18	26.1	11	15.9
2003 级 3 班	65	30	46.2	14	21.5	9	13.8

这样的结果怎能不令人反思呢？

（3）着眼于未来人才格局的需要

人类社会进入 21 世纪，在享受全球经济一体化所带来的恩惠的同时，也面临严峻的挑战。全球经济一体化是一把双刃剑，它的影响不仅仅囿于政治、经济层面，而且也影响着教育以及社会生活的方方面面，包括小学语文教学和小学作文教学。

联合国于 1989 年提出"学会生存，学会关心"，强调这是 21 世纪的人应当具有的基本素质。其中学会生存的内涵包括学会学习、学习工作、学会创造，而学会学习是学会生存的基础和前提。

怎样才算得上学会学习？教师应使学生具有哪些基本的学习能力？

国际 21 世纪教育委员会向联合国教科文组织提交了一份报告。提出面对未来社会的发展，教育必须围绕四种基本学习能力进行改革，即求知的能力，做事的能力，共同生活的能力，生存和发展的能力。

以上四种基本学习能力被视为教育的四大支柱。而自主地、创造性地学习，是学习能力的核心，它既是学会生存的需要，也是学会发展的需要。

原国家教委曾在《关于当前积极推进中小学实施素质教育的若干意见》中指出："素质教育是以提高民族素质为宗旨的教育……素质教育要使学生学会做人、学会求知、学会生活、学会健体和学会审美，为培养他们成为有理想、有道德、有文化、有纪律的社会主义公民奠定基础。"由教育部制订，国务院批准的《面向 21 世纪教育振兴行动计划》确定的重要目标和任务之一是"实施'跨世纪素质教育工程'，提高国民素质"，其中又指出："各级各类学校特别是中小学、师范院校要继续把说好普通话、写好规范字、提高语言文字能力作为素质教育的重要内容。"这些素质教育的具体要求无疑给语文教育提出了更加明确的任务，这一任务包容了语文教育的全部内涵，形成了教学中的两个基本着力点，亦即提高学生的语文素质和打好学生做人的基础。

作文教学是语文教育的重要组成部分，语文教育的基本任务和个性特点表现和落实在作文教学之中。作文的最大特点是用语言这一中介来表达学生的生活和情感，其基本任务就在于把提高语言表达能力和促进学生学会做人这两个相互依存的方面统一起来，使学生语言表达能力的提高能切实地促使学生更好地做人和发展。因此，语文素质教育中的作文教学应将"人"和"文"有机统一起来，以做人为作文之本，用作文促进做人，使作文真正成为培养和提高学生素质的有效途径。

2. 课题的界定

"做人·作文"教学改革的主要意图就是要通过解放人来解放文，以解放文来解放人，使文为人发，人以文立，以便充分发展学生的个性活力和创造精神。

所以，"做人·作文"要改革的第一要务不是技巧的先行训练，而是培养一种正确的写作意识，在弄清"为什么写"的前提下再说"写什么"和"怎样写"的问题。引导学生投入生活，关注生活，激发欲望，抒写自己；让他们明白写作是为了记述自己的生活，表达自己的情感，写作的目的是为了培养自己多方面的素质；让他们养成说真话、写真事、抒真情、做真人的习惯。在这个基础上再辅之以适当的技巧指导，让他们把真话说得更准确，把真事写得更生动，把真情抒发得更感人，从而使做真人的质量更高。

"做人·作文"这一实验对改革作文教学现状、适应素质教育发展的要求，有着积极的作用。

3. 课题研究设计

（1）处理好做人与作文的关系

做人与作文密切相关，有时甚至是统一的。对两者相互关系的认识，是"做人·作文"教学的思想前提。具体说来，两者的关系表现为以下三个"统一"。

第一，做人与作文在生命需求上的统一。

需要是人的活动的出发点。"做人"与"作文"首先就在这个出发点上密切联系、相互统一。作文首先是出于生存的需要。人的生存总要经历各种世事，总有东西想要表白。叶圣陶先生说："人类是社会的动物，从天性上，从生活的实际上，有必要把自己的观察、经验、理想、情绪等等宣示给人们知道，而且希望愈广愈好。有的并不是为着实际的需要，而是对于人间的生活、关系、情感，或者自己的经历、情思、想象等，产生一种兴趣，同时仿佛感受一种压迫，非把这些表现成一个完整的定形不可。"可见，作文既是人们生存的需要，也是展示人们生存状态的一种有效途径。作文又是享受的需要。要成功地做人，要保持良好的生存状态，离开了精神上的满足、愉悦与快乐是根本不可能的。而每个人的满足、愉悦与快乐则必须建立在自我肯定和自我实现的基础之上，作文则是学生自我实现的一种手段。只有当作文成为表达自我和自我实现的一种方式之后，才能在抒发自己的情感、表述自己的生活时产生愉悦、欢快和满足之情，此时的作文便成了人的真正需要。同时，作文还是发展的需要。发展创造是人类的生命需求中最高而又最重要的目标。中小学生处于人生中最憧憬未来的时期，又是可塑性最强的时期，因此，自我发展的欲望最高，并最需要呵护、鼓励和引导。"做人"要发展，"作文"也要发展，在人的发展需要中，两者也是相互促进的。作文本身就是一种创造性活动，它可以激发习作者的想象，锻炼习作者的感知，训练习作者的思维，净化习作者的情操，抒写习作者的理想，提高习作者的创造能力，从而促进习作者的进一步发展。

第二，做人与作文在知、情、意、行上的统一。

人为文之本，作文既是人的心理和意识素质的外化，又是人的一种特殊的生命行为。知、情、意、行是人的生命存在及其活动的几个十分重要的方面，相对集中地体现了生命存在的水平。"做人"与"作文"理应在知、情、意、行上统一。在"知"上的统一，即知识内涵的统一。人除了具有动物的生物特性外，还具有通过学习、观察、感受而获得知识的能力，并在此基础上不断产生新的见解、思想、观念以及价值观、审美能力等。作文，是有知识的人的行为，既体现了人的知识储备，又提炼和增进人的知识。作文水平就随着人的成长而不断进步。在"情"上的统一，即与人的情感的统一。情感世界是人性、人的素质的最生动最集中的表现。作文也讲究一个"情"字，不管写什么内容，都要求有真情实感、美好情操。作文自情始，"情动于衷而言于表"。中小学生富于情感但又不成熟，而情感状态与人的知识、品德、理想有着密切联系。做人和作文在"情"上的统一，无论是对于做人还是作文，都有特别重要的意义。在"意"上的统一，指的是与人的意志因素的统一。做人，不但要追求完善的智力、情感的健康，而且同时培养着非智力因素，尤其是信心和意志力。人无志不立，志是一个人最终取得成功的前提条件。作文不仅表达和激励意志，同时磨炼意志。在"行"上的统一，指的是与品德行为的统一。做人之行与作文之行本质上是一样的。而作文作为一种表达和交际行为，也有"行"的意义，何况作文的内容必然反映学生的"行"。察其言观其行，因其文诱其行，使言行一致，文德互进，才是对学生有效的教育。

第三，做人与作文在语言符号上的统一。

人作为符号动物是因为有语言的存在，文是语言表达的凝固状态。两者需要在知、情、意、行上统一，最终要在语言符号这个特殊层面上表现出来。不仅做人与作文都需要在阅读中提升，而且作文是从语言的角度塑造人的重要方式。做人与作文在语言符号上的统一直接存在于语言的意义之中。在实践活动的基础上，语言能力是人成为"符号动物""文化动物"和"理性动物"的最重要的标志和条件。人生活在语言中，语言水平在一定程度上反映了一个人的生活和生存水平。基础语文教育对学生语文能力的培养，正是要为他们的语言发展打下坚实的基础。作文对学生语言能力的训练和提高，正是从语言的角度塑造人，使其能运用语言建立同周围世界的全面联系（从认知的到审美的），并提高实践的效率。在这个意义上，"作文"也就是"做人"。信息时代和知识经济对语言能力的要求越来越精密和多样化，同时也对语言的审美功能提出了新的要求。打好语言基础，对于一个21世纪的人来说具有特别重要的意义。同时值得注意的是，作文水平的高低与作者的语言背景经验密切相关。不同的"语言背景经验"，决定着人们的言语的准确性、丰富性和生动性的高低，决定着人们言语的文化内涵的深浅和表达能力的好坏。语言的背景经验实际上就是具体语言的真正生命所在。一个人的"语言背景经验"越丰富，其文化层次就越高，感官和思维的视野就越宽，精神世界也就越丰富，作文的境界和具体表述就更有文化底蕴，更加形象生动、血肉丰满。如果缺乏生活中的"语言背景经验"，不能领悟各种语言所指代的具体事物和潜在含义，其作文就只能词不达意，更不能流畅地表达自己的感情和书写自己的生活。作文离不开做人的"语言背景经验"，这就使"作文"与"做人"更加密不可分。

综上所述，做人和作文在许多方面都是相通的。不谈做人，作文的意义便无从谈起；离开了作文，做人就留下了诸多缺陷和遗憾。只有将二者有机结合起来，从做人要求作文，让作文促进做人，我们的作文教学才符合素质教育的真正要求，才能有效地提高作文教学的质量。

(2)"做人·作文"的教学原则

"做人·作文"教学力求在作文教学中摒弃原有的消极因素，把中小学生的作文从成人化、模式化、凝固化、知识化和繁琐化中解放出来，弘扬作文活动的生命精神，努力追求把作文活动审美化的境界。这就是要用美的规律把"做人"与"作文"贯通和统一起来。在作文教学中根据少年儿童的心理特征，充分发挥美育的作用，遵循审美规律，营造美的氛围，在审美化教学活动中实现"做人·作文"的教学目的。教师要把自己的教学美和引导学生进入美的写作境界作为自己的追求，用美的思想、美的语言、美的形式启发诱导学生说真话、写自己，记录生活中的美，表达美的心灵，从而让作文活动本身成为一种美的享受，切实改变"苦于作文""作文很苦"的教学现状。为此，"做人·作文"教学要以高扬教与学双方的主体性为其根本原则。

提高人的主体性，是提高人的素质的根本。这里所说的主体性指写作实践中主动探索、主动获取和主动发展，它包含教师主体性和学生主体性两个方面。只有具备鲜明主体意识的教师，才能培养出具有鲜明主体意识的学生。教师必须首先转变固有的不科学的作文教学观念，努力冲破"重技能，轻本体"的作文教学现状，摒弃见文不见人和限制学生个性的错误做法，主动研究

"做人要求作文，作文促进做人"的有效方式，积极地建构学生在写作过程中的主体地位。学生的主体性是指学生有主动创作的激情与行动，并能在作文中主动表现自己，把自己的生活与情感真诚地倾诉在作文之中，以适应自身生存、享受和主动发展的需要，并反过来提高"做人"的质量。真正的主体性要求把"为了人"和"通过人"统一起来，使学生通过主动的作文来提高自己的素质。高扬主体性原则，在教学中就必须特别注意充分激发主动性，努力培养真诚性，放手激励个性化。

要充分激发主动性，就要改变教学双方在作文中的被动和强制状态。过去常有这样一种现象：学生作文时，就像被请入瓮中，任由师长指挥，或由升学等"指挥棒"的指使，成了不得不完成的任务，作文成了强加在他们身上的负担，而不是他们自身的需要。学生在作文中的被动地位使得他们厌恶作文、惧怕作文，根本谈不上作文的主动性。面对这种现状，我们应采取多方面的措施，创设主动写作的氛围和空间，让他们觉得自己才是作文的真正主人，帮助他们获得作文时的高峰体验和作文后的愉悦满足，从而启发并激起他们写作的主动性。

要努力培育真诚性，就是要把过去作文中教学双方"合谋作伪"的现象坚决摒弃，要让学生养成"说真话，写自己"的作文意识。叶圣陶先生说："假若有所表白，这当是有关于人间事情的，则必须合于世理的实际，切乎生活的状况；假若有所感兴，这当是倾吐不舒不快的，则必须本于内心的郁积，发乎性情的自然。这种要求可以称为'求诚'。"他还对"求诚"做了具体的界定："从原材料讲，要是真实的、深厚的，不说那些不可征验、浮游无着的话；从写作讲，要是诚恳的、严肃的，不取那些油滑、轻薄、卑鄙的态度。"这就彻底否定了作文中的虚假浮夸之风，既有利于写出真实之文，也有利于培养真诚之人。须知"求真"之心乃是一切教育能有成效的基础。

121

要放手鼓励个性化，才能真正发挥教学双方的主体性。"以人为本，发展个性"是素质教育的关键所在，因为保护和鼓励个性就是保护和鼓励创造性。作文教学中如果忽略了个体间的差异而一味地强调某种模式或共性，就必然会扼杀学生的个性。在作文教学中要鼓励学生"百花齐放，百家争鸣"，要写出自己的个性，对有个性的、说真话的文章要大力支持，使学生的个性在作文中得到正确的引导和培育。

坚持主体性，高扬教学双方的主体精神，是"做人·作文"教学的根本原则。在作文教学活动中，这一根本原则要通过生命化、生活化和生态化的活动来实现。因此，生命化、生活化和生态化是"做人·作文"教学活动的三个具体原则。

①生命化原则。就是要还作文以生命活动的本来面目，使之与主体的生命存在合一，重视生命的综合性和整体性。主体性存在和表现于人的生命活动之中。作文活动作为生命的一种表现形式，是生命的律动，既是生命整体活动的结果，又作用于生命的整体。人总是要表达欲望的，如果该表达而没有得到表达，压抑于心，情动于衷而不能言于表，便有"不吐不快"的感觉，人的生命过程就会不和谐、不畅适。作文教学应当注重这种生命化的需要。我们在教学中要有意识地引导学生表达自己的愿望，实现生命的需求，并在表达中渗透自己的做人原则、是非观念、个人修养、文化品格和审美意趣等多种因素，让写作成为生命的真实写照和享受生命的方式。人是有生命的人，文是洋溢生命精神之文，这才能真正做到"人"与"文"的统一。

②生活化原则。就是把作文与学生的生活本身统一起来，使作文不仅从生活中吸取动力和原材料，而且变成对生活的表现和思索，成为生活的有机组成部分。生活是作文的源泉，作文是生活的需要。正确认识生活与作文这一基本关系，是端正学生作文意识，使作文走上正路的关键。叶圣陶先生认为：尽

量运用语言文字并不是生活上一种奢侈的要求，而是现代人所必须具有的一种生活的能力。这充分说明提高写作能力是为了适应生活的需要，而我们这里的生活化原则主要指对学生写作过程本身的要求。我们在教学过程中除了培养学生生存和发展需要的写作能力，还要引导学生从生活出发，以生活为基础，在写作中做到审题生活化和取材生活化，对某些文体还要求语言生活化，让学生在自己的生活圈内确定写作的方向、内容和形式，做到作文从生活中来，进一步实现人、事、情、文的真正统一。

③生态化原则。就是要用生态意识来指导和组织作文活动，使作文活动有助于学生人格形成的生态调节。21世纪，人类理性正在呼唤生态文明，并提出"生态人"的目标。"生态意识是反映人与自然的新关系——人与自然界的和谐的观点、理论和感情的总和"，生态化作文教学则是抓住生态意识的灵魂并将其引进作文教学之中，这种作文教学的核心是追求人与人、人与社会、人与自然的和谐相处与共同发展，并使作文教学成为共谋发展而且十分和谐的"生态圈"。它要求老师和学生必须树立生态教育的意识。教师要使作文教学的过程、内容和方式变得和谐起来，以此为基础，使作文教学与语文教学和整个教育系统和谐协调，并善于利用作文以外的其他因素推进作文教学的实效。力求启发学生将"做人"与"作文"有机联系起来以求得和谐发展，引导他们把自己的"作文"和"做人"放到集体或整个大自然中来衡量，以吸收集体的智慧和自然的灵气，求得"做人"和"作文"的双重发展。要实现作文活动的生态化，就必须自觉树立包括整体和谐意识、多样性导致有序优化的意识、边缘优势效应意识和互补共生的综合进化意识在内的生态观念。

生命、生活和生态都是综合的动态的过程。因此，"做人·作文"教学十分重视教学活动的过程展开与推进，使作文活动真正成为主体精神逐步展现和发挥的生命过程。"做人·作文"教学，把活动作为实现教育目的，开发和培育学生潜能，引发和吸引学生兴趣的过程，使之成为学生生命本体的动态展开和自然推演。在这个过程中，审美与教化、同化与顺应、享受与发展融为一体，生态优化得以实现，生态作用得以发挥。

（3）课题研究的机构

课题指导组

吴志伟（中教高级、南充市教育科学研究所所长）

罗丰志（中教高级、南充市教育局规划办主任）

尹明慧（中教高级、南充市教育科学研究所小教室主任、市小语专职教研员）

吕　谦（四川省特级教师、《四川教育》兼职编辑）

黄凤鸣（中学高级、营山县教育局党组书记、副局长）

杨兴孝（中教高级、营山县教研室主任）

罗勇军（中教高级、营山县教研室副主任、县小学语文教研员）

罗明俊（中教高级、营山县教研室副主任）

李　顺（中教高级、"做人·作文"总课题负责人之一、营山县中语教研员）

陈显福（中教高级、营山县小语专职教研员、南充市小语学会理事长）

课题研究组

组　长

张慈佳（中教高级、营山县城守一小校长）

副组长：

郭建国（小教高级、营山县城守一小副校长、教科室主任）

李应维（小教高级、营山县城守一小副校长）

刘　英（小教高级、营山县城守一小副校长）

主研人员

李建荣（四川省特级教师、营山县城守一小教导主任、教科室副主任）

刘　英（小教高级、营山县城守一小副校长）

熊　敏（小教高级、营山县城守一小教师）

张慈佳（中教高级、营山县城守一小校长）

郭建国（小教高级、营山县城守一小副校长、教科室主任）

李应维（小教高级、营山县城守一小副校长）

参研人员

侯明跃（小教高级、营山县城守一小副校长）

叶腾文（小教高级、营山县城守一小语文教师、办公室主任）

张继明（小教高级、营山县城守一小教导处副主任）

郑晓瑛（小教高级、营山县城守一小教师）

庄小军（小教高级、营山县城守一小教师、六年级组语文教研员）

罗定祥（小教高级、营山县城守一小教师、五年级组语文教研员）

史继烈（小教一级、营山县城守一小教师、四年级组语文教研员）

王松山（小教一级、营山县城守一小教师、三年级组语文教研员）

童　群（小教一级、营山县城守一小教师、二年级组语文教研员）

何　婧（小教高级、营山县城守一小教师、一年级组语文教研员）

李国淑（小教高级、营山县城守一小教师）

史铀章（小教高级、营山县城守一小教师）

王红梅（小教一级、营山县城守一小教师）

（4）课题研究的被试选择

①以营山县城守一小 2003 级 1 班、2003 级 3 班共 144 名学生为实验对象，该年级其余教学班为实验对比班。

②实验前测：以 2000 年秋季期末统考试卷的作文得分为参考依据，按优、良、中、差分类统计造册；实验开始前，再由学校统一命题制卷进行第二次摸底，并按优、良、中、差四个档次分类统计造册。

（5）课题研究的过程

①准备阶段：（2000 年 9 月—2001 年 6 月）组织选题论证，初步设计总体方案，确定实验班，进行实验前测，学习课题有关理论，掌握基本操作模式。

②实验阶段：（2001 年 2 月—2003 年 6 月）认认真真开展实验，定期观测，记录分析情况，积累资料，实施调控实验方案。

③总结阶段：（2003 年 3 月—2003 年 6 月）第一轮实验（探索性实验）结题。全面检测实验效果，整理实验资料，撰写实验报告，编辑实验成果集，展示实验效果。

（6）课题研究的方法

①调查法：对实验班和对比班学生基本情况（包括学生本人和家庭、亲属等情况）和作文教学现状及发展变化进行全面和个案调查，以正确了解学生的写作意识，掌握学生作文的兴趣、基础知识、基本技能的发展变化情况。

②对比法：对实验班和对比班做横向和纵向的对比分析，以验证研究目标的达成度。

③检测法：定时检测，做好数据统计，建立数据库，进行统计分析。

④文献法：对国内外有关作文教学改革的文献进行查阅、分析、整理，从而开阔眼界、拓展思路、受到启迪，推动"做人·作文"研究顺利进行。

⑤经验总结法：总结在作文教学改革实验中取得的阶段性成果，调整实验的深化研究进程。

（7）课题研究相关因素的考虑

①课时：利用每周的作文课时间上课，不另外增加授课时间。

②教材：根据人教版《做人·作文》实验教材，适当增加部分自编教材。

③教学方法：按照实验的课堂基本教学模式，结合运用现代教学手段，采用"启思""明法""导行""融趣"等方法，在和谐、愉悦中进行作文训练。

④师资培训：a. 参研人员积极参加学校及县、市组织的实验理论、操作培训，利用业余时间，系统学习现代教育理论，广泛阅读教育教研报刊、书籍，提高研究水平；b. 定时定专题研究、总结实践经验，主研教师收集整理本实验班实验情况，并进行相互交流，不断改进实验操作技术；c. 支持主研教师参加学术研讨会、业务培训会及与实验有关的外出学习、参观，拓宽实验思路。

⑤控制手段：a. 实验班师生相对稳定，实验方法相对封闭；b. 不增加学生的在校时间，不加重学生的课业负担；c. 尽可能使环境、感情等共变因素保持常态。

4. 课题研究内容

（1）"做人·作文"训练的观念体系研究

确立现代作文教学观念体系是提高作文教学质量的前提。

①作文教学的育人观。叶圣陶先生说："千教万教，教做真人。""作文如做人。"学生作文的过程，也是最好的自我教育过程。作文教学中，要使学生在真实作文的过程中，学会做真正的人。

②作文教学的主体观。学生是作文教学的主体，作文教学过

程是学生主体自能活动的过程。教师要尊重学生，解放学生，让学生成为作文的主人。教师要引导学生积极参与作文学习活动。教师的主导作用主要体现在引导学生乐写、会写和善写上。

③作文教学的素质观。一是作文教学的过程应该成为发展学生素质的过程。《中国教育改革与发展纲要》第 7 条指出，要"全面提高学生的思想道德、文化科学、劳动技能和身体心理素质"。这句话明确概括了学生素质的基本要素。作文教学是提高学生文化科学素质的奠基工程，又是发展思想道德素质、身体心理素质、劳动技能素质的认知前提。由此可见，作文教学渗透于素质教育中。二是作文教学应是面向全体学生的教学。作文教学要着眼于全体学生素质的提高，而绝非只面向少数尖子生，搞纯粹的应试作文训练。我们应该面向全体学生，鼓励学生想说就说，激励学生爱说爱写，帮助学生会说会写，引导学生说好写好。

④作文教学的发展观。作文教学要以学生为本，促进学生的发展，为学生终身学习、生活、工作打下基础。一是作文教学不仅要促进学生素质的全面发展，还要促进学生个性的健康发展。作文教学中，教师要有意识地引导学生说真话，不过多束缚学生的思维，提高他们对客观事物独到的思维能力，使学生形成自己的写作风格。二是作文教学不仅要着眼于未来人才格局的需要，还要着眼于学生的"最近发展区"，使作文教学尽可能地走在学生发展的前面。维果斯基认为儿童心理发展包括两种水平，一种水平是现有发展水平，另一种水平为"最近发展区"。正确的教育，不能只是顺应学生的"现有发展水平"，而应当立足于学生的"最近发展区"，依靠儿童正成熟的身心机能，使"最近发展区"转化为高一级的现有发展水平。教学的原地踏步，会影响儿童的智力发展，挫伤儿童的学习兴趣。众多作文教学的实践证明，儿童对力所能及又要开动脑筋的问题，一旦有了经过独立思

考得出的正确结论时，就会产生一种难以名状的愉悦感。这种情感又反过来激发儿童学习作文的兴趣。因此，作文教学应尽可能组织得具有一定的难度，达到"跳起来摘桃子"的设计标准，从而使学生在这样的训练中享受成功的欢乐。

⑤作文教学的源泉观。生活是作文的源泉，生活处处皆文章，作文是表现生活的工具。有生活，就有表现它的语言和文章。因此，要充分利用现实生活中的作文教学资源，优化作文学习的环境，努力构建课内外、校内外及学科融合的作文教学新体系。从而变封闭的课堂教学为开放的社会学习实践，通过开展丰富多彩的作文实践活动，拓宽作文的内容、形式与渠道，使学生在广阔的空间里学作文，用作文不断提高自己的能力。

⑥作文教学的整体观。作文是字、词、句、段、语、修辞、逻辑等知识的综合运用，是观察、思维、认识、选材、组材和表达能力的集中体现，有智力因素，也有非智力因素。由此可见，小学作文教学是一个"系统"的整体。但是，它不是一个孤立的"系统"，从表达的内容、形式以及效果来看，它与学生阅读能力、思维能力、观察能力等有密切的联系。因此，我们在进行作文训练时，强调确立整体训练的观念，把握训练的整体性。

a.要体现听、说、读、写之间的整体训练。长期以来，作文教学存在着重读轻写、重听轻说的弊端，其实听、说、读、写是一个整体，听和读是从外到内的吸收，说和写是从内到外的输出，它们之间相辅相成、相得益彰。没有吸收，也就没有表达。此外，听和说、写，读和说、写也是相互促进的。因此，我们在进行作文训练时，要把听、说、读、写结合起来。一是阅读教学要引导学生认真审题，深入探索课文的构思、选材、组材，分析作者选材与突出文章的中心的关系。二是要引导学生从广泛的课外阅读中积累语言，积累词汇，提高语言素质，逐步实现语言规范化。坚持以课本为主体，以读写为主线，把听和说的训练贯穿其中，使听说读写融为一体，从而有效地提高作文教学效率。

b. 要体现作文与观察、思维和认识能力的整体训练。作文，是客观事物在学生头脑中的能动反映。这个反映是以学生心理活动为中介的。心理活动主要包括观察、思维和认识的活动。其形式为："客观事物→观察、思维、认识→语言文字表达。"因此，要提高学生的作文能力，必须重视学生的观察、思维和认识能力的训练。

我们认为，传统作文教学的最大弊端就是表达与思维的脱节。学生日复一日、年复一年地重复着别人的思维，却没有表达自己的思想。要改变这种状况，作文应该从观察开始，因为通过观察学生易于在头脑中形成鲜明的印象，容易激发学生的兴趣，也有助于学生独立思考事物之间的联系。由于个人在观察中认识事物角度不同，因此语言表达才能反映出深刻的个性，作文才有生动活泼的个性语言。

在指导观察时，要将观察所得加以分析，经过思维加工，让学生透过现象认识事物的本质（分析事物的现象与本质，认识事物的真伪、美丑、对错等），搞清事物的内在联系，以及事物与事物之间的联系。这样，写出来的文章，自然会内容健康、观点正确、富有真情实感。

在指导学生时，一是要把定向观察和随机观察结合起来；二是要把观察的训练和书面表达训练有机结合起来，做到边观察、边思考、边表达，使学生养成乐于观察、勤于思考、善于表达的良好习惯。

c. 突出多种文体之间的整体训练。叶圣陶先生曾告诉我们："作文不是生活的点缀，而是生活的必需。"当某种具体生活或工作情景需要写作时，学生就会产生表达的需要。为了满足学生的表达需要，单靠某一种文体的训练是不够的，这样，学生的思维就得不到全面的发展。目前看来，随着科学技术日新月异的发展，出于表达需要，不同文体之间交叉和相互渗透现象日益突出，在这样的情况下学生的写作能力也是呈螺旋式发展的。因此，必须把审题、拟题、确定中心、搜集材料、系统地组织材料等各种基本的作文能力作为整个体系的中心，根据内容表达的需要，选择合适的文体，不搞单一的文体训练。

d. 智力和非智力因素的整体训练。有人把写作兴趣与写作基础比作车的两轮，鸟的两翼。两轮同转，车才能平稳前进；两翼同展，鸟才能凌空飞翔。学生要把文章写好，不仅要具有扎实的作文基础、丰富的想象和思维能力，还要有经常动笔、热爱习作的良好习惯，要想方设法调动学生的积极性，使其对习作产生浓厚的兴趣。

（2）"做人·作文"训练的目标体系研究

以人为本，是素质教育的本质特征和根本属性。一切为了人，为了人的一切，为了一切人，是素质教育的至上目标和终极追求。所以，素质教育就应该是为人的教育，而不应该是为物的教育；应该是关注人的教育，而不应该是关注物的教育；应该是为了人自身的发展性教育，而不应该是为了人以外的功利性教育；应该是增强人的教育，而不应该是异化人的教育；应该是发展人的教育，而不应该是摧残人的教育；应该是保护人的教育，而不应该是蹂躏人的教育；应该是完善人的教育，而不应该是丑化人的教育；应该是丰富人的教育，而不应该是浅化人的教育；应该是健全人的教育，而不应该是肢解人的教育；应该是团结人的教育，而不应该是离间人的教育；应该是为了全体人的教育，而不应该是为了部分人的教育；应该是依靠人的教育，而不应该是奴役人的教育。"做人·作文"特别强调的是解放人的教育，而不应该是束缚人的教育。

人文关怀视野中的现代教育应当使科学教育与人文教育融合，更强调人文化的教育。现代教育的人文关怀是指从完整的生命个体出发，自觉弘扬人的价值，从而推动人的解放。具体表现在以下 6 个方面。

①目的性教育。人是教育的出发点和归宿，人就是目的。教育以人为主体，以人为对象。人是可持续发展的首要关怀对象，也是社会发展的终极目标。我们提倡的"做人·作文"，最终目的就是个性的发展与人格的完善。

②个性化教育。每一个人都是有个性的存在。个性，即个体的整个精神世界，核心是主体性和创造性。教育的生命在于其个性化、多样化。教育要培养的是富于个性的人，有主动精神的人。因而教育要尊重每一个个体，尊重每一个人生命的独特性和不可重复性，不要产生出一批批毫无个性的"产品"。针对工业化模式下教育标准化、"大一统"的特点，我们提倡"尊重个性"的教育。标准化、"大一统"的学校教育只能培养唯唯诺诺的人，却培养不出独立的个性化的人才。标准化教育旨在培养合乎社会规范的适应性人才，可它培养的人却在内心情感上厌恶这种教育，甚至厌恶社会。"尊重个性"的教育，就是承认个性无论在何种状态，都存在发展可能性，教育应致力于培育其独特性、创造性。

③主体性教育。主体性指主体的能动性、创造性和自主性。教育应当关注人的主体性，确立学生的主体地位，以对人的生命发展的能动特点的尊重和开发为最重要的支点，一味强调受教育者知识、技能的获得，而忽视个人主体性与独立人格的培养，是传统教育的缺陷。教育应该理解为一种帮助，从而使学生自由地习得和自我活动，而不是一种完全的外来的塑造。增进学生的主体意识是教育的重要功能，有主体意识才会有独立的人格。

④自由教育。自由是人生命活动的本质特征。和谐发展的人必然是自由自觉的人。教育应给学生充分的自由，促其理性化、科学化、和谐化。爱因斯坦曾说过："自由行动和自我负责的教

育，比起那种依赖训练、外界权威和追名逐利的教育来，是多么的优越啊！"自由本身就是目的，人的解放也就是为了获得最大限度的自由。现代教育应顺应全球化潮流，以一种自由理念来培养适应社会发展需要和人本身发展需要的人才。

⑤平等教育。人生而平等，受教育是每个人的权利。传统教育重视教育的选拔功能，教育的目的就是培养少数"精英"，教育是成为人上人的阶梯，这就忽视了大多数人的权利。人文化的现代教育应倾听"穷人的声音"，关怀每一个生命，当前的"希望工程"和助学贷款就体现了对贫困学生的关怀。教育公平原则是教育民主精神的体现，包含着教育人道主义观念。"平等"在当前全球化社会中也蕴含着一种规则意识，平等的主体应在规则作用下活动。教育应向学生传播一种平等意识、规则意识。教育培育出来的人应是在广阔的绿茵场上参加竞赛的足球队员，他们意气风发，尽显才华，激烈"脚"逐，但他们遵循着同一的"足球规则"，否则，破坏或无视规则将会受到惩罚乃至被清除出场。有规则意识才会有真正的自由，才能张扬个性，展现自己。

⑥危机意识教育。危机感和忧患意识是公民意识教育的重要构成部分。人文精神在某种意义上是一种忧患意识。人文关怀视野中的现代教育更应重视危机意识教育。人类在不懈地追求社会进步、技术发展的同时，也出乎意料地打开了"潘多拉魔盒"，带来了严重的社会问题，如资源短缺、环境污染、生态失衡等。这些问题具有全球性，涉及整个人类利益和人类发展命运。通过危机意识教育要让学生认识到问题的存在及其严重性，对他们敲响警钟，促使他们深入思考和探索，帮助他们树立可持续发展观念，自觉关怀人性、自然环境、社会环境和文化环境。危机意识教育可以使人类正视外部自然生态恶化和人的内在生态恶化的事实，为实现人的全面发展争取一个光明的前途。

以上几方面紧密相连，互相渗透，都遵循一个原则，即科学精神和人文精神、科学教育和人文教育的融合。教育以人为本，人的现代化（即由传统走向现代、由自在自发走向自由自觉）是当代社会转型、文化转型的核心任务，它有赖于教育的培养。人文关怀视野中的现代教育应紧紧围绕人的生命优化，以科学精神和人文精神培养出和谐发展的人。

（3）"做人·作文"训练的内容体系研究

训练内容是落实学习目标的载体。为了克服作文训练内容的随意性、模糊性和枯燥性，我们根据人民教育出版社出版的《做人·作文》实验用教材，并结合实验班学生和营山县实际，对其作文内容做了系统安排，形成了较为科学的训练内容序列。

①原版教材和新增部分教材都遵循了五大原则。

a.学生为本，三者兼顾。即做到以人为本，兼顾学科体系、学生发展和社会需要三者的关系。特别注意扭转学科本位论的偏向，坚决体现学生发展为本的思想。

b.夯实基础，两者结合。正确处理基础性和层次性的关系。在坚持基础性，保证全体学生"吃饱"的前提下，体现层次性，让一部分有条件的学生能够"吃好"。

c.尊重传统，推陈出新。正确处理好传统与现代的关系。全部教材根植于中华民族传统文化的土壤，注意充分吸收我国传统（无论老传统还是新传统）作文教材的精华，同时充分研究、分析最新作文教材研究的新成果，锐意进取。

d.得法养习，培能开智。实验教材重在让学生获得各种精要有用的作文方法，养成良好的作文习惯，并且通过得法养习，培养学生书面表达自己不同的思想感情的能力，让学生智力得到充分的发展。

e.针对现实，解决问题。现行的作文主流教材有两种：知识读本式的和文章范本式的。它们都只在或重在解决"怎么写"，而忽视或轻视"为什么写"和"写什么",其结果是教材和老师越讲作文之"法",学生越写不出好的文章。有鉴于此,该教材重在实现学生想写和有东西可写,从而解决"为什么写"的问题。

②原版教材和新增教材都具有三大基本特色。

a.活动型体系。活动型体系是针对知识型体系和训练型体系而言的。根据"做人·作文"教学的基本理论,我们把学生作文定位为一种"活动"——为做人而开展的"活动",甚至本身就是做人的一种"活动"。相应地,这套教材就定位为这些活动的书面依据和参考,其体系当然就是活动型的。

b.版块式结构。版块式结构是针对条块式结构而言的。知识型体系或训练型体系的教材,其结构必然是条块式的,因为它们强调系统性和逻辑性。活动型体系的教材强调的是多元性和多变性,因而以版块式的结构为宜。

c.本色化内容。作文教材的内容主要包括目标性内容、引发性内容和布置性内容三个方面。时下,作文教材的内容集中表现出成人化和假大空的毛病,具体表现为:"目标性内容"见文不见人,只有水平目标,忽视境界目标;"引发性内容"中写作知识深难重而无用,举例范文片面强调"规范"和"优秀";"布置性内容"中的命题脱离学生生活、学习和思想感情的实际,偏离当代社会思潮的主流,要求的又往往是一些陈旧的条条框框,要么大而不当,无操作性可言,要么看似明确,实则抹杀个性。"做人·作文"教材追求内容的本色化,即以人为本,人文共进,把作文能力的培养融入人的生存、享受和发展等生命需求之中,融入人的知、情、意、行的成长之中,融入"人之为人"的语言特质的铸炼之中。其主要表现为:"目标性内容"见文更见人,坚持境界目标与水平目标的统一,全面涵盖天人合、人人合、人文合和语言、表达、志趣;"引发性内容"的导语重在设置情景、创造氛围、激活情思，写作知识精当管用即可，例文力求水平层次、思想意识、风格特色的多元化，力图使学生有"我欲写"的冲动，"我能写"的把握；"布置性内容"命题紧扣学生发展实际，紧扣时代特色，注重生命化、生活化、生态化，要求以"放"为主，"放"中有"收"，明确而不烦琐。

此外，本教材内容还包括评价系统。评价系统的基本点是：在评价方式上，强调以教师辅导下的学生自评为主；在评价内容上，坚持"人"的评价与"文"的评价并重。

③构建实验班级"做人·作文"的具体训练内容序列。

我校的两个实验班同在一个年级，实验都是从四年级开始的，因此，我们除了启用人教版《做人·作文》实验教材外，还新增了如下训练内容（见表3－2～表3－7）。

表3－2　第七册《做人·作文》补充训练内容

序号	文题与训练内容	训练要求	结合课文
1	我的卧室	按一定方位顺序，具体介绍卧室的布置、特点等。	《三味书屋》
2	一项体育活动（跳高、跳远、跑步、打乒乓球……）	亲自参加活动，留心观察，有条理地记叙一项活动，注意语言完整通顺。	《课间十分钟》
3	校园一景	仔细观察，抓住校园内的某一处景物仔细描写。	《高大的皂荚树》
4	擦玻璃窗	按事情的起因、经过、结果，把如何擦玻璃窗写好。	《捞铁牛》
5	看图写话	看图展开想象，按事情起因、经过、结果的顺序写下来。	《卢沟桥的狮子》
6	自我介绍	能有条理地介绍自己。	《爬山虎的脚》

续表3-2

序号	文题与训练内容	训练要求	结合课文
7	在 _____ 家做客	选做客时的几个场面来描写。	《江总书记来我家》
8	一件难忘的事	按事情的起因、经过、结果把这件事怎么难忘写具体。	《打赌》

表3-3 第八册《做人·作文》补充训练内容

序号	文题与训练内容	训练要求	结合课文或主题
1	春天来到家乡	具体形象地描写春景。	《西湖的"绿"》
2	星期天的一件趣事	按事情发展记叙一次活动。	《峨眉道上》
3	可爱的小动物___	抓住动物的外形特点、生活习性写具体。	《猫》
4	_____的同桌	用一两件事介绍人物。	《倔强的小红军》
5	美丽的_____	选取根、茎、叶、花、果的其中一点介绍一种植物。	《丑菊》
6	游_____	按游览顺序抓住特点把景物写具体。	《镜泊湖奇观》
7	一场激烈的争论	把一件事情的经过分几步写具体。	《争吵》
8	给××的一封信	学会写书信，做到格式正确、内容具体。	结合生活实际

表 3-4　第九册《做人·作文》补充训练内容

序号	文题与训练内容	训练要求	结合课文或主题
1	夕阳西下	学习描写傍晚景色。	《海上日出》
2	上作文课的时候	切合自身实际谈谈你对作文的好恶。	
3	我真幸福	学习运用童年生活对比突出中心。	《地震中的父与子》
4	读《＿＿＿》后	学习写读后感	
5	我爱秋天的＿＿	按一定方位顺序，抓住景物特点写具体。	《草原》
6	我的＿＿＿＿	抓住你熟悉的一个人某一方面的特点写具体。	《少年闰土》
7	童年趣事	按事情发展的顺序，有详有略地记叙事情经过。	《海豚救人》
8	记一次游戏活动	将自己参加过的一次游戏或活动有重点地进行介绍。	描写自己的生活

表 3-5　第十册《做人·作文》补充训练内容

序号	文题与训练内容	训练要求	结合课文
1	家乡的＿＿＿＿	仿写一处景点的景色。	《阿里山的云雾》
2	校园中那棵白杨树	通过写物来写人，学习借物喻人的表达手法。	《白杨》
3	读《桃花心木》后	继续练习写读后感。	《桃花心木》
4	介绍托尔斯泰的一本书	练习写故事梗概	《跳水》
5	夸夸我们班	抓住有代表性的事物写。	《晏子使楚》
6	奇妙的化石	收集关于化石的资料办一份小报。	《黄河象》《琥珀》

续表3—5

序号	文题与训练内容	训练要求	结合课文
7	给军需处长写碑文	查阅有关资料，为军需处长立碑。	《丰碑》
8	小杨科来到我们中间	展开合理想象写具体。	《小音乐家杨科》

表3—6 第十一册《做人·作文》补充训练内容

序号	文题与训练内容	训练要求	结合课文
1	赏菊	认真观察，抓住特点写具体。	《林海》
2	升旗仪式	有顺序、有重点地叙写一次升旗仪式的情景。	《开国大典》
3	给××的一封信	复习书信格式，记叙有重点。	《给颜黎民的信》
4	记发生在我身边的一件新鲜事	围绕"新鲜"把事情经过写具体。	《一夜的工作》
5	我的一件____事（恼、趣、傻）	按事情的起因、经过、结果，写发生在自己身上的一件事。	《"精彩极了"和"糟糕透了"》
6	写一篇游记或访问记	按一定顺序把游览或参观访问中的所见所闻写下来，把印象最深的地方写具体，还要注意各部分之间的衔接。	《鸟的天堂》
7	我的小伙伴	通过一件事反映人物某一方面的好思想，并注意把人物的语言、动作写具体。	《凡卡》
8	清洁工人	观察时，抓住主要特点，注意事物之间的联系，记叙时对清洁工人的神态、衣着、动作、心情进行合理想象，把事情有顺序、有重点地写下来。	《学弈》

表 3—7　第十二册《做人·作文》补充训练内容

序号	文题与训练内容	训练要求	结合课文或主题
1	大家都夸他	用几件事围绕一个中心反映人物品质。	《十六年前的回忆》
2	班上有个"智多星"	抓住"智"多这一特点写好人物形象。	《詹天佑》
3	一件值得记忆的事	写清事情的起因、经过、结果，并把经过写具体，注意事情的前后联系。	《草船借箭》
4	写一份中队会议记录	学习写会议记录。	生活中学作文
5	渔夫回来以后……	读课文，展开联想写放胆文。	《穷人》
6	学写一则寓言（粉笔与黑板擦；机器人与小花猫……）	趣味作文，使学生学习如何构思故事情节。	《古代寓言两则》
7	我爱我的学校 我爱我的班级 我爱我的老师	综合练习，要求叙事清楚，详略得当，记叙顺序清楚，合情合理，有儿童情趣。	有感而发
8	给老师的一封信—— 老师，我想跟您说	书信练习。临别老师时说说心里话，写出真情实感。	兴趣作文
9	我的理想	想象作文。展开想象的翅膀，展现未来天地。	进行理想教育

（4）"做人·作文"训练的方法体系研究

观念的更新、目标体系的构建、训练内容的确定，只是为作文教学质量的提高提供了前提和实施蓝图，多样化的方法体系是确保作文教学目标实现的重要保证。

我们在探求形式多样的方法体系时，注重把握了以下三个方面。

①构建"做人·作文"课堂教学操作模式。

"做人·作文"力求在素质教育思想和现代教学理论指导下，建立作文教学活动基本框架结构，即课堂教学操作模式，以此优化作文教学过程，提高课堂教学效益。

叶圣陶先生讲过："小学生今天作某一篇作文，其实就是综合地表现他今天以前的知识、思想、语言等方面的积累。"这就告诉我们，学生的写作过程实际是以前的"认识"到现在"表达"的转化过程。这一过程的具体环节，按照信息论的观点应该是：信息的提取→信息的加工→信息的记录→信息的修改。我们根据以上观点，遵循认识规律，即实践→认识→再实践→再认识，确定一堂"做人·作文"课学生主体活动的四个基本环节，即：感知→内化→表达→评价。

"感知包括在生活中感知情景和在阅读中习得语言；内化指将感知到的东西进行思维加工、整理；表达包括口头述说和书面写作；评价指对习作的修改、完善、美化过程和对自己习作的认可程度。"

一种教学模式只能体现一定的教学思想，也只能解决某一方面的教学实际问题。而我们的教学是千变万化的，不可能用一种教学模式通管教学活动。所以我们又根据不同年级，采用多种变式以适应教学需要，尽力达到有模式而不模式化的教学境界。

a. 四年级的课堂教学模式：创设情景，激发兴趣→教给方法，指导说话→乐意写话，相互交流→示范导评，不断激励。

b. 五年级的课堂教学模式：创设情境，诱发观察→教给方法，指导口述→起草成文，交流草稿→导评导改，自改誊写→欣赏激励，课外延趣。

c. 六年级的课堂教学模式：作前指导→作中修改→作后评价。

作前指导：作前引趣，审题立意→拓展思路，精心选材→追忆内化，编拟提纲→自说互说，快速成文。

作中修改：明确目标，速成初稿→围绕目标，边读边改→示范导改，强化目标→再次修改，力争达标。

作后评价：针对要求，明确标准→抓住重点，典型讲评→自我修改，完善定稿→品赏交流，巩固延伸。

以上介绍的"做人·作文"课堂教学模式，基本都贯穿了观察、体验、先说后写、师生共评共改这条明线，同时也贯穿了教师激励这条暗线。教学中，只要根据班级学生的实际灵活运用，就能收到应有效果。

②探索"做人·作文"的激趣策略。

我校有开展"兴趣作文"的成功经验，合理地借用"兴趣作文"的"兴趣"培养进行"做人·作文"的课堂施教，是我们的成功举措。因为"所有智力方面的工作都要依赖于兴趣"。心理学表明，学生容易对如下事物产生兴趣：

a.对可能获得成功的事容易发生兴趣。苏霍姆林斯基指出："只有在因学习获得成功而产生鼓舞力的地方，才会出现学习兴趣。"

b.对抱有期待心理的事容易发生兴趣。教师要善于激励学生产生对学习的期望心理。

c.对能带来愉悦快感的事物会发生兴趣。美国教育心理学家J. M. 索里认为："兴趣的定义是增强快感。"除了成功会带来喜悦之外，融洽的师生关系，民主自由、轻松愉快的课堂气氛，教师幽默的语言等因素都会使学生产生愉快感。

d.对难易适度的教学容易发生兴趣。问题要难度适中，既符合学生原有的水平，又有一定挑战性。过易，激不起学生的兴奋感；过难，学生听不懂，当然也不可能产生兴趣。

e.对新奇的事物容易诱发兴趣。

根据上述规律，我们在"做人·作文"活动中，应注重从以下几方面入手激发学生参与作文的兴趣。

"活动"激趣。"活动"激趣的主要方法有：一是组织参观访问；二是参与趣味活动；三是参加劳动实践；四是模拟观察情景。

生活是学生作文的源泉。"……生活充实到什么程度，才会做成什么文字。"（叶圣陶）因此，我们强调平时要开展丰富多彩的活动，丰富学生生活，包括个人生活、学校生活、家庭社会生活等。

"活动"激趣，要引导学生在活动中动手操作，动眼观察，动耳倾听，动脑思考，动情体验，动口表达，动笔写作。力求做到：活动在写作中，写作在活动中。

"激情"诱趣。情感是兴趣的诱因。小学生的情感和情绪既是他们作文的内驱力，也是他们作文的思想所在。因此我们作文课堂十分注重创造条件，从激发情感和情绪入手进行作文训练。

激情的方式主要有：一是命题激情；二是语言激情；三是语感激情；四是以形激情。

"设境"引趣。"设境"引趣是指创设情境，激发学生作文的兴趣。作文课上，教师如根据写作内容给学生创设某种情景，渲染写作气氛，学生就会触"景"生情，产生用语（语言）绘"景"的欲望。

创设情境的主要途径：一是生活展现情景；二是实物演示情境；三是音乐渲染情境；四是表演体验情境；五是语言描述情境。

"想象"扩趣。想象，就是在已有的知识经验的基础上，在头脑中对记忆表象进行加工改造而建立新形象的心理过程。它既能培养学生的思维能力，又有益于扩展学生的作文兴趣。常用的扩趣方式有：情节扩充法、续写补写法、故事延续法、画面写意法、观察联想法、声响诱导法。

"需要"延趣。"需要"延趣，指引发学生高层次需要，延伸作文的兴趣。根据美国心理学家马斯洛的"需要层次论"理论，我们总是努力让学生达到"自我实现的需要"的最高层次，从而激发学生作文的兴趣。

③强化角色扮演，促进课堂人际互动。

课堂中的人际互动过程，是指发生于教师与学生及学生与学生之间的互动过程。人际互动过程是直接影响教学效果的重要因素，即通过影响课堂气氛、课堂中的反馈以及学生的课堂参与程度，而影响课堂教学的效果。因此，如何有效地促进课堂中的人际互动成了是否能提高教学效果的关键。角色是社会概念，是指在一定的社会结构中，个体所承载的地位与责任。而角色扮演则是指通过转换与模仿等方式，达成角色之间的体知、共鸣与融通。

a.真实角色的转换是指通过师生、生生之间角色的变换、互调来达成对他人角色的认知，同时也是对自己角色的反省。如开展"一日班长制""小小班主任""今天我当家"等活动。通过场景、事件、人、物、身份等的置换，会淡化原来的权威，使我变成你，你亦变成我，双方在一种心平气和的氛围中，倾听对方的话语，诉说着对方的故事，经历和体验着对方的经历和体验。这种转换一方面实现了对他人角色的体验，即教师试着走进学生，学生试着走进教师，学生试着走进学生，使别人彼时彼地的事件再现于自己的此时此地，双方在"我与你"的关系中达成理解。另一方面，这种转换在达成师生、生生之间共识的同时，教师和学生也在对对方的理解中认识自我，即达成对自己的反省。他们在人与人的相互作用、相互解释中，根据别人的看法认识自己，设想他人对自己的评价，并从这些评价中摄取自己的形象或自我的情感与态度，由此加深对"镜中我"的理解，进而又反过来加深对对方的理解。应该说，这是一种不可缺少的理解反思品质。

144

这样，就弥补了师生角色的呆板性造成的互动裂痕。此外，对真实角色的转换往往在时间和空间上突破界域，拓展至师生真实生活的世界，达成一种师生、生生之间的全程式理解，即消除了师生角色的非生活化造成的互动偏狭壁垒。

　　b.虚拟角色的模拟是指学生通过对文学、社会、历史角色的模仿，达成生生合作，加强交流，共同体验，消除互动隔阂。如开展"小小商品交易会""少儿小银行""社会角色岗位模拟"和演课本剧、历史剧等活动。通过师生自编、自导、自演，展示自己心目中最理想的角色规范。情境中的体验非常深刻，容易给人以启示。通过虚拟角色的创设，让学生体验现实社会生活，体验典型角色的心理活动。在对这些虚拟角色的模拟过程中，存在师生、生生之间的合作，在合作过程中存在行为的影射和影响；把行为导向他人，又从他人处获得信息，这些相互间的社会行动就是互动。在模拟过程中，无论是参加模拟的学生之间，参加模拟的学生与不参加模拟的学生之间，以及他们与教师之间都存在着隐性或显性的刺激，从而影响自己的行为和观念，并进行适当调整。

　　不同学生在人格上存在着较大的差异，与教师之间的差异更大。人格互动包括师生之间的人格互动，学生在扮演过程中为教师高尚的人格所感染，并形成健康的人格。而教师则在角色扮演中被学生的青春、朝气影响，唤起生活的热情和活力。学生之间通过角色的扮演，感知所扮演的不同角色的人格特点、人生态度、处世方法、价值观念，达成人格上的相互吸引，进而相互模仿、相互学习。而学生对虚拟角色的扮演，则是人格互动的一种理想模式。通过学生对所设定学习榜样的扮演，推进学生与榜样之间的人格互动。角色扮演就是在潜移默化中达成人格互动的。

　　强化角色扮演，促进课堂人际互动，有利于再现生活情景，有利于学生现场感受生活，也有利于学生"写什么"和"怎么写"的材料选取，更有利于学生人格、品质、形象的培养，从而促进"做人·作文"理念的达成。

④形成"管""教""学"三种运行机制。

a.学校管理"做人·作文"课题研究的运行机制。学校管理"做人·作文"课题研究的运行机制，可以概括为：教研环境优质化—教学研究课题化—课题研究常规化—研究课题成果化—考核评估数量化—表彰奖励制度化。

b.教师实施"做人·作文"教学的运行机制。我国作文教学过程最常用的模式是由命题、指导、批改、讲评四个环节构成的，这是立足于教师教，而置学生于被动接受角色的作文教学模式。我们为了把单纯注重教师教的作文教学转换为发挥学生的主体作用的教学，提出了突出"写前指导""写中指导"和"写后指导"的三阶段模式。教学中教师的教学运行机制可以概括为：作前指导，导察导悟—作中指导，导趣导练—作后指导，导评导改。

c.学生主动参与作文过程的运行机制。"做人·作文"最关键的一环是建立学生主动参与作文全过程的良好的运行机制。它可以概括为：作前积累，日记练笔—作中表达，充分说写—作后运用，赏识激励。

（5）"做人·作文"训练的评价体系研究

①"做人·作文"的课堂教学评价。长期以来，受"应试教育"的困扰，小学生作文教学，特别是指导中存在着不少的问题。一是要求过高，有的教师置《大纲》的要求于不顾，把学生的习作，当成创作。再就是年段教学要求的提前，低段本应练习写几句话，却升格为写一段话，中段应着重练习写片断，却升格为写成篇作文。高标准的作文要求，造成各年段的训练不够扎实。二是作文指导极端化。要么放鸭式：题目一出，或者三言两语，便让学生"独立写作"，学生冥思苦想，写不出像样的习作，只得照抄照搬；要么填鸭式：题目一出，从审题立意、选择材

料、布局谋篇、详略安排、开头结尾都满堂灌输，把写作安排于课后，加重课业负担。导致学生作文热情不够、作文意识不强、教学费时低效，投入和产出不成比例。面对这样的作文教学现状，我们认为改革作文课堂教学评价，充分发挥评价的导向功能，设置"做人·作文"课堂教学评价量标有利于克服传统的作文教学弊端，引导教师改进和完善教学过程，提高作文课堂教学效率，也有利于对教师一堂作文教学课的教学状况做出比较科学的价值判断（见表3—8）。

表3—8 "做人·作文"课堂教学评价量标

评价项目	评价标准	标准分值				实得分
		优	良	中	差	
教学目标（15%）	重视认知、技能、情感等多种目标的协同达成。	5—4	3	2	1	
	表述准确，具有可检测性。	4	3	2	1	
	层次分明，适合各层次学生的知识基础和需要。	6—5	4	3	2	
教学内容（15%）	具有典型性，有助于学生举一反三。	5—4	3	2	1	
	具有趣味性，学生喜闻乐见，津津乐道。	6—5	4	3	2	
	符合学生认知心理特征。	4	3	2	1	
教学方法与结构（35%）	方法灵活，手段先进，激发兴趣，拓展思路（情景教学、目标教学、现场观察、创意观察、表演体验等）。	10—9	8—7	6—5	4	
	培养学生作文的主动性，有效地指导学生作文实践，体现由被动到主动，由不会写到会写的训练过程。	10—9	8—7	6—5	4	

续表3-8

评价项目	评价标准	标准分值				实得分
		优	良	中	差	
教学方法与结构（35%）	教学流程符合学生认知规律。	10—8	7—6	5	4	
	"下水"示范，适时适度，形式多样。	5—4	3	2	1	
教学技能（10%）	符合标准的教态、语言及板书。	5	4	3	2	
	能综合运用教学基本功，潜移默化地影响学生。	5	4	3	2	
教学效果（25%）	学生作文兴趣浓厚、思维活跃、表现积极主动，课堂氛围好。	10—8	8—7	6—5	4	
	学生能掌握有关作文知识、技能，目标达成度的增量最大。	15—13	12—11	10	9	
定性评价						

　　a. 明确指导思想。"做人·作文"课堂评价旨在弘扬以人为本的作文教学思想，明确作文教学目标，优化作文教学过程，营造"民主、合作、和谐"的课堂氛围，改学生"呆听、苦写、蛮练"为"活学、乐写、会写"，变墨守成规的作文课堂为激发情感的课堂、兴味盎然的课堂、开放多变的课堂，从而促进学生在作文课堂中得到全面发展。

　　b. 确定评价内容。根据上述指导思想和几年来的实践探索，"做人·作文"课堂教学评价量标主要包括五个方面的内容：教学目标（15%）、教学内容（15%）、教学方法与结构（35%）、教学技能（10％）、教学效果（25％），每一项又包括若干要点。

c. 突出基本要求。

教学目标。一要有全面性，即着眼提高学生的全面素质，重视认知、技能和情感等多种目标的协同达成；二要有层次性，即符合各层次学生的知识基础和不断提高作文水平的需要。

教学内容。一要有典型性，有助于学生举一反三；二要有选择性，即不搞一刀切，有弹性，适应各类学生需要。

教学方法与结构。一要有趣味性，即灵活运用多种教学方法、手段激发学生作文兴趣；二要有创新性，即设计并运用以启发思维、启迪创新、培养作文能力为主的教学模式；三要有主体性，即采用多种手段，启发学生动眼观察、动耳倾听、动脑思考，动情体验、动口表达、动笔写作；四要有递进性，即教学过程的安排顺应学生心理特点。

教学技能要有综合性。一是符合标准的教态、语言及板书；二是综合运用教学基本功，在作文教学中实施素质教育。

教学效果要有高效性。一是学生作文兴趣浓厚，积极性高，课堂气氛好；二是学生能正确掌握有关作文知识、技能，目标达成度的增量最大。

②对学生作文的评价。作文评价是作文教学的一个重要环节，是作文指导的继续。过去作文评价往往流于形式：评价笼统不具体，评价重点不明、主次不分，评价忽视学情、整齐划一等等。这些都挫伤了学生的写作积极性。为了改变现状，我们编拟了学生作文评价量标，用于师评、学生自评和互评（见表3-9）。

表3-9　学生作文评价量标

项目		评价标准	标准分值			实得分		
			优	良	中	互评	自评	师评
认知技能90分	拟题(6分)	(1) 文题恰当	3	2	1			
		(2) 题目新颖	3	2	1			
	立意(10分)	(3) 有中心	5	4	2			
		(4) 立意正确	5	4	2			
	选材(10分)	(5) 内容符合题意，具有典型性	5	4	2			
		(6) 内容真实、具体；想象丰富、合理	5	4	2			
	提纲(3分)	(7) 自觉编拟提纲	3	2	1			
	语言(28分)	(8) 语句通顺、连贯	10	8	6			
		(9) 用词准确、生动	10	8	6			
		(10) 有真情实感	8	7	5			
	条理(10分)	(11) 有一定顺序	6	5	4			
		(12) 过渡自然	4	3	1			
	详略(5分)	(13) 主次分明，详略得当	5	4	2			
	书写(3分)	(14) 正确、工整、匀称	3	2	1			
	标点(3分)	(15) 正确使用学过的标点	3	2	1			
	格式(2分)	(16) 分段正确	2	4	0			
	修改(10分)	(17) 反复修改自己的作文	10	8	5			

项目	评价标准	标准分值			实得分		
		优	良	中	互评	自评	师评
情感 (10分)	(18) 善于观察，乐意说写	3	2	1			
	(19) 会听，且敢于发表个人见解	4	3	1			
	(20) 从习作中受到启发和教育	3	2	1			
创新加分 (20分)	(21) 立意高	5	4	3			
	(22) 结构巧	5	4	3			
	(23) 语言优美	10	8	6			
修改语		合计					

师评，是教师根据作文目标，有的放矢、客观评价、了解学情、调控教学、指导修改。

自评，指学生通过自我评改，明确并改正作文中的问题，从而掌握修改方法，提高自评作文能力。

互评，是指学生相互评改、相互启发、相互借鉴、相互促进、共同提高。

师生评价方法灵活。一是集体讲评与分组评议相结合。二是典型评析与对照、比较评析相结合。三是边朗读边评议与投影出示学生文章细细品味相结合。四是同桌互评互比与各自多篇习作自比自评相结合。

以上"评价"具有以下几个特点。

a.重视依据"作文目标"进行评价和修改，克服了无序、盲目、片面等缺点，使评改有序可循、有章可依，有利于学生建立和完善必要的作文知识结构，提高思维的条理性和全面性，提高评改作文的能力。

b.师生合评。师生合作评价，可以摆优点找缺点，也可以有争议、有申辩。这样一个开放的评议过程，有利于学生互相启发、互相学习，提高各自的认识能力和表达能力；也有利于学生的交往能力的提高、健全人格的形成。

c.重视以评促改。评是改的前提，通过学生互评、师评、自评，使学生"改"的目的更明确，"改"的行动更自觉。

d.遵循了由"评他"到"评己"，由模仿到独创的学习规律。充分发挥了教师的主导作用，由扶到放，使作文评改由难变易。

e.真正体现了学生的主体地位。作文的评、改是在教师引导下学生自己进行的，因而主体地位得到了真正体现。

f.评价激励，让学生感受成功的欢乐。每次作文满分100分，创新奖励另加分。这样既重视基础，又鼓励创新，既评价激励，又注意客观评价。充分体现了对学生作文成果的尊重，对学生作文价值的肯定。

5.课题研究的成果

(1)课题研究的认识成果

①确立了以优化生命为目的的教育理念。教育是培养人的伟大工程，人的全面发展是教育的最终目的，使教育更合乎人性是教育者永恒的理想，公平、合理、完善、民主、和谐、个性解放等理念已成为教育者不懈的追求。

教育的目的是"使每个人都得到他所能达到的充分完善"（康德语），即优化人的生命。教育的本质是人的教育，使人在社会化的过程中，要始终以整体的人为中心，以人的生命完善为目标，这是理想的教育理念所必须坚持的核心原则。教育理想的建构要以培养什么样的人这一问题为核心。理想的、合乎人性的教育应是"把学生真正当作一个完整的生命体，而不只是认知体；把学校生活看作是学生生命历程的重要构成，而不只是学习过程的重要构成"。应把学生确实当作目标的存在，而不只是手段的存在。"从教育对象观的角度看，最重要的是确认生命的整体性。所谓'生命的整体性'，是指人的生命是多层次、多方面的整合体。生命有各方面的需要：生理的、心理的、社会的；物质的、精神的、行为的；认知的、价值的、信仰的。在任何一种活动中，人都是以一个完整的生命体的方式参与和投入，而不只是局部的、孤立的、某一方面的参与和投入。"以这种教育对象观为基础，我们的教育观应是："使教育成为对整个人的健全教育，能增进人的生命的主体意识，而不只是关注某一方面发展的畸形教育。"以这种教育观指导实践，我们看到"真正的教育，是充满了生命活力的人的教育""我们不再把教育简单当作现存知识直接传递的过程，而是把它看作生命与生命的交往与沟通的过程，只有有了这种生命的沟通，才能深刻地实现对生命发展的影响"。具体来说，以生命优化为目的的教育应是科学教育与人文教育融合发展的教育，它们共同构成关注社会、关注人生的教育，从而培养出和谐发展的人。

②确立了现代作文教学观念体系。

a.作文教学的育人观。"做人·作文"教学促进了学生思想道德素质的提高，充分发挥了作文的育人功能。

b.作文教学的主体观。学生是作文教学的主体，作文教学过程是学生主体自能活动的过程，教师引导学生积极参与作文学习活动，教师的主导作用主要体现在引导学生乐写、会写和善写上。

c.作文教学的素质观。"做人·作文"教学的过程已经成为发展学生素质的过程，实现了面向全面学生，促进学生全面发展。

d.作文教学的发展观。"做人·作文"教学立足促进学生个性的健康发展，着眼于学生的"最近发展区"。

e.作文教学的源泉观。生活是作文的源泉。"做人·作文"力求引导学生在生活中学作文、用作文，提高作文能力。

f.作文教学的整体观。"做人·作文"教学体现了听、说、读、写的整体训练，体现了观察、思维、表达的整体训练，体现了多种文体之间的整体训练，体现了不同年级的整体训练，体现了智力因素与非智力因素的整体训练。

③以科研为先导，全面推进素质教育，已成为全校教师的共识。

几年来，在"做人·作文"研究的带动和影响下，学校教育科研氛围日渐浓厚，教师科研意识日渐增强。95%以上任课教师基本做到了"科研兴师系统工程"对教师的"七个一"的要求，即：读一本教育专著，写一篇教育论文（或素质教育案例），做一次组内专题发言，开展一个专题研究课题，上一堂组内研究课，写一篇上档次的导学案，摘录一份与专题研究方案相吻合的理论资料。近三年来，学校光是举行"做人·作文"课题的专题研究就达20多次，上研究课8次，语文老师听课、评课、参与研究率达100%。

④主研人员撰写的论文（经验文章）相继发表或获奖。

（2）课题研究的技术成果

①重组了"做人·作文"训练的观念体系。

②确定了"做人·作文"训练的目标体系。

③编拟了"做人·作文"训练的内容体系。

④探索了"做人·作文"训练的方法体系。

a.构建了"做人·作文"课堂教学操作模式。其基本模式为：引趣感知—激趣内化—移趣表达—延趣评价。

b.探索了"做人·作文"教学的激趣策略。如"活动"激趣、"激情"诱趣、"设境"引趣、"想象"扩趣、"需要"延趣等。

c.形成了"做人·作文"的"管""教""学"三种运行机制。

学校管理"做人·作文"教学的运行机制是：教研环境优质化—教学研究课题化—课题研究常规化—研究课题成果化—考核评估数量化—表彰奖励制度化。

教师"做人·作文"教学的运行机制是：作前指导，导察导悟—作中指导，导趣导练—作后指导，导评导改。

学生主动参与作文的运行机制是：作前积累，日记练笔—作中表达，充分说写—作后运用，赏识激励。

⑤改革了"做人·作文"训练的评价体系。

（3）研究的效果

①教师素质有了较大提高。

a.教师教育理论水平有了较大提高。

b.教师课堂教学水平有了较大提高。涌现了特级教师两人，省、市、县骨干教师 10 人。教师"双优"竞赛获市、县一、二等奖 20 多人次。应邀去外地外校讲示范课 80 多节，听课人数近万人。接待外地外校来校参观看课的教师和有关领导 3000 多人次，贡献观摩课 200 余节。

②学生素质有了较大提高。

全校学生参加升学考试和期末全县统考，各科成绩位居全县榜首。毕业班优生考入省重点中学实验班的人数，占全县人数的 40%～45%，文艺演出、体育竞赛、书画展览、科技制作、环保考察、知识竞赛等，获省、市、县奖励的学生达 1000 多人次。

a.学生作文素质大幅度提高。

学生作文意识大大增强。一方面增强了学生作文的心理意识，大部分学生懂得作文是学习、生活的需要，应该在生活中学作文、用作文，培养了自己作文能力。另一方面消除了对习作的畏惧感，培养了较稳定的写作兴趣。2002 年秋季，我们对实验班 144 名学生进行了问卷调查，得知了实验班学生作文内容真实度情况（见表 3-10）：

表 3-10　实验班学生作文内容真实度情况

班级	人数	作文内容真实的人数	百分比（%）
六（1）班	74	65	87.8
六（3）班	70	60	85.7

学生习作兴趣高涨，常常表现出不是老师"要我写"，而是学生自己"我要写"。我们在调查中发现，不少学生提醒老师："还不作文吗？"同时，有相当一部分学生对大量阅读、观察积累、日记练笔有比较稳定的、浓厚的兴趣。近两年来，实验班学生每期每人至少有两本日记本和积累本，专门用于阅读积累、观察积累、日记练笔。

学生作文水平全面提高。学生较好地掌握了作文的基本技能。实验班学生能自觉地根据题目（要求）快速审题（拟题）、立意、选材、构思，进而动笔写作。2003 年 3 月对实验班 144 名学生进行问卷调查和试卷分析，了解了实验班学生作文技能情况（见表 3-11）：

表 3-11　实验班学生作文技能情况

班级	掌握作文基本技能的人数	百分比（%）	写得动情的人数	百分比（%）
六（1）班	69	93.2	54	73.0
六（3）班	67	95.7	48	68.6

学生优秀习作相继发表。近年来，学生在《蓓蕾报》《读与写》《小学生学习报》《小学生优秀作文》《小学生作文辅导》等各级报刊发表习作共 300 余篇。

学生作文参赛多次获奖。近年来，推荐学生习作参加各级竞赛，获国家、省、市、县一、二、三等奖的达 110 余人次。

b.学生语文素质有大幅度提高

"做人·作文"的能力纵向渗透，促进了学生听、说、读、写、书、背等语文素质的提高。据 2002 年 7 月学校抽样调查，实验班学生语文基本能力情况如表 3−12：

表 3−12 实验班学生语文基本能力情况

班级	人数	会听的人数	百分比(%)	敢说、会说的人数	百分比(%)	喜爱课外阅读的人数	百分比(%)	写规范字的人数	百分比(%)	背古诗70首的人数	百分比(%)
六（1）班	74	66	89.2	53	71.6	61	82.4	70	94.6	58	78.4
六（3）班	70	64	91.4	48	68.6	60	85.7	65	92.9	50	71.4

c.学生综合素质有大幅度提高

"做人·作文"的能力横向渗透，促进了学生综合素质的全面提高。一是促进了其他学科教学的发展，如数学学科开展的"数奥"课，学生学习兴趣浓，解题能力强，思维方法活。二是促进了各种兴趣活动小组的成立，如写作组、"数奥"组、电脑组、音乐组、体育组、美术组、书法组、制作组等，兴趣小组学生参加各级竞赛，据不完全统计有 90 余人次获奖，为学校赢得了荣誉。

d.大面积提高了作文教学质量

为了检测实验效果，2003 年 4 月 3 日下午，学校对实验班学生进行了一次作文公开测试。参加人员有学校全体语文教师和部分学生家长。文题由家长拟定。先确定一组文题，再由被试学生代表抽签确定一题，其题目是"老师，我快毕业了"，作文时间 40 分钟，测试现场由家长和教师共同巡视。经监测鉴定，测试结果如下。

30 分钟左右完卷者 87 人，40 分钟完卷者 57 人。两个班学生作文平均字数 469 个，字数最多的达 1020 多个，最少的 300 多字。400 字以上者 133 名，占 92.4％；作文 300～400 字者共 11 名，占 7.6％。从写作内容看，84％的学生是新选材，没有套作痕迹；有具体内容者共 123 名，占 85.4％；内容具体，条理清楚者共 96 名，占 66.7％；内容具体，条理清楚，有真情实感者 78 名，占 54.2％；没有扣住文题者 3 名，占 2.1％；除有 5 名学生文句欠通顺、连贯和标点失当外，其余都能做到记叙具体，有内容，有顺序，表述清楚，有真情实感，标点基本正确。

这次检测结果，深得家长好评。

6. 问题与思考

（1）教师素质的高低直接影响实验效果的优劣。既然是"做人·作文"课题，教师如何面对经济大潮的冲击，如何处理个人利益与集体利益、个人付出与劳动报酬的关系，是有待深入思考的问题。

（2）课堂夯实"双基"，课外加强积累（大量阅读与深入生活），是实验成功的关键。但是，营山的社会风气有待提高，部分家庭盛行打牌，相当一部分家长没有辅导能力或没有时间，或不愿意挤出时间与孩子一道读书学习、探索实践。怎样变不利为有利，也成为实验工作的又一瓶颈。

（3）社会上的不正之风、腐败现象屡见不鲜，与学生在课堂上接受的正面教育大相径庭，有悖于"做健康人"的培养目标，自然也影响到作文选取材料、确定主题等问题，老师在教学中如何处理这些问题，更有待深思。

（二）"尚美教师"研究

美漫生活，美润人生 ①
—— "教师尚美文化建设的实践与研究"成果简述

崇尚美，因憧憬而追求

憧憬：在追求与行动中缩短距离。秉承"关注生命发展，倾心学生未来，构建和美校园"的办学理念，我校相继开展了"儿童生活美育""小学学科教学审美化""美育校本课程的开发"等美育课题研究，取得了极好的社会效益。一是一以贯之的美育探索，使我校教师一是能尽力挖掘教材中的美育因素，确定美育目标；二是能按照"美的规律"对教学内容、形式进行重组，注重体现教学艺术美、教学行为美、教学环节美、教学过程美，帮助学生在学习活动中获得更多的审美体验、启迪与感悟；三是能从"进入教室形象""讲台形象""上课形象""教学结束形象""教师服饰礼仪形象""整体台感形象"等方面展示自己的风采；四是能发掘艺术课程的美育因素，突出艺术教育的人文价值。我们大胆地整合艺术课程，开设欣赏自然美、了解社会美、关注生活美、感知艺术美、探索科学美、感受成长美等综合课程；根据学生需要，开设健身艺术、传统艺术、生活艺术、文化艺术等美育选修课，实现课程的综合化、生活化、活动化和审美化。"以美育人"成为我校教师教书育人的共识。

尚美：在关注与反思中寻找突破。我校教师群体，虽然总体情况不错，但也存在一些不尽如人意的现象：有的教师喜欢读书，但选择性不强；有的闲暇无事，也会打麻将、"斗地主"打

---

① 李建荣执笔，2010 年 3 月，此课题研究成果获得四川省人民政府颁发的四川省第四届普教教育教学成果二等奖。

发时光；有的注意个体形象，但对集体关心不多；有的强调外在的时尚，而忽略了内涵的修炼；有的注重对自身的展示，但忽略了合作的快乐；有的乐于表达，但不注意表达技巧……我们提出"尚美"，旨在改变教师队伍的不良现状，促进教师尚美特质的发展，实现教师队伍的整体优化，进而反哺教育教学实践活动，使学生受到尚美的浸润、感染、滋养。

特色：在传承与弘扬中绽放靓丽风采。我校过去的美育研究，直接关注学生、学科和教材建设，其间虽然也必然涉及教师，但没有对教师队伍建设的专门研究，不得不说这是形成我校美育特色的一个遗憾。选择"教师尚美文化建设的实践与研究"，既能合理、有效地传承、弘扬过去研究的优秀成果，又能较好地解决上述这些客观存在的问题，实现我校教师以美育人的优化发展，促使我校的美育特色更加突出。

践行美，因行走而坚实

1. 关于教师尚美文化建设的清晰定位

如果在饭前吃下这样一种果子，你会惊讶地大叫："天啊！酸的和苦的都变成了甜的！"这就是产自非洲西部的神奇果子蜜拉圣果（Miracle Fruits，奇迹水果）带来的体验，能让柠檬尝起来像太妃糖，能让醋尝起来像蜜汁，能让温润的健力士黑啤尝起来像烈性酒。教师尚美文化建设，也是这样神奇——能改变群体的信念，改变群体的追求，改变群体的习惯，改变群体的行为。尚美文化建设，对提升教师能力、整个教育的品质都是有积极意义的，尤其是对孩子的影响更是深远。

对文化，人们有多种解释。英国学者阿纳尔德说："所谓文化，就是人们不断学习自己所能看到的和听到的最美好的东西，而使自己变得日益完善的活动。"世界文化大会在其《总报告》和《宣言》中对文化的描述是："文化是体现出一个社会或一个社会群体特点的那些精神的、物质的、理智的和感情的特征的完整复合体。"我们认为，文化是地域或群体内的，具有或看得见，或听得到，或摸得着，或感受得到的价值取向、信念、知识、行为规范、习惯及学习、生活方式的总和。

所谓"尚美"，就是指向往、尊崇、追求和践行求真、向善、行美的价值取向和精神追求、行为表现等。

向往—尊崇—追求—践行

（动力）—（认同）—（过程）—（结果）

教师尚美文化，就是在学校的教育教学活动中，每个教师具有充满尚美追求的教师语言、教师形象、课堂教学、教育策略、闲暇生活、教育作用及其教育效果的总和。换言之，就是在一所学校，除了直接就能看见的在物质方面的"美"的因素外，更能透过教师和学生这些生命群体透射出来的爱美的氛围、寻美的足迹、赏美的行为、创美的意识等。既包括教师自身的尚美，也包括教师尚美的育人。外显的，一目了然；内隐的，需要通过一些活动、交流，甚至交往，才能从中感觉到、领略到。这种美，不失温文尔雅，庄重内秀，也不失豪放粗犷，洒脱干练。是青春的，厚重的；内隐的，彰显的；务实的，智慧的。

2. 建立教师尚美文化建设的三级目标

我们把教师尚美文化建设的目标设定为核心目标、总体目标和具体目标三级。

第一级：核心目标，是提高教师的审美素养和以美育人的能力。

第二级：总体目标，即"三三"目标。对自己：信仰、习礼、笃实。对他人：怡情、谐趣、欣赏。对工作：秩序、智慧、创造。

第三级：具体目标，我们把"三三目标"细化为 10 项具体目标，即：关注生活质量，追求人生价值；探索育人秘笈，享受教育之乐；传承民族仪节，彰显高雅气质；追求博学多才，叩问教育艺术；愉悦他人心情，相处真诚豁达；情趣伴随左右，和谐团结共进；欣赏同事长处，优化人际环境；严谨授业解惑，以美传道育人；坚持终生学习，消除职业倦怠；敢于挑战自我，勇于革新创新。

教师尚美文化建设的三级目标，能使每个教师的工作、学习、生活都有明确的行动方向，有共同遵守的行动指南，是有章可循的依据和衡量尚美的标尺。

3. 开展教师尚美文化建设的具体研究

我们确定"六大项目"为其基本要素，力争使文化建设化隐为显，化抽象为具体，从而实现化难为易；再根据"六大项目"，探寻"六项措施"，使我们的研究具有可操作性；然后围绕主攻目标，在每项措施中寻找到相应的途径，融入相应的方法，开展相关的活动，使我们的研究科学化并卓有实效。

（1）六大项目——构成教师尚美文化建设的基本要素

文化分为外显和内隐两个层面。教师外显文化，包括教师群体间的言谈举止、待人接物、合作交流、教育教学行为、闲暇生活方式等的各种动的和静的状态，如：个人打扮、环境布置、业余爱好、群体风貌、言语表达、交往交际等。教师内隐文化，包括教师群体的价值观念、道德观念、法律观念、竞争观念、合作观念、终生学习观念、成就感观念、长远规划观念及民主意识、思维方式、管理思想及形式等，具体表现为工作态度、行为取向和生活方式等。

根据教师尚美文化建设的特征和目标，我们将其基本要素分解为环境浸润、学习提升、教学探索、生活体验、交流互动、反思矫正六大项目（见表3-13）。

表 3-13　教师尚美文化建设的基本要素及要求

项目	子项目	具体要求
环境浸润	办公室布置	整洁、美观、有序，体现办公室成员集体风貌，有尚美创意。
	教室布置	有尚美理念，有儿童特点，有班级特色，有师生合作及共同成长痕迹。
学习提升	集体学习	有计划、有组织、有目标、有记载、有互动，体现尚美追求的导向性。
	自主学习	与书为友，自发读书，深度思考，视野开阔，有强烈的审美体验。
教学探索	常规教学	解读教材审美化，适时渗透尚美理念，教学环节、语言、活动体现尚美。
	同课异构	加强组内合作，从不同视野探寻美育因素，善于相互学习，扬长避短。
	美育课程	投身课程改革，主动建构课程，大胆尝试创新，体现团结共进。
生活体验	集体生活	乐于参加集体活动，遵守统一要求，表现适度，善于包容理解。
	闲暇生活	富有生活情趣，注重生活雅趣，体现生活乐趣，展示生命志趣。
交流互动	校内交流	准备充分，有理有据，言语亲和，自然大方，善于倾听不同意见。
	校外交流	显示美育风貌，展示学校风采，富有丰厚底蕴，彰显自身特色。
反思矫正	工作反思	注重反思当天工作的成败，及时调节自己的教育教学工作思路、计划。
	生活反思	学会自我解压，及时调节心态，享受教育之乐，愉悦家人心情。
	调整规划	对照自我规划，适时调整修正，实现最优发展，显示自身价值。

对教师尚美文化建设的基本构成要素，我们采取了"三步走"策略。

第一步：各抒己见。充分听取每位教师的金玉良言，认真梳理大家的真知灼见，及时汇总各方意见，合理调整课题组草案，最后形成大家认同的方案。

第二步：求同存异。方案形成之后，便让大家对照"要求"做检查，在大原则不变的情况下，允许保留自己的不同风格，发展自己的尚美特色。

第三步：殊途同归。每位教师制订出个人尚美的三年规划，并在年级组、学科组开展交流、讨论，形成组内大同小异的进展格局，最后达成全员的尚美目标。

（2）六项措施——破解教师尚美文化建设的有效密码

①营造氛围，强化教师的尚美意识。如2007年9月21日上午第四节课，学校组织年级组长、班主任和当节课无课的老师参观二年级语文组办公室、英语组办公室和一（7）班、三（3）班教室。

办公室美化。组织这样的活动，大家一下子明白了学校的意图——让办公室和教室这些环境浸润美。之后，有的办公室张贴卡通图片，充满了童话色彩；有的办公室悬挂古语古训，富有文化气息；有的办公室摆放民俗作品，彰显民族特色，极具艺术风格……

教室洋溢情。"班训"表现了班级奋斗的目标。我们将"班训"张贴于黑板上方，作为学生的"班右铭"。为了让三个校区步调一致，我们将一二年级的"班训"统一为"诚实、乐学、求美、和睦"；三四年级统一为"守信、好问、悟美、合作"；五六年级统一为"诚信、探索、创美、和谐"。这些看似简单、略有区别的"班训"，却针对学生的年段特点，体现出师生共同的尚美追求。教室的侧墙则百花齐放，体现物化的尚美："班级树"的每一片叶片上是一个孩子自己的成长愿望或目标。"我行我秀"，展示了孩子们的优秀作业、习作、书画作品、科技小论文等。"小组冲冲冲",用造型可爱的不同水果图案作为标志评比每一个小组的全面发展情况。"班级掌门人",张贴着班级小干部们那充满朝气与活力的笑脸,还有他们的憧憬与愿望。"新闻小快车"播报每日的校内外新闻,是学生们的又一道精神食粮……这样的教室布置,处处有美的内容,对师生产生了良好的影响和感召。

公共区域渗透尚美。教学楼、综合教育艺术楼都充满了独特的尚美气息:校园图书角、书画长廊,具有浓郁的书香气息;五线谱乐章点缀的音乐教室,涌动着音乐的旋律;素描、水彩、蜡染、线艺等作品装点的美术室,让美术之魂充盈校园;舞蹈形体室、武术室、跆拳道室,无不展示着力与美的完美结合……

用视觉、意境的美刺激教师的感官,触发教师的激情和向往,能唤起教师对尚美的畅想。在尚美的环境中育人,在各具特色的教室中教书,师生其乐融融。

②陶冶情操,厚积教师的尚美底蕴。

最惬意的,是信马由缰的阅读。啃着自己喜欢的书,任笑声肆无忌惮,任泪水滂沱如雨……陶醉呀! ——陈丽日记摘抄

集中补"氧"——"假期集中读书"。2007年寒假,我们组织教师集中阅读《窗边的小豆豆》《心会看见》两本书籍,形成了《心会跟爱一起走》读后感专辑,使大家对我校教育有了新的认识。

"充电"——诵读"经典"。2007-2008年,教科室推选了30余本美学著作给老师们阅读,并组织年级读书会、课题讨论会、专题碰头会,大家对尚美的理解由生活化上升到理论层面,产生了质的飞跃。

"广采博收"——提倡读"闲"书。除阅读教育、教学、尚美等专业书籍外,还鼓励教师读"闲书",以拓展视野,提升素养。现在,大家不仅读,还不时地聚在一起交流收获,互相推荐

好书,成为一道亮丽风景。

比赛阅读——"师生同读一本书"。教师在自己阅读的同时,把好书推荐给学生参与阅读,并与学生一起讨论。师生读书走廊、伟人名人读书格言、师生的优秀读书笔记等展示在读书走廊上,拉近了师生间的距离,促进了师生的互动和心灵的净化。

你讲我讲大家讲——改变传统学习模式。将传统的学习班、讲座为主的静听培训模式与参与式、沙龙式、论坛式和行动研究、个案研究相结合,教师变得主动了。

"走出去"——了解海阔天空。组织教师到大连、杭州、北京、重庆、泸州等地参观学习。2008年的鉴美上海行,给外派教师留下了深深的思考,温沫老师感叹道:"几天的学习,时间虽短,但看到了上海教育'生命美育'的缩影。"

老师们在生活中读书,在读书中学习,在学习中工作,有滋有味,充满乐趣。

③开发资源,优化教师的尚美实践学科教学渗透尚美目标。我们制订了《审美化课堂教学备课要求》,把"美育目标"作为挖掘教材、处理教材、进行教学互动的重要因素,从教学目标、教学内容、教学过程、教学情境和教学评价等方面落实审美化教学;内容如下:

1. 审美化的课应该是高质量的课,课时教案在形式上应完整、规范、美观

(1)教案的整体设计要美观大方,书写工整,字迹清楚,给人一目了然之感。

(2)项目要齐全,充分考虑审美因素。

①教学目标分为认知目标(知识、能力、技能)和美育目标(将教材蕴含的美育因素挖掘出来)。

②教学重难点,要明确写在教案里,分课时集中体现。

③教学方法,要考虑好选用哪种教法,并注明(激趣、谈

话、讲授、讨论、演示、游戏、研究、竞赛等）。

④教学手段要直观、形象，具有多样性、趣味性、审美性、实践性。

⑤教具的使用要在教案中注明。

⑥板书设计具有艺术性、科学性（思路清、重点明，书写工整、美观、合理）。

⑦教学过程，包括新课引入、组织教学、新授课、巩固练习、小结、布置作业等环节。

⑧教学后记。教案最后，写出教改成功或失败的点滴体会（教学效果）。

2. 高质量的课时教案，在内容上应科学、严谨、美化、艺术化

（1）要科学、实用。整个教案要操作性强，实用价值高。

（2）要体现"六备"。①备教材和大纲。②备学生、教学的各个环节，既能面向全体，又能照顾个性差异，要符合学生的思想和生活特点。③各教法和学法指导。第一，坚持启发式与多样性统一，有效地体现教为主导，学为主体，思维训练为主线的原则；第二，要符合教材、教师、学生的实际情况；第三，要抓住教材的重点，找准知识与审美教育的结合点，有机地渗透美育；第四，教法既要适当，又要追求个性化。④备习题。第一，教师选编的习题要具有典型性、针对性、多样性、系统性；第二，习题既要照顾尖子学生，又要照顾后进生；第三，习题既要突出教学重点，又要照顾到知识的覆盖面。⑤备实验。⑥备资料和有关新信息。

（3）教后记的书写要及时、准确、优美，重点写出美育效果。

针对不同学科有着不同形式的美，要求教师在教学中依照《各科审美化课堂教学实施意见》（见表3-14），自觉规范自己的导学行为。

表3-14　各科审美化课堂教学实施意见

学科	教材审美内容	美育手段
思想品德	一、环境、情景：指课文中主人公典型事迹发生的具体环境和道德生活中的情景，是主人公行为产生、发展的外部条件。 二、语言、行为：指课文中主人公语言和行为，是其思想品德的外部表现。 三、心灵：指主人公的内心世界。 四、社会意义：指一定的思想和行为对社会、阶段和个人所具有的社会意义。起到"定向"作用。	1. 情境性：把道德要求、情景、美感的体验融合在一起，展示给学生，使教育生动、深刻。 2. 艺术性：教法具有艺术色彩或直接在教学中利用艺术教育手段。 3. 游戏性：根据儿童喜欢活动、好比赛的天性，开展有思想教育意义的游戏活动。 4. 自我教育性：启发学生自己教育自己，主动思考，探索教育知识。
数学	一、数学本质的美：使学生掌握数学原型的操作活动，然后抽象上升到数学符号，并在实践操作层与符号之间形成自由转换，使学生心中日益建构起高度抽象形式结构，培养学生灵活多变的创造性数学思维。 二、教学过程的演示美：通过数学过程中严密组织起来的演示活动，把人类世代积累的社会普遍性内容以最佳的模式教给学生，使学生主动高效地建立起自己的认知结构。	1. 教具的使用：运用实物教具、学具的操作，建立基本数学概念。 2. 操作完整：在实物操作活动基础上，引导学生建立数学思维操作活动，由符号的活动显示自身内在规律，创设更高的概念。 3. 规范格式：建立规范的符合结构和算式的转换方式。

续表3-14

学科	教材审美内容	美育手段
语文	一、展示自然美：让学生从大自然中领略闪耀着劳动人民智慧光辉的美。 二、弘扬社会美：从课文中了解社会生活中的庄严和伟大、正义和崇高、平等和自由、友爱与情意、劳动与斗争，人们在社会实践中创造的各种丰功伟绩。 三、表现艺术美：学习课文中运用形象的语言，通过描写、叙述、比喻、象征等手法来创造美。	1. 诵读课文领会情感美：激发学生的情感，唤起学生对美的形象想象。 2. 品词练句欣赏语言美：抓重点词句，引导学生体味作者遣词造句的精当，欣赏优美的语言，学习运用带有美感的文字表达自己的感情。 3. 理清思路，领略结构美：指导学生把文章的思路理清，领略课文的结构美，扩大和深化学生的美感。 4. 读写结合体会创造美：从读中悟出写法，把自己听到的、看到的、想到的写出来，培养学生的创美能力。
劳动自然	一、大自然美：带领学生去观察，去感受，认识大自然的感性的一面。 二、物质产品美：从制作中提高学生的动手能力，培养学生的创造思维。 三、劳动创造美：让学生在劳动中体会到创造美的过程中自身的价值，激发劳动热情，热爱和保护劳动成果。 四、自然中的科学美：注重内容的科学性和准确性，了解、发现科学规律。	1. 从整体形象、色彩明暗、动态变化、声音和气味、比例结构去感受。 2. 从制作、制图、写文章到标本，欣赏人类利用自然的成果。 3. 通过采集、饲养、种植、绿化、美化环境感受美。 4. 从自然界中的整体结构，准确的实验数据，实验过程的现象级变化中体会美。

续表3-14

学科	教材审美内容	美育手段
音乐	一、唱歌教学：将儿童引入音乐王国，培养学生理解音乐、感受音乐、实践的能力。 二、器乐教学：培养学生的节奏感，增强理解节奏感的能力。从听觉能力去感受多音部立体效果的美，从而提高音乐审美能力。 三、欣赏教学：加强儿童的民族音乐教育，扩展儿童的音乐视野，丰富学生的音乐语言，活跃学生的音乐思维。	1. 选择艺术性强的、健康的、格调高雅的教材，用灵活的教法将知识、技能融于艺术之中。 2. 根据儿童年龄特点，选择器乐，原则上低年级以打击乐为主，中、高年级以固定音高的器乐为主。 3. 组织学生认真听，启发学生积极思考，欣赏中注意精、粗得当。
体育	一、身体美：体育是创造学生身体美的积极动力，在长身体期间锻炼他们健美的身体，懂得身体美与健康的关系。 二、运动美：开展适合儿童特点的活动，调动学生参加体育活动的兴趣和追求美的动机，实现表达美、创造美的目的。 三、场地器材美：场地器材是运动的辅助性物质条件，是运动的有机组成部分，是运动美感对象中不可分割的成分。	1. 从人体表面形态到身体的各要素：骨骼、肌肉、皮肤、毛发及其容貌、服装等。 2. 通过各种方式，培养学生动作准确、干净、敏捷、协调、连贯、舒展而有节奏。 3. 场地设计美观。线条清晰，器材布局合理，富有吸引力。同时注意场地的整洁。
美术	一、自然美：激发学生对生活的热爱，培养学生喜爱美的情感，教他们寄托自己的理想。 二、社会美：从社会生活中的美好事物、先进人物、历史事件、建筑工程中去直接领会人民的创造力、智慧和力量。 三、艺术美：从中国到外国，从各种艺术种类，不同的艺术形式，不同的流派艺术作品中汲取精华。	1. 欣赏：吸取审美营养，促成审美意识的建构。 2. 写生：训练选择角度，捕捉特征和视觉抽象能力，实现感官的训练。 3. 临摹：使学生的知觉组织能力得到培养，而且受之以心，对他人的审美意识潜移默化地接受。 4. 创作：调动审美情绪，开拓想象，发挥才能去表现美。

在语文教学中，特级教师李建荣倡导板书要体现"三路"（文路、教路、学路），做到"三美"（文字简洁美、构图对称美、疏密搭配美），实现"三优"（言简意赅、深入浅出、出神入化）。年轻教师陈曦在教学《一个苹果》时，设计出了一个像苹果模样的板书，准确、生动地把课文内容、文章情感、导学思路体现出来了。这样的教学，极富美感，听课老师赞叹有加。有的音乐教师教学《雪域风情》，与学生在课堂中畅所欲言，课堂气氛十分融洽，师生都享受到了学习的快乐。教师挥洒自如，学生则感受到学习不再是从出于外部压力的苦差事。

《导学评价量标》评价课堂尚美。由教科室牵头精心设计的涵盖语文、数学、思想品德、英语、音乐、体育、美术、计算机、科学、健康10门学科的《审美化语文课堂导学评价标量标》，帮助老师们明白了怎样才具有审美特质，怎样才能促使师生的尚美共进，怎样才能充分体现尚美的价值追求。在随堂听课中使用《量标》，在赛课中也使用《量标》，《量标》成了大家看课、议课的重要标尺（见表3-15）。

表3-15　审美化语文课堂导学评价量标

项目	评价要点	分值
导学常规	原则上依据预设的导学设计上课；不迟到、不拖堂、不带通信工具进教室；教师应具有较高的审美素养和审美能力，使用普通话，表达规范、准确、流畅；教态亲切、和蔼，语言有感染力、亲和力；声音大小适中，一般不使用话筒或用过大嗓门与学生交流；合理使用体态语言，一招一式利于顺畅交流；面向全体，适时调控课堂，具有较好的导学机制，课堂导学活而不乱。	10
导学目标	目标明确、科学、适度，体现知识、技能、情感、价值观的统一；符合学生实际，体现服务于学生的语文素养的发展；有明确的美育目标。	10

续表3-15

项目	评价要点	分值
导学内容	导学内容正确、准确，无知识性错误；灵活运用教材，适当拓展课程资源，容量充分；分解难点得当，符合学生认知规律。在语文导学过程中应引导学生去发现、挖掘教材蕴含的美感特征。	20
导学方法和组织形式	以学生为本，发挥师生"双主体"作用；合理创设情景，激发学生思维，学生能主动、投入地参与学习活动；根据教材内容恰当选择导学方法，课堂活动形式灵活多样，精讲巧练；重视学生知能的有机结合，讲究实效；构建美的课堂，立足语文之美去感受、理解和创造美。	20
导学策略	导学程序整体设计优化，层次分明，环节衔接自然，过渡自如；密度、难度适当，按时完成课时目标导学任务；导学民主，学生主动发展；每节课有侧重地落实语文"四基"训练，课堂凸现语文味儿，对关键问题合理点化；重视培养学生健康的审美情趣，提高审美能力；课堂信息多向交流，反馈及时，矫正有效；课堂评价量标有效化，评价主体多元化，评价方式多样化。	20
学习效果	全体学生学习目标达成度高，学习自信心明显增强。并通过审美体验，达到"以美益德、以美启智、以美怡情"的目的。	20

注：其他学科，针对其特点有具体差异

美育综合实践活动课集中展示尚美理念。围绕欣赏自然美、了解社会美、感知艺术美、探索科学美、感受成长美五大方面，我们开设了美育综合实践活动课，既提高了大家的课程意识，又促进了教师队伍的审美化发展。张怡老师执教的《金鱼》，就可以让我们窥一斑而见全豹。

美育目标：体会并欣赏金鱼的颜色美、体形美、姿态美；培养对养鱼的乐趣以及对小动物的爱心。

美育视点：金鱼的体态美、色彩美和游动美。

审美关键词：五彩缤纷、奇形怪状、姿态万千。

　　"同课异构"展示教师合作尚美。由于每位教师的成长经历不同、自身喜好不同、知识背景不同，因而他们的审美存在差异，也表现出鲜明的个性特点。二年级语文组教学《一片树叶》时，几位老师就有各自的理解——重读"一片"，才能突出"每个人只摘了一片"，没有贪念的思想和做法；"树叶"要重读，才能强调摘的对象，从而突出作者希望人们不要采摘树叶的主旨；都不可读得太重，但要把"一片"儿化，读成"一片儿"。既能强调每个人没有贪心，只摘一片儿，又能在"一片儿"中感受到作者的写作意图。教师们在审美中得到了互补，审美体验更丰富了。

　　④丰富体验，拓宽教师的尚美空间。开展健康的文体活动。组织教师观看《放牛班的春天》等电影，开展教师趣味体育运动、奥运北湖徒步走、教师春游秋游等，从此，老师们成了健康文体活动的践行者。

　　开设教师选修课。组织教师参加太极拳、拉丁舞、瑜伽、时装走秀、健美操、蜡染、摄影、家政（含厨艺、插花、拼盘）、表演唱（含合唱）等多个项目的教师选修课。有的教师表示："我不止喜好瑜伽，强烈要求各组定期轮换！"很多教师喜欢利用休息时间到郊外徒步行走，或在家里制作盆景，撰写心得收获。女教师喜爱编织、插画、锻炼身体，男教师喜爱摄影、书法、武术，全校教师的生活明显透露出尚美气息。

　　关注闲暇生活。我校教师喜欢利用闲暇时间，或参与社会公益活动，或广泛涉猎文学名著，或大量浏览儿童文学，或亲近大自然……工会活动中，大家置身大自然，那岸边垂柳、水面风荷、杏花春雨、芬草斜阳，让大家生出闲云野鹤般的情怀。龚文飚老师酷爱摄影，他去德格藏文印经院采风后，写下了这样的话："一边参观，一边拍摄，静静的，过瘾的……一个上午就这样什么也不想，什么都幻想，让自己的心在神灵的伴随下自言自语，空空的，也满满的。"我校教师的闲暇生活，富有生活情趣，注重生活雅趣，体现生活乐趣，展示生命志趣。

⑤深度参与，展示教师的尚美风貌。文化节上秀拳脚。一年一度的校园文化节，使整个校园充满了无限活力。语文节——诗歌创编、语文小报制作、课本剧编演等层出不穷；体育节——班级自编操、年级团体操、自创游戏、体育舞蹈、团体武术、集体舞蹈表演等大显身手；科技节——科学小论文、科幻想象画、科学模型、小发明创造等精彩纷呈；美术节——麻线艺术、插花艺术、剪纸、刺绣、书法、绘画等美不胜收；艺术节——器乐表演、声乐表演、舞蹈表演、朗诵表演等多姿多彩。这尚美余韵，潜移默化地融入教师的生活，融入师生学习生活每一天。

校内交流亮秀色。为实现教师的发展目标，我们经常开展教育时政论坛、名师讲座、热点问题透视、难点问题沙龙等校内教师的交流、探讨活动。大家畅所欲言、各抒己见。我们还专门开展了全员参与的教师尚美论文评比活动。《用心打造美丽的教育》《用美的语言使批评变脸》，写的是教育中的小事，真实可信，又能引起大家深思。戴晓老师的《做一个"不完美"的老师》给大家印象尤为深刻："……我的孩子给我指出过错误；看我、陪我流泪过；也看我因为他们的淘气束手无策，看我发脾气后又后悔。但这一切都不曾影响我在他们心中的好印象……"

校外交流展风采。我校各项工作广受同行关注，尤其是美育研究扬名省内外，我们的老师经常被邀到外校、外地进行交流。有的教师应邀参加其他市的一所小学主办的全区课堂教学展示活动，他们的交流涉及审美化的研读教材、课堂教学环节的尚美，以及教师内在的积淀和外在的表现……活动结束，有很多年轻老师希望拜他们为师，请他们签名留念。短短的时间里，他们就成了大家眼里的尚美偶像。

⑥悉心感受，享受教育的尚美愉悦。工作中有快乐。于老师说："教师的工作虽然单调，但看见作业本在教室中飞速传递，学生们害怕自己主动改错的节拍慢了……多么令人幸福呀！"甘源同学来到办公室，诚恳而略带羞涩地说："王老师，我爸昨天在家，但我怕您像我在老家的老师那样告状，便撒谎了。请您原谅！"世界上哪有什么人能比小学生更具童真？这怎能不让老师感到快乐？

生活中添情趣。老教师刘玉君这样回忆："我将自己亲手绣制的钱包送给女儿，她兴奋地叫道：'妈，太好了，就该这样做点儿有趣的事，免得你老唠叨。'现在，我常和办公室的小年轻去看电影，和女儿手挽手逛街，和先生一起上网，生活变得有滋有味，和孩子也更亲近了。"

为教师实现个人发展愿景搭建平台。许多教师为自己描绘了美好的愿望。为发挥学校优秀教师的辐射、示范作用，提升班主任队伍的整体水平，学校现已评选出校级学科带头人 10 人，最具影响力的班主任 5 人。虽然标准严格，但老师认为，只要善于总结，找准"最近发展区"，就有奔头。

彰显美，在聚焦中升华

三年的实践探索，初步形成了我校独有的教师尚美文化。

1. 研究成果

（1）提炼出了教师尚美文化的特征

教师尚美文化，能从审美、立美、践行美、创造美多角度提升人的道德、锤炼人的品格，开发人的智能，具有以下特征。

凝聚力。教师要像磁石一样，把大家自觉不自觉地凝聚在一起，熔铸在一起，并要求大家朝着预定的目标坚定不移地走下去。

自律性。属于"尚美"集体中的一员，就会按照其内在要求，自觉地去遵守它、践行它，用它来规范、矫正自己的个体行为。

规范性（即他律性）。谁偏离了"尚美"的要求和规范，尚美的神奇力量就会暗示、点化、帮助偏离者，并敦促其尽快回归到大家共同遵守的规范上。

辐射性。某一个个体或某一个小团体的行为必然影响到身边的人。

扬弃。"尚美"理念是经过十多个春秋坚持美育研究，不断充实，不断完善，不断提升而成的。其间经历了肯定—否定—再肯定—再否定的艰苦历程，我们在这一过程中"优胜劣汰"，有所扬弃，最后渐渐固定下来。

特色创建。学校的特色，是在追求、探索、实践、总结中慢慢积淀而成的。教师尚美文化特色十年磨一剑，来之不易。

（2）文化建设需要在实践中积累和磨砺

教师尚美文化建设，需要教师群体有崇高的理想和追求，有丰富的知识积累做基础，有不懈的探索精神做动力，坚持长期磨砺，才能达到一种境界。

首先，要确立正确的育人方向，选准学校文化建设的"点"；其次，要从最基础做起，苦练内功；第三，要变抽象为具体，变虚幻为实在，根据其内在要求找到生根的点，卓有实效地坚持探索、研究；最后，要站在一定的制高点上进行梳理、提炼、总结，使自己的研究由实践层面上升到理论层面，形成学校的特色文化。

（3）教师尚美文化具有巨大的教育力量

教师尚美文化建设，表面在教师，实质在学生，间接作用于社会。它能从改变教师的理想、追求、言行、工作、生活出发点，营造良好的教育环境，改善师生关系，改进课堂教学，推动教师精神文明建设，促进人与人之间的包容、真诚、关爱、和谐，进而使社会更加美好。

（4）形成了衡量各项工作的评价指标

对课堂教学，我们有《课堂导学评价量标》作为引领；对少先队工作，我们有"星级评价"制度和"流动红旗"制度做保证；对日常工作，我们用"月考核制度"进行量化；对教师阶段发展状况，我们用"校级学科带头人"和"校级最具影响力的班主任"进行评价，全校师生的尚美教育正由他律向自律的良性轨道发展。

（5）专著顺利出版，经验成果得到总结

根据课题研究提炼而成的专著已由科学出版社正式出版，公开发行。查有梁教授评价说："读一读《教师尚美文化的理论与实践》，对于做人、做事、做学问，对于教书、育人、教子女都大有好处。"近3年，我校教师撰写的研究文章和论文，773篇（次）获得全国、省、市、区论文评比一、二、三等奖或发表，9人参加教材或教辅读物编写，显示出强大的文化底蕴。

2. 研究带来的可喜变化

（1）教师：腹有诗书气自华

①教师群体在尚美过程中得到发展。通过问卷、座谈，调查学生，走访家长，他们普遍认为我们的老师整体的尚美水平有了本质性的提高。教师参加诗朗诵比赛、歌伴舞表演、器乐合奏、时装走秀、摄影作品展，无不显示了尚美的收获。单看那桌上摆着的插花，你可别认为那是从外面请来的高手所为，那是我们的老师的作品。可以说，今天我们的老师个个胸怀广阔、性格开朗．爱好广泛、仪态大方、举止端庄、温文尔雅、睿智幽默。领导和同行赞誉我校教师"温婉含蓄、庄重内秀"。家长这样评价："这所学校的老师智慧、阳光、充满青春活力、思路敏捷、以理服人、我都真想做他们的学生。"

a. 魅力四射的语文组。语文老师的语言准确、生动、形象，表达得体，家长说："我喜欢参加学校组织的家长会，老师们讲话声情并茂，事例生动感人，总给我们一种享受，让我们久久回味。"朱春堂老师参加全区青年教师风采大赛，一路过关斩将，最终夺得大赛一等奖第一名。这既出乎意料，又在预料之中！

b. 治学严谨的数学组。社区干部、群众评价："见到成华小学的老师，总想找话题与他们搭讪几句。他们不仅具有青春活力，而且让我们感觉到内在的美丽。"

c. 特色鲜明的科任组。科任组包括音乐、美术、计算机、科学、健康、体育等学科老师，他们身上都嵌有学科特征的烙印，是有尚美活教材之称的群体。胡玲老师利用彝族文化资源，辅导儿童创作的《阿普的天菩萨好长》《好好学习，天天向"下"》等彝族风情漆画系列共29幅作品在区艺术节展出时，获得省教科所美术教研员冯旭高度评价："这些作品挖掘彝族风情很到位，令人感动，让人震撼，具有极高的艺术价值，对彝族博物馆来说都有极高的收藏价值。"

②课堂教学亮点多多。如今走进我们的课堂，你会很快融入到课堂与活动中，并觉得轻松愉快。一位数学老师温明月执教《组合图形的面积》时，打开准备好的信封，拿出一张张色彩艳丽的几何图形（基本图形），问："你们能用2~3个基本图形拼出不同的图形吗?""能!"……很快，在孩子们的手中呈现出一幅幅精美的图案。"我用一个长方形和两个三角形拼成了一棵美丽的圣诞树，愿它能给大家带来祝福!"另一个孩子介绍说："我拼的是一座小房子，由一个正方形和一个三角形组成，我想把它送给无家可归的人。""美"在数学课堂由外及内，增强了学生的审美观念，强化了孩子们的审美能力。

③合作意识大大增强。无论是备课、制作课件、组内赛课、大型展示、对外交流，还是论文修改、观点探讨、教育学生，大家总会倾其所能，竭力参与，努力贡献自己的一份力量。胡玲老

师要在中国教育学会举办的"十一五"重点课题"地方文化资源的开发和利用"第二期课题结题会发言，几个老师知情后，通宵加班加点参与讨论，收集材料，甚至动笔帮助修改、润色。她激动地说："这哪是我一个人的功劳呀！"

④细节之处蕴含尚美。语文老师利用文字美、语言美、段落美、景物美，数学老师利用线条美、图形美、逻辑美，音乐老师利用旋律美、节奏美、意境美，美术老师利用色彩美、线条美、构图美，品德与生活老师利用事例美、心灵美，充分挖掘教材，浸润了学生的审美体验，提高了课堂教学效率。

（2）学生：嫩蕊细细开

①身心健康发展。学生发现美、感受美、创造美的能力与日俱增。在心理健康方面的变化特别明显，自信心显著增强，家长对孩子的成长十分满意。学生创作的《守信》《别进网吧》等歌谣，无不展示出孩子们尚美的一面。

②大爱无疆。同学们用自己的零花钱表达着爱心。"5·12"特大地震后，同学们首次捐款就超过十二万元，还捐献了两万多元的棉被、衣服等物质。

③百花齐放。走进校园，你会感受到有一种美的因子在他们身上涌动：课堂里，孩子们高举小手、流畅地表达；运动会上，健儿们在赛场，展现健康风姿；舞蹈表演中，演员们展露充满灵气的舞姿；诗歌比赛中，学生们激情地朗诵，都是以自己独有的形式表现美、创造美，让人赏心悦目、感动于心；"五环连成华、同心迎奥运"大型文体活动，等等，都会给你留下深刻印象。

④喜报频传。学校管乐队赴日本、中国香港交流演出，舞蹈队赴韩国演出；84名学生获得全国书画大赛金、银、铜奖；17名学生硬笔书法作品入选《国际青少年儿童优秀书画作品大观》；7名同学作品入选荷兰、美国、日本等国举办的国际画展；两名学生获"巴蜀少儿画"现场竞赛一等奖……无不展示着我校学生

良好的尚美特质。

（3）学校：一树桂花百里香

走近我们的校园，你会感觉到，老师们思想上保持纯洁，远离污秽，促进自己在真、善、美方面的和谐统一；你会发现，我们着眼于培植和发展人性中的善根，培根固本，顺其自然地把人导向了健康的发展方向，确立了求真、向善、尚美的教育科学和人文精神走向，努力开拓着学生个性化发展的时空和路径；你会看到，学校呈现出绿化、美化、香化和净化四大特点。

走近老师，你会深深地感叹：这里的老师胸怀理想，充满激情和诗意；表现自信、自强，不断挑战自我的精神；善于与同事合作，彰显人格魅力；处处充满爱心，时时受到学生尊敬；工作中努力追求卓越，富有创新精神；目光长远，具有社会责任感。我校学科教学质量监测名列全区前茅：2008 年年度目标考核，我校夺取全区（含中小学）第一名；2007 年和 2008 年，市教科所组织的教育科研年度考核中，我校均获得"优秀"；学校作为省、市、区窗口示范学校、获得了"全国奥林匹克教育示范校"省"百所艺术教育特色学校"等 100 多项殊荣。

栽得梧桐引凤来。三年来，北京延庆、广州天河教育局、甘孜州教育局、全省校长培训班等 30 余个团体先后来校进行教师文化建设考察；中国美育学会选择我校为年会会场，美学专家李田赞赏有加："成华小学看似平常，但他们的课充分反映了研究美育的历程以及对美的不懈追求。"中国美育学会还授予了我校"以美育人的摇篮"的称号，可以说我们的耕耘获得了丰厚的回报。

（三）"社团组建"研究

尚美社团　促进学生多样化发展①
——"小学生尚美社团的组建策略及发展价值研究"成果简述

期盼，在久违中降临

"爸爸，你知道我想做什么？"一天，有个三年级男孩子向爸爸提出了一个让父亲始料未及的问题："爸爸，你猜猜我现在最想干什么？"爸爸胡乱猜测，但均不得其解。儿子神秘地说："我想回到幼儿园。"是啊，幼儿园是孩子快乐的天堂，是孩子们梦寐以求的乐园，那里有糖果、有故事、有游戏、有玩具，他们在那里能尽享童年稚趣。小学生毕竟是孩子，他们童言无忌，毫无遮掩。

"老师，我也能像他一样吗？"学校经常会组织活动，但每次机会都属于少数人，就连上课发言也老是那几个经常抛头露面者的表演秀。"老师，我也能像他一样上台表演吗？"是的，每个孩子都有属于自己的优势，他们渴望表现自己，希望得到认可。如果不能改变"填鸭式"的上课模式，孩子的愿望只能深埋心底。

校长，每天能否都像一天？"校长，要是每天都是星期五该有多好！"又到周五下午的选修课时间了，学生异常兴奋。因为选修课是自己的最爱，选修课能扬学生之长项，使他们的特长得到发挥。选修课，竟然让学生如此狂热，有没有一种活动能替代选修课，同样让孩子充满激情与渴望？

学校，今天该走哪条路？在学校 22 年的尚美教育发展历程中，我们开展了"儿童生活美育""学科教学（含艺术课）审美

---

① 本文由李建荣执笔，2013 年 9 月，获得成都市优秀教学成果二等奖；2015年 6 月，获得四川省人民政府教学成果二等奖。

化""美育校本课程的开发"和"教师尚美文化建设"研究，经历了由点到面、由低到高、由浅到深、由模糊到清晰、由浅层到深刻的"尚美"认识和实践过程。今天，该如何传承过去，弘扬优秀的文化积淀，开辟孩子们喜欢的新路？通过问卷和座谈，我们认为为构建小学生尚美社团能够为孩子们搭建练习、操作、展示、交流、合作的平台，帮助他们体验到教科书以外的东西，促进他们素质上的提高；也能让每个孩子的人生都充满阳光，让每个孩子都拥有尊严，让每个孩子的童年都绽放光彩，让学生的今天过得很好，也为学生的明天打下坚实的基础。学校尚美教育发展历程见图 3-1。

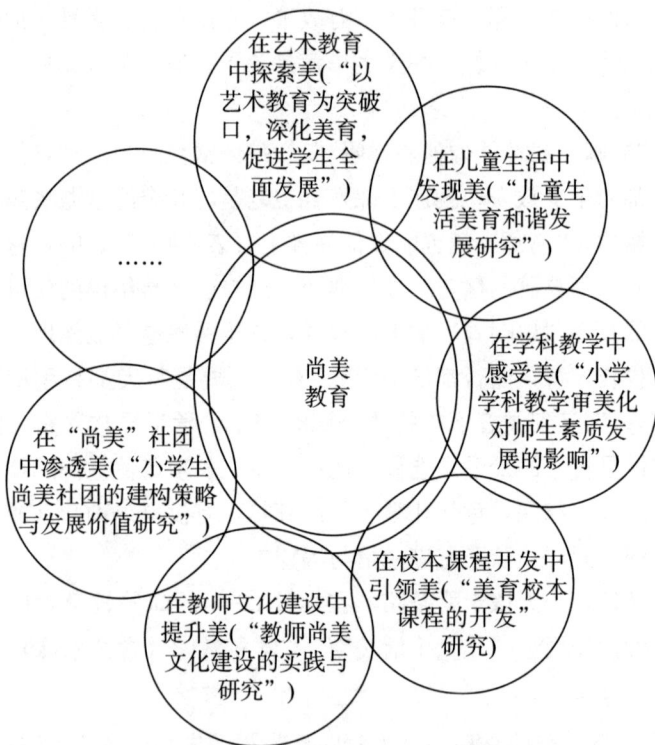

图 3-1　学校尚美教育发展历程

憧憬,在静思中明泽

1. 小学生尚美社团的准确定位

一只南美洲亚马孙河流域热带雨林中的蝴蝶,偶尔扇动几下翅膀,可在两周以后引起美国德克萨斯州的一场龙卷风。尚美社团兴许就具有神奇的蝴蝶效应——改变教师的教育理念,改变学生的学习行为,改变家长及社会的人才价值定位。

社团是注重相同兴趣爱好、具有自主自愿性的非正式组织。作为"准社团"性质的小学生社团以活动建设为主,倡导"社团"的精神,突出社团活动对学生发展的教育价值,促进其社会性体验。

小学生尚美,既有美育的通常含义,又比"美育"的"美"范畴更广,不仅指自然美和艺术美这样的大美。我们的尚美起点是审美教育,然后走向尚美教育。小学生尚美,一是推动积极的情绪发展;二是想方设法让学生尽全力提升自己;三是使学生形成向上发展的力量。

小学生尚美社团是传统的"兴趣小组""第二课堂"的升级版,是功能更完备的,真正体现学生作为学习的主人的活动形式,是现有学科课程和学生学习活动的有效延伸和有机补充。

2. 小学生尚美社团的研究目标

基于对小学生尚美社团的认识,我们把关键词确定为:和谐、交往、自主、能力、凝聚力、文化等。其目标是:①厘清构建小学生尚美社团的发展价值;②探索出与小学生尚美社团发展价值相匹配的构建策略;③学生能获得学习、处事、做人、交往、合作、探索、创新、尚美等方面的知识与能力,实现身心和谐、个性发展;④促进教师、家庭、社会对育人观、人才观、价值观的新认识。

3. 小学生尚美社团的研究内容

依据上述目标，我们着力从四方面进行探究：①甄别清楚小学生尚美社团对学生个体、学生群体和学校特色发展的价值；②遴选出小学生尚美社团构建的有效策略及运作机制；③探索出小学生尚美社团对社员、社团、社长、辅导老师的评价指标，并实施有效监控；④洞悉学校教育、家庭教育及社会教育在人才培养方面的利弊，形成具有本校特色的学生个性发展的人才观。

华章，在书写中闪耀

1. 研究的理论成果

（1）定位了开展小学生尚美社团的必要性

"努力造就'有理想、有道德、有文化、有纪律'的德、智、体、美全面发展的社会主义事业建设者和接班人。"国家将美育确立为教育的重要目标，成了新时代教育的重要内容和行动指南。著名教育家蔡元培认为美育是改造人的世界观，陶冶人的情感，促进科学发展的最好途径。尚美走进学校，走进师生，走进活动，还教育以美，寓美于教育，能使学生获得对美的崇尚和心灵滋养。心境决定眼界，眼界映射心境，尚美社团的建立是必要的。尚美社团的追求在于：社团名称有味——内涵美；成员关系融洽——人际美；内容选择恰当——崇尚美；社员共同成长——足迹美。我们要凭借尚美社团引导学生不断地发现美、审视美、践行美、创造美，我们深信：尚美的甘泉虽是涓涓细流，却永远不会枯竭。

（2）论证了构建小学生尚美社团的可行性

在新课程改革背景下具有可行性。社团能以人为本，尊重学生的天性，能为学生的个性发展提供舞台。社团开放、灵活，可以使学生的生活精彩纷呈，进而激发其潜能，张扬其个性。

在尚美教育理念下具有可行性。美的教育，携手美的人生。

美的人生，由丰富的童年生活起航。"尚美"教育注重浸润，注重滋养，让学生在兴趣中参与、体验、交流和探索，在收获中不断成长，为其终身发展奠定良好基础，为合格公民和杰出人才成长铺路。

在满足学生个体发展需求上具有可行性。社团在满足学生兴趣，尊重学生发展需求的前提下，开展各种各样的社团活动，正好是对学科学习的一种良好补充。

对新华校区 3~6 年级 783 名学生的调查显示：76.5％的学生认为社团能帮助他们发展兴趣，65.1％的学生认为社团可以发展自身能力，而希望结交朋友、获得成就感的学生分别占73.4％和 69.8％。随后在"社团对你的成长是否有帮助"的座谈会中，学生的肯定率达到 100％。这都说明社团的活动性、体验性的特点符合学生个体发展需求，是促进学生个体发展和群体成长的有效载体。

（3）厘清了小学生尚美社团的发展价值

尚美是人类社会物质文明高度发展之后的必然产物，是精神文明和社会文明的具体体现。尚美社团可以丰富学生课余生活，推动他们积极地获取知识、探求真理，发展自己的兴趣特长，提高自身素质，提升综合能力。教师要引导小学生社团健康发展，使学生在各具特色的社团活动中体验、感悟、反思、收获，提升素养，涵育心灵，实现多样化成长。

发展价值之一：尚美社团对学生个体的发展价值。

小学生尚美社团在培养学生的实践能力方面，具有课堂教学无法比拟的优势，对学生的兴趣、特长、参与、体验、成果意识方面有着绝佳的促进作用。

①兴趣——尚美之内心涌动。社团活动，从某种程度上说，能帮助学生在活动中满足自我需求，实现自我愿望。"兴趣是最好的老师"。十任何一件事情，只有充满了兴趣，才会全身心地

投入其中，心里有澎湃的血液在涌动，全身就充满了干劲，甚至废寝忘食、忘我投入。这种境界就是我们所期待的心理上的自我尚美。

②特长——尚美之个性张扬。小小的社团在培养学生技能、组织能力、策划能力方面，有着重要作用。

技能练就的优势得天独厚。活动中，老师退居幕后，只起辅助、点拨作用，学生是真正的主人，主宰整个活动。天长日久，学生便获得了技能上的提高。

组织能力实践的优势得天独厚。一个小组、一个小团体的组织者要考虑包括社团名称是否美，社团章程如何定，社团成员如何有序活动，社团活动怎样体现"知、行、练、访、赏"的设计要求，社团成员的表现如何评价等。这一过程中，学生必将获得组织能力甚至领导能力的锻炼，形成特有的领导能力。

锻炼策划能力的优势得天独厚。对于全校上百个社团而言，一个社团是小家庭；但对于每个成员来说，小社团又是自己的大家庭。每个成员在这个家庭中扮演着不同的角色，承担着不同的职责。其中，每次策划活动，都需要大家群策群力、献计献策。每次精彩活动背后，成员的策划能力也得到了锻炼，学生渐渐地成长起来，成熟起来。

③参与——尚美之行动证实。学生参与社团活动，便能在活动中感受，在参与中感悟。他们参与社团章程的制订，参与活动方案的设计，参与资料的收集、整理，参与活动的实施，参与社团的管理，参与社团活动质量的评估，在这样的过程中，自己也有所收获、有所成长、懂得欣赏、感到快乐。他们用行动证实着自己的参与，发掘着自己的潜能。

④体验——尚美之身心愉悦。通过书本知识的学习收获，远不如亲临感受所获的真实，更没有投身其中亲自体验所获的深刻和经久难忘。学生在一次又一次社团活动中，参与其中，体验入

微，收获多多。社团活动激励学生主动发展，实现成长，享受体验之乐。

⑤成果——尚美之生命成长。在社团活动中，其成果包括自己想要做到的事情做到了；完成的工作比自己先前预料的完成得更快、更好；学习的知识用到了实处，解决了实际问题；做到或学到比自己的同龄人，或比自己年龄还大很多的人没有做到或学到的。还包括一次一次社团活动的圆满成功；成员参与设计的活动方案、报告；活动的精彩过程；活动中所呈现出来的作品；自己的成长经历；自己对大千世界的审美态度、审美过程、审美结果，等等。这些鲜活的、灵动的个体成长史，都是尚美社团的发展价值追求。

发展价值之二：尚美社团对学生群体的发展价值。

①小社团炼成闪光的珍珠。社团不仅是培养兴趣的场所，还能使学生在活动中积极参与，深入体验，尽可能扬自我之长，获得特长发展。同时，社团的群体参与和集体智慧还能促进不同社团各显其能，大展身手，扬小社团之长。小社团锻炼每一个成员，使每一个成员由不起眼的沙砾被磨砺成闪闪发光的珍珠。许多小珍珠又汇聚成一个个别样的小社团，使小社团绽放出异样的光彩，从而使社团富有特色。

②小珍珠串缀成夺目的项链。以学习为核心，以自我与团队的成长为终极目标。在社团中，每个人都有机会发展得更好，成为一颗颗闪亮的珍珠。有了这样的璀璨夺目、令人爱不释手的小珍珠，再将其串缀成更加美艳的价值倍增的珍珠项链，那就是一道亮丽的风景。

③小群体促进大群体的蜕变。一个社团是一个小群体，百来个社团就构成了学校大群体。一个社团促进了其成员的发展，全校社团能促进全校学生向更高、更靓丽的尚美人生前进。

发展价值之三：尚美社团对学校特色的提升价值。

①学生的品质提升着学校的品质。学校是由学生组成的，学生的品质提升着学校的品质。我们凭借尚美社团提升学校的品质，打造响亮的尚美名片。

②有品位的教师支撑着有品位的学校。一所学校的老师具有端庄的气质形象，具有高雅的生活情趣，具有高尚的人品修养，具有深厚的专业素养，就会使教育教学洋溢风采，充满生机，自然能支撑起学校的品位。

③学生文化彰显着学校文化。学校文化是由学生体现的，有特色的学生文化彰显着有特色的学校文化。学生文化有品位，学校文化才有根基，才显得灵动，才可能持续传承、弘扬和发展。特色社团是学校文化的一个分支，承载着学校文化特色，催生着学校特色课程开发，彰显着学校文化特色。

④学校品牌由学生群体支撑。学生群体，足以支撑学校的办学思想、办学质量、办学特色以及办学品牌。活跃的社团越多，学校特色就越鲜明。尚美社团以"尚美"为灵魂，学生在社团活动中发现美、呈现美、创造美，奠定美的人生，实现人生的尚美发展。尚美社团铸造着学生品牌，尚美社团走向深处，就会呈现出学生的无限精彩。社团与品牌，品牌与尚美，互为促进，相得益彰！

综上，尚美社团能够在兴趣上满足学生个体需要，使学生爱上实践，爱上探索，爱上创造，心理上产生愉悦感；能够发掘学生潜能，促进其特长发展，享受成长的快乐；能够为学生的参与提供载体，使学生在活动中感受，在参与中感悟，获得参与的满足感；能够大胆实践，亲身体验，在体验中获得升华，尽尝身在其中的美味；能够饱尝自我实现的甘醇，达到美的境界，乐享辛苦之后的成功。这些，都催生着学生个体的尚美发展。同时，学生个体的尚美发展和社团个体的尚美发展，就像把一颗颗粗糙的沙砾变成一颗颗闪光的珍珠，再将一颗颗闪着光彩的珍珠串成价值不菲的珍珠项链佩戴在特色日臻鲜明的学校身上，使其增添无限光彩。这又实现了学生群体的尚美发展和学校特色的价值提升。

呵哈音乐剧社将川剧锣鼓、变脸和中华武术巧妙融合，《威风八面耀成华》令观众交口称赞，《俏花旦》节目参加市艺术节舞蹈展演；"彩蝶"舞蹈社的《熊猫宝贝》获全国"魅力校园"舞蹈比赛金奖；"完美音符"管乐社参加四川省"雅马哈"杯校际管乐大赛荣获特等奖；"三颜色"美术社画作《熊猫家园》《府南河畅想》被赠予联合国大会留存纪念。这一串闪亮的"珍珠项链"形成了我校学生群体尚美发展的特色。

我们仅就以上三个方面探索尚美社团的发展价值，是牢记教育的基本宗旨，是遵循教育的主要目标，是拷问教育的责任良知，是追寻教育的崇高境界的体现。

2. 研究的操作成果

（1）形成了小学生尚美社团的构建策略

本着"人人有所获，而非人人获得所有"的基本主张，我们围绕尚美社团的发展价值，依据社团的组建、发展、评价和保障四大要素投放了十余项具体策略。这些策略既顾及社团所有成员的良性互动，又鼓励优者更优，以强带弱，以优促劣，最终满足所有学生的多样化发展需求。

策略一，学生自主构建策略——社团组建：我是主人我做主。

①去行政化干扰。全校 3000 多名学生都自主选择、积极参与到不同的社团中。这样的社团组建，打破班级、年级界限，较好地满足了学生依据自我兴趣进行选择的要求，有效地保证了社团活动的真实开展。

②双主体同步推进。"秀绣社""数棋社""蝶舞社""戏娃儿社""动漫社""咔嚓社""杨红樱社"……学生的爱好不·，兴

趣不同,选择自然也不同。在组建社团时,我们采取师生双主体同步推进的办法,组织了百余个学生感兴趣的社团供选择,既照顾了孩子们的不同爱好,又兼顾了老师的所长,实现了师生的双赢。

③多元分层并进。一二年级暂不参加社团活动,分班开设"读写绘"活动课,三至六年级学生不再分班级、年级组建社团。

"戏娃儿社"增设了其他社所没有的岗位:采风组——为社员们介绍川剧知识、川剧剧目、川剧人物等;编剧组——进行校园剧、生活小品的创编;排练组——组织社员进行川剧剧目的排练;剧务组——负责场景、道具、服装等的准备。不同的社团,根据自身的特点设立相关岗位,负责协调、组织社团内的小团体开展活动,为其有序开展活动做好了准备。

"我没什么特长,年龄也大了,但我有经验,能帮助学生自我组织、管理……"我们在人数相对较多的社团安排年轻教师担任辅导老师,年长的同志作为管理老师协助辅导老师工作。

策略二,学生自我历练策略——社团发展:我的能力我练就。

充分发掘学生潜能,培养学生的兴趣、特长,促进其自我人生求真、向善、尚美,是我们组建社团的出发点,也是尚美社团发展价值的又一目标追求。

①GPS定位追踪。消息人士报道:梦想织翼社的老师正津津有味地讲解中国结的编制方法;百灵鸟合唱社的老师站在指挥台上正批评低音部音准没控制好……我们用GPS追踪服务的方式对偏离较远的社团活动进行及时、有效的追踪。

为避免"一手抓完"和"撒手不管",我们设计了《××社团电子档案册》,规定老师按照"知、行、练、访、赏"的要求与学生一道进行预设,同时填好《××社活动学期计划》《社团章程》《社团辅导人员》《社团成员登记表》《社团活动预设1—

5》《社团活动记录》《特色活动介绍》《社团成员心情日记》《社团活动学期总结》9项内容，规范了社团活动的开展。

②教师智力支持。辅助社团"头目"。辅导教师对社团干部的组织、管理、协调、记录、评价能力实施个别辅导，以便社长、组织员、文书员等小干部在社团中起好积极作用。

班主任协助。社团活动与平日的上课有很大区别，学生周五下午容易忙乱，班主任的提醒、协调就显得十分必要。

行政监管。社团活动时间，教科室、德育处、教导处及其他学校行政参与社团活动的指导、跟踪、考勤、活动记录、摄取个案影像资料、加强过程监管等。

③诊断示范并举。一位老师观摩走进孟子活动后，认为这次活动培养了学生的领导力、开拓了学生的想象力、锻炼了学生的意志力、提高了学生的执行力、促进了学科教学的延伸。这正是践行陶行知先生"六大解放"的大胆尝试。在3个校区树15个标杆社团中，收集其成功活动设计、典型案例、故事；搭建更高的展示平台，展示活动及收获；采取个别诊断，解决辅导老师及其活动的偏离行为，引领社团朝预定目标前行。

④借助外力推动。"我的奶奶会剪窗花！""我的爷爷会剪龙！"……小学生社团，需要家长、大学生、社区服务者及特长人士的智慧进入。我们广纳贤才，广听建言，集大家的智慧和才华，为学生的潜能开发和尚美发展服务。

策略三，指标导航监管策略——社团评价：我还稚嫩须扶助。

社团评价指标，是社团活动的指南针、黏合剂，也是检测尚美社团发展价值追求的重要标尺。

①过程结果并重。"老师，你们社的美术作品能不能变一些样式？能不能以刮的方法来作画"？

每周五下午的社团活动时间，教科室负责活动指导，关注并分析学生在活动过程中的不同体验和活动后的感悟以及对活动的新认识。如果教师角色定位出现异位，学生参与度不高，教科室人员将及时与辅导老师交换意见，给出合理的建议。这是确保学生参与其中，体验其中，享受其中，获得成功的重要方面。

②多向交流互动。在"管乐星空、美韵华章"新年专场音乐会上，作为首席的张鸿浩无疑是最耀眼的明星。一曲管乐独奏《迎宾曲》把所有人的目光都聚集到他身上。为激励孩子们主动参与，学校充分利用体育节、科技节、艺术节、新年音乐会、校庆画展、开学典礼等校园文化活动，为学生搭建展示平台，展现学生的多才多艺及其富有创造力的天性。

③指标导航促进。"红榜上怎么没有我们社的名字？"根据小学生社团活动特点及尚美要求，制订四大评价指标引导、矫正社团活动中辅导老师和全体成员的行为。这四大指标，四十余个小项，既看结果，又看过程；既看个体，又看群体；既看教师，更看学生。评价要素是多元的，评价主体也是多元的，评价目标直指学生的发展。小学生尚美社团评价体系见图3-2。

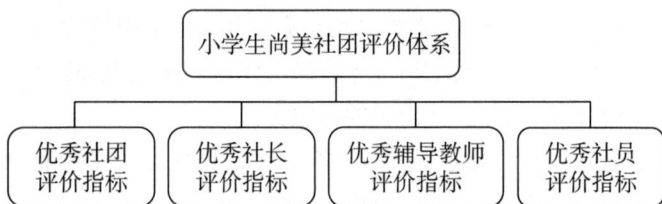

图3-2　小学生尚美社团评价体系

策略四，部门联动护航策略——社团保障：我的成长需呵护。

社团活动，需要部门联动，齐抓共管，通力合作。

①班主任协助。社团活动集中在每周五下午进行，活动地点有变，活动内容、形式、要求也不像平日上课那样循规蹈矩，班主任的提醒、协调就显得十分必要。

②行政监管。学校行政是社团活动的指导者、监管者，更要参与到整个活动的过程指导、矫正中。

③后勤保障。我张罗的"戏娃儿社"终于有模有样了，可道具还不够，有些还是以前的"破烂"，难道人人都戴一张纸糊的脸谱？凡社团活动开展必要的物资、设备，学校设"专款专用"资金，开辟"绿色通道"，给予充分保障。

④舆论保障。"同学们，又到周四中午'我和社团有个美丽约定'时间了。今天，我们请听听来自小主持人社的新鲜事……"学校定期举办社团社刊、社团活动展板；举行社团活动成果展示；利用"家校通"平台及时反馈每周巡视结果；利用红领巾广播站报道社团活动典型案例等，用正确的舆论引导、影响社团活动的有序推进。

（2）建立了小学生尚美社团的评价指标

如前所述，我们根据小学生尚美社团的特点设立了四大评价指标，构成了尚美社团评价体系，意在变单一的教师评价为师生、生生互动评价；变单一的结果评价为活动中生成评价，以学生的学能发展为主；矫正社团活动中辅导老师和全体成员的行为，奖励表现优秀者，刺激、影响后进者。

首先，注重对社团的整体性考察。要想从100多个社团中脱颖而出，就需要成员们充分发挥"1+1＞2"的协作精神，大家各尽所能、各尽所长。同时，辅导教师也要在活动策划、幕后指导、组织实施、资料收集上进行适当、有效地指导，引导孩子们通过实践提高自身的能力和素质。优秀社团评价指标见图3-3。

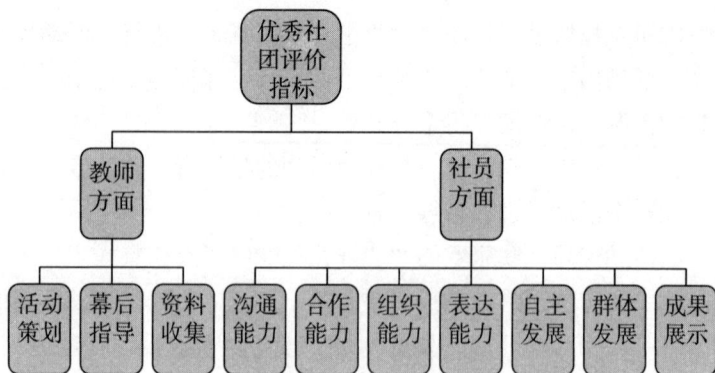

图 3—3　优秀社团评价指标

其次，重视社团干部能力全面性的考察。社团干部尤其是社长作为社团成员的领头羊，不仅代表了社团的公众形象，更是社员们模仿、学习的榜样。其优秀与否，直接关系到社团的整体发展。优秀社长评价指标见图 3—4。

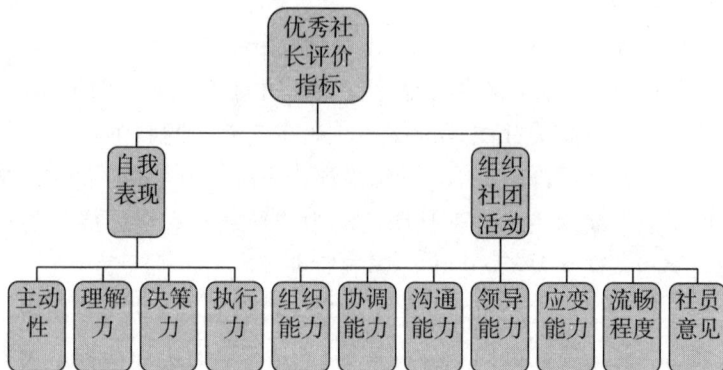

图 3—4　优秀社长评价指标

第三，重视社团辅导教师辅导力的考察。我辅导"绿精灵"社的经验：一是"懒"。不要凡事都亲力亲为。二是"勤"。勤于思考，多做"抛砖引玉"的事。小学生参与社团活动，最大的困难就是认知水平和实践能力有限，需要辅导教师适时、适度帮扶。但老师必须退居幕后，只能做学生能力发展的"引擎"，点拨、引发学生自己寻找、自己发现、自己总结。教师对帮扶的"度"的把握是至关重要的。优秀社团辅导老师评价指标见图3-5。

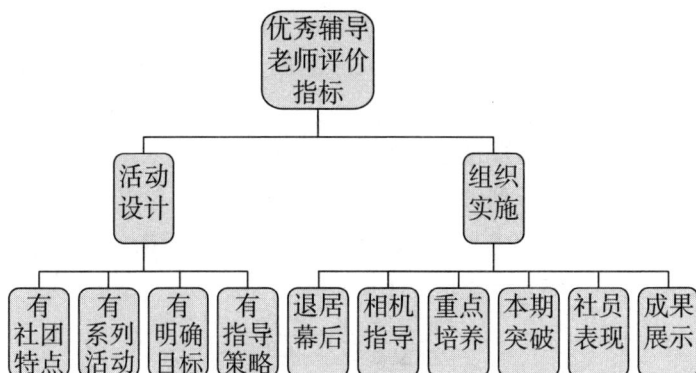

图 3-5　优秀社团辅导老师评价指标

最后，重视对社员个体能力发展的考察。我们追求社团卓越的群体发展，弘扬生命的个性，最终都要落实到每个社团个体的成长上来。对社团个体的考察，能更好地帮助学生在社团中磨炼自己。优秀社员评价指标见图3-6。

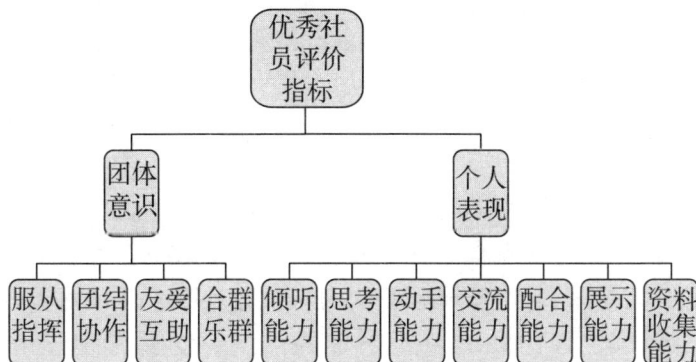

图 3-6　优秀社员评价指标

这样的评价体系，从不同维度考察，促进了全校百余个社团的良性发展。

（3）健全了小学生尚美社团的运作系统

对社团的辅导、监控、管理、保障等，我们采取部门联动的方式，各司其职，各负其责，班主任协助、行政监管、后勤保障——一不落，确保了社团活动的正常运作。

3. 效果

（1）尚美社团促进了学生多样化发展

我们欣喜地看到学生在社团活动中的成长、变化。不断攀升的数据说明，小学生尚美社团活动的开展对于培养学生的能力极具效力，学生能力变化情况见图3—7。

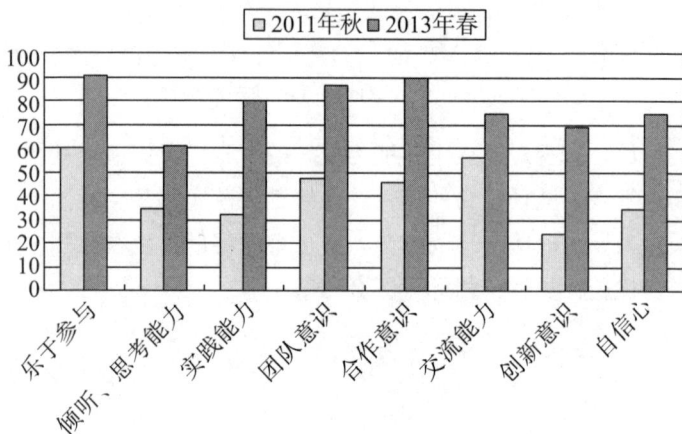

图3—7　学生能力变化情况

"乐"布"可"织布偶社的伍周晓雪说："在社团中，我可以大胆地提出自己的见解，可以充分发挥自己的特长，可以向老师挑战，与老师PK，充分地锻炼了自己的胆量……"知之者不如好之者，好之者不如乐之者，孩子们在自己感兴趣的社团活动中身心愉悦，胆量大增，信心十足，变得主动了，参与的积极性更高了。

　　七彩空间社的杨承卓：材料的准备是下次社团活动的基础，如果做不好，下次活动怎么开展？社团培养了学生坚忍的意志品质，催生了学生良好的执行力的形成。

　　呵哈音乐剧社的洪飞逸说："李妙言创作的剧本写的都是我们平时校园生活中的故事，幽默风趣的对话太有才了。"创新是一个民族的精神之魂。社团活动，就是要鼓励孩子们大胆创新、不断创新、锐意创新，并卓有实效。

　　科学社罗老师说："孩子们发现合作剪报不仅省事，而且质量也高。孩子们的自主、合作、探究精神，在尚美社团活动中得到了发扬。"

　　"看着周洋在活动时捣乱，被'章程'驱逐。他低着头离开时，我有点难过，又有点庆幸，以后我得规矩点了！"这说明社团活动，较好地培养了孩子们的规则意识，使他们遵章守纪，言必行，行必果。

　　呵哈社李佳航在日记中写道："自从我当上副社长以后，慢慢变成了一个开朗、活泼的女孩。作为副社长，开始还管不了他们，但随着自己表达能力的提高，自然而然地让他们安安静静啦！"可见，加入一个团队，不仅改变了自己的性格，还锻炼了自己的管理才能。

　　新芽文学社肖琪在回顾社团活动时写道："面对大家胆小，面对大家闹笑话，面对大家忘台词，社长从没放弃过，哪怕口干舌燥了也依然坚持。"这说明社团活动，培养了孩子们面对挫折与失败，善于控制自己的情绪，及时调整，继续前进的心理素质。

　　(2) 尚美社团促进了教师专业化成长

　　伴随尚美社团活动的深入开展，老师们在不断学习、反思、感悟，并用行动尽力做好孩子们学习的支持者、引导者、协助者、参与者。社团活动辅导还促使老师们的学科教学也悄悄地发生改变。调查显示，教师的关注点既有知识技能的掌握，也有创新意识、审美意识、竞争意识、自我展示能力等。这些的关注点多样化，反映出教师发展的多样化、层次性，对于"尚美"教师队伍素质的提升不无裨益。

（3）尚美社团提升着学校特色教育品牌

苏超富老师参加了区班会课赛课活动《尚美娃娃，美在追求》。课堂上，老师先进的课程理念、精妙的教学设计和清晰的课堂语言；学生对美的独到认识，在艺术上的精彩表现，赢得了在场评委老师和观摩老师的一致好评。

社团活动，相对于学科课程学习而言，只占校园生活的极小部分。但它带给师生美的体验、美的追求却是无限的。通过社团活动，他们发现了学习之光，启迪了生命智慧，并积极地、潜移默化地影响着校园生活的整体风貌。

只要你上网搜索"尚美教育"，我校名字必在其前列。我校的尚美社团在区、市、国家级比赛中崭露锋芒，大大提高了我校知名度。来自北京、天津、重庆、广西及四川省内的甘孜、阿坝、德阳、绵阳等多所兄弟学校领导、老师到校参观、学习、交流取经。省内多家电视台、报纸对我校社团活动进行过跟踪报道。仅2012年，就有8次较具规模的报道。《四川教育》用12个页码做了专题报道。我校还作为省内唯一一所小学被教育部授予"第一批全国中小学中华优秀文化艺术传承学校"我校对外交流情况、主要媒体报道情况、社长作社团经验交流情况见表3－16～表3－18）。

表3－16　我校对外交流情况

时　　间	对外交流情况
2012.3.27	我校彩童舞蹈社团演出的《熊猫宝贝》受邀参加了全球著名的伊顿公学合唱团在成都骄子音乐厅举行的"2012伊顿成都之夜中英青少年文化艺术交流合唱音乐会"，受到了中外师生及领导的高度赞扬。

时 间	对外交流情况
2012.9.22	来自澳大利亚悉尼的青少年代表团到我校进行访问与交流,与"三颜色""七彩空间"社团学生一起进行川剧人物创作……
长期	兄弟学校到我校参观学习、交流情况。
2011—2012	成都大学师生数次到校观摩音乐、美术、读写绘等社团活动。
2011.12.9	甘孜、阿坝等地骨干教师到校跟岗学习,观摩尚美社团活动,听取学校团队介绍。
2011.12.26	九寨沟骨干教师到校跟岗学习,观摩尚美社团活动,与社团辅导教师座谈。
2012.1.9	北京市海淀区二里沟学区各校体育主管领导及教研组长一行25人到我校,与体育类社团教师进行了很好的学习与交流。
2012.2.16 2012.11	德阳市东汽小学的李校长及该校行政人员一行到我校听取社团活动介绍。 在回去实施社团活动遇到困难后,再次带领学校社团教师和学生代表到我校参观社团活动,听学校行政介绍管理经验,听辅导老师介绍实践操作。
2012.3.27	重庆城北小学一行七人到我校新华校区进行社团参观交流。
2012.4.12	广东东莞市小学校长研修班到我校考察,听取学校美育教育、社团经验介绍。
2012.7.24	资阳市百年名校雁江区第一小学刘校长及行政班子、艺术优秀骨干教师一行7人,到我校参观社团活动。
2011—2012	天津市新港一小、天津市塘沽实验学校、重庆市九龙坡小学领导、老师到校参观社团活动,交流经验。

表 3-17　主要媒体报道情况

时间	媒体	报道内容
2012.1.11	四川电视台妇女儿童频道	录制彩童舞蹈社团《青蛙舞》节目。
2012.3.16	成都电视台少儿频道	报道我校呵哈音乐剧社团、腾飞合唱社团、俏花旦社团传承川剧艺术，弘扬川剧文化。
2012.4.10	成都电视台	报道三颜色社团绘制"未来成都，和谐家园"二环路牛市口处艺术墙。
2012.4.18	四川电视台科教频道	报道我校社团家长开放日活动，采访教师、学生对尚美社团的认识、感受。
2012.6.6	《成都日报》	以"美的教育携手美的人生"为题介绍了我校二十年坚持"美育"，以及"尚美社团"的发展。
2012	《成都商报》《华西都市报》《品格周刊》	多次报道我校艺术教育特色、尚美社团活动。

表 3-18　校长作社团经验交流情况

时间	会议名称	交流情况
2012.4.20	四川省艺术特色学校现场会	以"美的教育，携手美的人生"为题目，把我校的艺术教育和办学特色与到会的来宾进行了分享。
2012.10.19	全国区域教育和谐发展研讨暨中国教育学会实验区工作会	以"尚美社团：满足学生多样化发展需求"为题，做了经验交流。

（4）尚美社团催化了"三位一体"教育合力

奇幻旅程社王佳琪的妈妈将"奇奇欢乐流动课堂"开到学校进行了"走进科学、畅想未来"的科普知识互动活动；呵哈音乐剧社许欣芸的妈妈将川剧锣鼓、变脸和中华武术巧妙融合，指导排演了《威风八面耀成华》。省科协、省科技馆、电子科技大学体育部、市书画学院、市棋院、川剧团等为社团活动提供了场地、资源、指导。

尚美社团破解了长期以来困扰学校教育"5＋2＝0"的尴尬局面，构建起了学校、家庭、社会"三位一体"的和谐教育网络，顺应了教育资源整合趋势，对构建社会教育诸元素与学校教育的整合方式及互动模式做出了富有创意和极具价值的探索。

反思：不在前行中蹒跚

三年实践与探索，确实也有一些困惑。

（1）社团发展参差不齐，如何实现社团辅导老师的优质、高效辅导，有待进一步探究。

（2）社团成果丰富多彩，但如何将其迁移、延伸到学科教学中，使学生的学习更具主动性、自主性、探究性、综合性，实现社团功能更大化，也需要努力探索。

（3）社团活动外出活动与职能部门的管理存在一定矛盾。新课标和上级主管部门要求学生多参加社会实践，但学生一旦需要走出校门，安全便成了首要考虑，导致主管部门审批手续烦琐而严格，使社团活动受到制约和影响，对此有待管理部门制订出合理、适度的配套措施。

（四）"课程建构"研究

"基于尚美的课程整合研究"成果简述①

1. 成果主要解决的问题

（1）通过厘清尚美素养的基本要素，进行聚焦尚美的课程整

---

① 本人主持此课题研究，其成果简述由教科室主任李春玲执笔。2017 年 7 月，获 2017 年成都市优秀教学成果评选三等奖；2017 年 11 月，获四川省教学成果二等奖。

合研究，建设具有学校特色的尚美整合课程体系。课程是学校贯彻办学理念和实现育人目标的载体。在培养适应社会需要的人才的前提下，如何延续我校"尚美"的办学特色，使"尚美教育"不断适应时代发展要求，使我们把目光聚焦到了课程上。唯有在充分利用既有成果的基础上，梳理出"尚美教育"核心培养目标，创建一套完整的"尚美"课程体系，才可能实现我校的尚美育人目标。

（2）通过"尚美整合课程"的开发，积累有效的经验，提升教师课程领导的意识和能力。

2. 成果主要内容

（1）理论性认识

①梳理了尚美的四个层次。

我们对课题核心概念进行了较为准确、全面的界定，理清了尚美、课程整合、尚美课程整合的相互关系，明确了我们的课程整合是在尚美素养之下的课程目标设定、课程结构与设置、课程实施与评价、课程管理与保障等要素的融合、渗透和互补。

我们针对课题，在理清了尚美的三个意识（价值、向往、追求）、三大能力（感知美、鉴赏美、追求美）、三维行动（形象美、语言美、行为美）的基础上，依据审美素养的要素，确定了我们对尚美素养的认识：尚美素养不仅是外在的，更是内在的；不仅靠感觉就能触及，还能在一些具体行为中渗透出来，尤其是通过尚美的能力表现出来。尚美的前提是求真向善。在求真向善的同时尚美，就可以达到万物和谐，进入美的最高境界。

②对课程整合有了更清晰的认识。

a.明确了国家、地方、校本三级课程的整合。国家课程是国家教育行政部门规定的统一课程，它体现了国家意志，是专门为未来公民接受基础教育之后所要实现的共同目标而开发的课程。它是一个国家基础教育课程计划框架的主体部分。地方课程是由省一级教育行政部门或其授权的教育部门根据当地的政治、经济、文化、民族等发展需要而开发的课程。它在充分利用地方教育资源、反映基础教育的地域特点、增强课程的地方适应性方面，有着重要价值。校本课程是以学校教师为主体，在具体实施国家课程和地方课程的前提下，通过对本校的学生的需求进行科学评估，充分利用当地社区和学校的课程资源，根据学校的办学思想而开发的多样性的、可供学生选择的课程。

这种自上而下的三级课程也普遍存在未形成整体推进和重复交叉的现象。因此我们站在课程实施对象和最终作用者——学生的角度上，将三级课程整合，妥善处理课程的统一性与多样性的关系。整合后，调整了国家课程在整个课程计划中的比重，在课程内容和课时安排上增加了一定的弹性，让地方和学校拥有更多的选择余地，为课程适应地方经济，文化发展的特殊性，以及满足学生个性发展的需要，体现学校办学的独特性，创造了良好的条件。

b.认识到课程建设要与学校文化、品牌整合。校本课程以学校为基础，以学校的教育哲学为办学理念，以地方和学校资源为主要依托，自然成为学校文化特色创建和传承的重要途径。我校多年的美的教育已经成为学校品牌，在研究过程中，始终坚持聚焦尚美进行整合。

经过四年研究，课题取得了令人满意的成果，提炼出尚美课程整合的策略，整体构建了我校尚美整合课程体系，开发出学科内、跨学科、超学科三类整合课程模式，建立了基于尚美的系列评价指标，形成了我校尚美整合课程的资源库。

（2）操作性成果

①探索出尚美课程的整合策略。

a.凌空鸟瞰策略。顶层设计统领着学校的课程整合研究。"居高而招，臂非加长也，而见者远。"

如鲲鹏展开翼翅翱翔在苍穹之上，再俯视大地及大地上的一切，其视角、聚焦点和开阔度都远比站在大地上的效果好得多。

学校顶层设计有：

办学理念——美漫生活、美润人生；

办学目标——办一所"用科学启迪智慧，用情感润泽心灵，用艺术陶冶情操"的小学；

教师发展目标——成为"有智慧、有理想、有对爱和美的追求"的教师；

学生培育目标——培育"求真、崇善、尚美"的人；

学校校训——爱相伴、美相随。

b. 垂直整合策略。即在学科的框架之内实现课程内容的整合。我们把与本学科内相关联的或是有联系的知识进行跨单元甚至是跨上下学期的整合，让学生在一个教学单元内学习本学科的相关知识，对学习内容、学习方式进行整合，让学生减少不必要的重复学习，对知识的掌握更加系统化，提升其学习质量和学习效率。

以语文教材为例，我校语文组教师通过对现行教材的系统把握，打破原有上下学期的界线，结合学生年段特点，挖掘其中美育点，将课文重新进行主题式的统整，从而形成阶梯形、发展式的尚美教育。

c. 交叉整合策略。将两门相关的学科的某些主题安排在同一时间教学，而把建立两门平行学科之间的关联的责任交给学生。我们打破学科壁垒，尝试挖掘学科内容之间的共性，寻找两者之间的美育共同点，抓住原本平行的不同学科的情感态度价值观、知识技能的交叉点进行整合或融合。

d. 立体整合策略。围绕一个共同的主题将多个相关学科整合在一个单元里；或从学生所在的学校环境、学生生活世界为内容展开学习设计，由一个完全保持学科的界限的设计，到没有任何学科界限的立体整合设计。

②建构起"尚美整合课程"体系。课程体系是指在一定的教育价值理念指导下，将课程的各个构成要素加以排列组合，使各个课程要素在动态过程中统一指向课程体系目标实现的系统。课程体系是实现培养目标的载体，是保障和提高教育质量的关键。

a. 尚美整合课程的框架（见图3-8）：

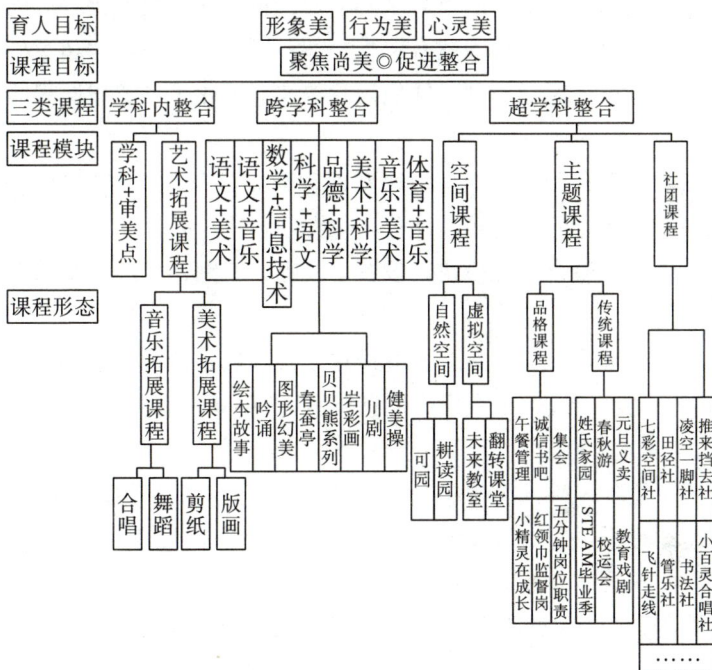

图3-8　尚美整合课程框架

尚美整合课程的育人目标的界定。我们坚持了二十余年的美的教育决定了培养形象美、行为美、心灵美的孩子是我们整合课程的最终目标。

尚美整合课程的课程目标的确立。尚美具有影响、辐射的功能。学校的"尚美"，首先是教师的"尚美"。教师"尚美"了，他才有可能促进学生"尚美"。教师、学生都"尚美"了，他们才可以影响到社会，促进全社会"尚美"。全社会尚美了，又会反作用于个体的进一步尚美，推动每个人的持续尚美发展。尚美是师生生命发展的最高境界。因此本课题研究的整合课程是聚焦尚美的整合。

三类尚美整合课程的架构。有了这样明确的育人目标和课程目标，我们在大量查阅资料基础上，选择了大多数人比较认同的提法，构建了"学科内整合课程""跨学科整合课程""超学科整合课程"三大课程类型，并根据我校实际具化了各类型课程的涵盖内容。

尚美整合课程的课程模块和课程形态的落地。课程模块一：聚焦审美视点的学科拓展课程，包含"学科＋审美点"和"艺术拓展课程"整合课程模块，设置了合唱、舞蹈、剪纸、版画等整合课程。

课程模块二：交叉融合的跨双学科课程，包含了"语文＋美术""语文＋音乐""数学＋信息技术""科学＋语文""品德＋语文""美术＋科学""音乐＋美术""体育＋音乐"整合课程模块，设置了绘本、吟诵、岩彩画、川剧艺术、健美操等整合课程。

课程模块三：活动渗透的跨领域课程，包含了"空间课程"——自然空间与虚拟空间；"主题课程"——品格课程与传统课程；"社团课程"等整合课程模块，设置了可园、耕读园、未来教室、小精灵在成长、姓氏家园、STEAM毕业季、七彩空间社、飞针走线社等20多个整合课程。

b. 梳理出尚美整合课程的三大基本模式。课程是最能够发挥学校育人功能的重要载体。课程整合就是要通过构建适合我校师生尚美发展的校本化课程系统，实现我校办学理念、育人目标与课程整合的路径、方法、内容进行点对点的对接，实现尚美在课程学习中的载体化、有效化、增值化。

学科内整合课程练内功。依据学科特点，挖掘国家课程、地方课程中的美育因素，探寻教学内容的内在联系，进行学科内的整合，促进学生尚美成长，在学科文化中构筑尚美，学科内整合课程见表3-19。

表3-19 学科内整合课程（以五年级语文主题式阅读为例）

课程名称	课程介绍	课程目标
学科+审美点		
五年级语文主题式阅读	36课时，利用语文课和阅读课授课。学生在教师的指导下，在课堂教学中，围绕某一主题展开的阅读活动。它以教学主题为核心，在整合教材内容与课外课程资源的基础上，充分重视个体经验，通过多个文本间的碰撞交融，实现课程主题意义建构的一种开放性的语文阅读立体教学。	1. 通过主题式的群文阅读培养学生的阅读能力。 2. 感受杰奎琳一家、海娃等在危急时刻表现出的机智勇敢和崇高的英雄主义精神。学习抓住人物描写理解人物的思想感情。 3. 通过课文及多项活动，带学生领略平时不大可能看到的奇观，体会大自然的神奇，感受祖国江山河的壮丽景色，练习编写阅读提纲。 4. 引导学生了解真诚给人们带来的喜悦，学习尊重他人，相互信任，以真诚的态度对待别人。

学科+审美点，感受学科内涵美。

语文之美：故事之美，语言之美，韵味之美，风骨之美等。语文教学中渗透尚美的措施——尊重个性差异，形成独特感受；捕捉具体材料，获得丰富美感；课堂与生活联系，获得形象美感；渗透发展观念，获得辩证的美化。语文教师的审美素养包括语文教师优美的教学语言，较强的审美感知能力，深刻的理解美、鉴赏美的能力，审美想象力和审美创造力，丰富、细腻、深刻的情感，"美读"能力，营造审美教育氛围的能力。

科学之美：其主体成分是理性美，与人的认识、人类心灵深处的渴望在本质上有所吻合，是通过科学的理想化、抽象化，以概念、定理、公式等方式显示出来的。

艺术拓展课程，勾连学科互通美。

小学艺术学科注重培养学生的人文精神和审美能力，现多以小单元内容主题构建教学内容，但从艺术表现形式、手法的安排来看又比较分散，经常在各年龄段的学习中都会有那么两三个课时学习。教师在一节课中要考虑认知、技能、创造和情感等目标，还要力求复习旧知、讲授新课、教师示范、启发引导、学生练习、小组评价等环节面面俱到，往往会感觉时间不够用，从而简单讲解，粗糙示范。这样的教学方式，创新和突破的空间很小，很多教学环节流于形式。例如对合唱、剪纸这些艺术形式的欣赏、都应该是在不同年级反复学习的，因此我校音乐老师、美术老师重新梳理1~6年级教材，重新整理、充实、编排合唱、舞蹈、剪纸、版画课程，每学期统一时段，集中教学，打破原有的学期界限，进行学科内的垂直整合。

文化层面整合，尽展学科内涵美。

基于学科文化及其反思，校长和省特级教师李老师针对长期以来语文教育在形式、内容和具体方法上的种种弊端，经过多年思考、反复论证、不断实践，提出了"交际语境下的语文教育"这一概念，并构建出基本理论框架，完成了专著《交际语境下的语文教育》，已由四川人民出版社正式出版发行，为广大语文教师拓展了语文教育新的视角和创新的空间。

跨学科整合课程淬钢火。

在学科教学基础上进行延伸、组合、开发，形成具有我校优势的跨学科整合课程，打造"学科＋学科"研究亮点，从而助推学生尚美，使跨学科学习成为有持续教育恒力的尚美孕育场。我们尝试打破泾渭分明的学科间界限，整合不同学科内容，根据学生身心发展特点及学科属性，学习规律，用迁移的方法，整合出五大领域：品德与生命、语言与人文、数学与科学、体育与健康、艺术与活动。通过寻找每个领域内原有学科课程间的共通之处进行统整与勾连，形成跨学科的整合，为学生提供更丰富的教育情境，跨学科整合课程见表 3-20。

表 3-20　跨学科整合课程（以"美术＋科学"为例）

课程名称		课程介绍	课程目标
美术＋科学	岩彩画	每周 1 课时，共 18 课时。课程围绕岩彩画由浅入深进行学习，第一次将岩彩画带入到小学生美术课堂，学习岩彩画作画的基本方法和技巧。并选择适合小学生特点的题材进行创作，培养学生学习岩彩的兴趣。	1. 通过学习，认识岩彩画，了解其历史和起源。 2. 欣赏岩彩画美术作品，感受岩彩画独特的美感。 3. 在完成岩彩画创作过程中丰富学生的科学素养和创新能力，激发学生的探究兴趣、培养相互协作的能力。

基于师生共读共写共说的"语文＋……"整合课程。

小学阶段的孩子爱听故事、爱看图片，"儿童绘本"恰巧具有丰富的视觉性和故事性，符合他们的心理特点和审美习惯，通过绘本中斑斓的色彩、感人的形象、丰富的故事情节进行教学，能够更好地帮助学生进行审美体验和审美创造。学生从"读画"开始，借助"儿童绘本"图文结合的形式，在展示绘本中图片的同时，为学生讲述其中的故事，让学生在听故事的过程中逐渐学会文字语言与视觉语言的相互转换，提高学生语文阅读理解能力。

一年级品德与生活老师根据孩子兴趣开发了《贝贝熊系列》绘本课程，带领学生走进贝贝熊的生活，学习良好行为习惯的养成。精彩的故事，精美的图画让孩子很感兴趣。

基于信息技术的"数学＋……"整合课程。

我们借助未来教室这个平台，引入"翻转课堂"的理念，将数学学科与美术相整合，形成了以"空间与图形"单元版块为内容的"图形幻美"课程。教学"轴对称图形"时，数学老师与美术老师沟通，在课前请美术老师先上一节美术课"四方连续图案"，通过美术课的学习及动手操作，形象感知轴对称图形的特点及美感，为数学知识的教学积累感性经验，取得了较好的教学效果。在学习这部分内容前布置孩子通过学习软件"天天练"上的微课教学先进行自主学习，并记录下自己不懂的地方，课堂上老师对教学重难点和孩子们的疑惑之处有针对性地讲解，提升教学效果。

基于艺术表现的"艺术+……"整合课程。

学校艺术教育是对学生进行审美教育的主阵地。我们认为美术是流动的音乐，音乐是流动的画面，两者紧密相连。音乐和美术的整合，通过多感官、多渠道、多视角、多元化的学习，培养学生多种能力，挖掘学生的情感潜能，帮助学生更好地理解美术作品，进而发展学生的美术联想与创造能力。比如，我们在开发彝族文化课程时，把音乐教学融入其中。如在感受彝族服饰及手工艺品的独特风情时欣赏音乐《彝家娃娃真幸福》，熟悉彝族音乐的特点；同时唱一唱，了解彝族服饰中的白衣白帽、银项链。在走近大凉山的彝族火把节的活动中，让孩子们唱唱歌，听音乐《七月的火把节》并了解阮是我国民族弹拨乐器中很有特点的一种。听着音乐，孩子们欢快地模仿乐器阮的演奏。通过两个学科的整合，学生发现艺术是相通的，但表现方式是多元的，教师要鼓励他们积极地寻找各自不同的表现形式。

基于探究性学习的"科学+……"整合课程。

三年级科学课有养蚕的实践活动，每年三四月，三年级孩子们异常兴奋，其他年级学生也极为羡慕，时不时还会影响其他教育、教学活动。而养蚕过程中要填写观察记录，这对个别不爱动笔的孩子来说又是一道难题。科学老师不得不求助于班主任、语文教师，以期将科学观察日志落实。科学教育要关注对大自然情感的培养，课程要求教师鼓励孩子乐于投身自然，用敏锐的感官观察、发现自然界的奥秘。养蚕活动能让学生认识生命的神奇与伟大，感受到生命在大自然中孕育与存活的艰难。可以引领学生在课外进行有目的的、系统的、持久的观察和实验，提升学生的科学探究能力，他们用观察、测量、记录等各种方法进行研究，不断发现、分析、研究、解决问题。"春蚕季"课程深受学生和家长欢迎，他们认为这个课程增强了亲子沟通。

超学科整合课程展奇效。学校将原有的尚美育人研究路径、方法、成果进行优化重组，紧密结合学校实际，合理借用家长资源、社区资源，针对某些热点问题、焦点问题进行探索、研究。围绕课程目标的形美、行美、心美三个大类，通过环境课程、主题课程、社团课程进行超出学科界限，联系学生生活、学习环境，跨越不同领域的立体的大整合，从而形成我校的特色课程，催化我校学生涵育有尚美特质的多彩童年，为他们的尚美人生奠基铺路，彰显尚美的功效，超学科整合课程见表3-21。

表3-21　超学科整合课程（以品格课程为例）

课程名称	课程介绍	课程目标
主题课程		
品格课程	30课时，该课程主要融合"美浸生活，美润人生"的办学理念，结合诚信书吧、午餐管理、集合、岗位清洁的课外教学活动，在轻松活泼、主动学习的氛围中，培养学生专注、诚信的优良品质，建立孩子的规则意识，激励自主学习的能力，让诚信、专注、规则的种子落在孩子心间，绽放在行动中。	1. 通过诚信书吧、五分钟岗位清洁、小精灵在成长、集会等课程的学习，扩大了知识面。 2. 感受规则的重要性，学会了如何诚信做，养成了专注习惯。 3. 培养孩子文明就餐、遵守纪律、热爱劳动的品质，成为形象美、行为美、心灵美的小学生。

构建全方位的空间课程。

空间课程之"自然空间"。学生是环境的主人。我校的环境建设，将学生放在第一位，重视环境与学生的交互性，学生既是环境的创建者，也是环境的享用者，达到彰显学生主体性的目的。学校走廊、楼道的书画装饰，分主题的布局，均由各年级学生负责。作品来源于学生自荐佳作，强调个体的最佳，不强调整体的最佳，每个孩子的作品都有机会展示。布展、更换、日常维护等均由学生负责。为了欢迎来自各地的叔叔阿姨，他们使出了浑身解数，选择了自己最好的作品呈现给大家。校门口的水族箱、学校南墙边的耕读园等，都能为学生互动提供环境。学校的"成长之门""美语墙""华夏之门""五彩鱼缸"等都传递着尚美因子，体现着我们尚美文化的特色。总之，为了学生，为了成就学生，我们坚持着，努力着……

空间课程之"虚拟空间"（见图3-9）。

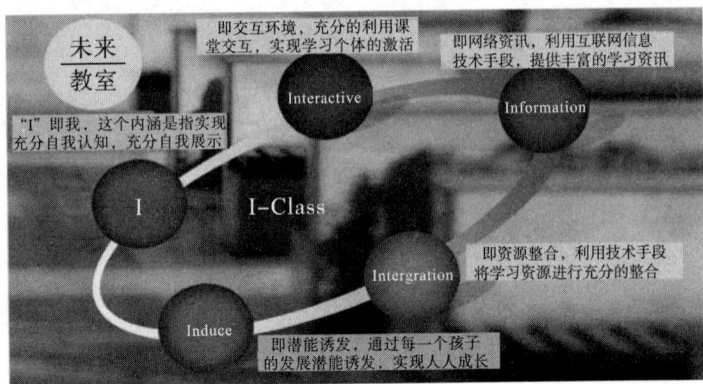

图3-9 空间课程之"虚拟空间"

四年来，我们借助"未来教室"尝试重构学习新空间。教育就是为了人、成就人；学校教育不仅要关注学生的今天，更要着眼于学生的未来。关注"人"的教育才是尚美的教育，关注学生长远发展的教育才能促进学生尚美能力及素养的形成。我们依托现代信息技术手段，充分整合多元教育资源，开始了"重构学习新空间"的探索。我们以"凸显学生的主体性，培育学生的现代性"为改革目标，基于技术，超越技术，"用'未来教室'引发新经验""在尚美学堂实践新主张"，从而转变了教师的学生观，彰显了育人尚美价值追求。结合人本教育理论、意义构建学习理论、合作学习等现代学习理论，学校提出了"5 I-Class"模型。

打造综合的主题课程。

主题课程之"品格课程"。我们抓人格教育、品格教育，从小事做起，从身边做起。具体地说，我们抓住文明就餐、5 分钟岗位清洁制、班级制值周等方面，启动了我校学生自主管理的德育课程系列。这是基于学校办学品质的追求——自信源于品质；是基于解放班主任和确保学生安全——机制保障运行；是基于学生良好行为习惯的养成——细节不可小视（行为习惯逐渐会影响思维方式、为人处世）而为之的。我们还就个性化学习、友善公约、专注学习、文明入厕、岗位清洁、洁具摆放等做了细致说明与要求，利用诚信书吧、耕读园、姓氏家园、尚美小厅、民风堂以及大课间、眼保健操等，对学生进行德育系列课程建设，促进我校孩子的行为更加规范，表现出"爱相伴，美相随"的校园风貌。

主题课程之"传统课程"。学校梳理了成都本土比较典型的民俗文化区域，在春秋游的活动中，让各年级学生走出校园，走进家乡，民俗文化游课程见表 3-22。

表 3-22　民俗文化游课程

年级	参观地点
一年级	防震减灾馆
二年级	非物质文化遗产博览园
三年级	杜甫草堂

年级	参观地点
四年级	武侯祠
五年级	川菜博物馆
六年级	建川博物馆

重组优质的社团课程。

尚美社团能够在兴趣上满足学生个体需要，使学生爱上实践、爱上探索、爱上创造，心理上产生愉悦感；能够发掘学生潜能，催生其特长发展，享受成长的快乐；能够为学生的参与提供载体，使学生在活动中感受，在参与中感悟，分享参与的满足感；能够大胆实践，亲身体验，在体验中获得升华，品尝身在其中的美味；能够饱尝自我实现的甘醇，达到美的境界，乐享辛苦之后的成功。这些，都催生了学生个体的尚美发展。为提升社团质量，均衡优秀教育资源，以尚美为特色，我们在原有社团发展的前提下，由"百团大战"逐渐向"精品社团"过渡。

③组织尚美整合课程的实施。

a.学科内聚焦目标，重组教材。新课程设置在内容及教材编排方式上，给教师提供了广阔的创造空间，但学校的不同年段的教师往往只关注自己学段的教学内容，忽视了不同学段对同一内容的不同目标，以及这一教学内容在各学段之间的关系，这样容易导致教师割裂系统的知识目标，不利于教学的系统性、完整性和延续性，为此我们整理了同一目标下的课程理念（见表3-23）。

表 3-23　同一目标下的课程理念

年级	单元主题	课文题目
一年级感受美（发现）	自然之美	课内：《热带鱼》《冬天是个魔术师》《春天的手》《小山村》 课外：《金鱼》《假如我是一片雪花》《秋姑姑》《我爱家乡的小河》
	心灵之美	课内：《东东读课文》《特别的作业》《快乐的小公鸡》《丁丁和牵牛花》 课外：《老人种苹果》《别踩了这朵花》《香蝴蝶》《丽丽真好》
	科学之美	课内：《一粒种子》《数星星的孩子》《问银河》《一首唱不完的歌》 课外：《春笋》《太阳，你是粉刷匠吗》《海上的风》《小池塘》
	社会之美	课内：《元宵节》《看花灯》《水乡歌》《纪念》 课外：《美丽的小路》《草原的早晨》《闹花灯》《我真希望》
二年级感受美（关注）	山水之美	课内：《山寨》《美丽的武夷山》《华山》《瀑布》 课外：《望天门山》《黄山奇石》《泉水》《桂林山水》
	努力之美	课内：《王冕学画》《女娲补天》《上天的蚂蚁》《第一个小板凳》 课外：《用脚画画儿的杜兹纳》《徐悲鸿立志学画》《青蛙看海》《两颗种子》
	诚信之美	课内：《手捧空花盆的孩子》《可爱的娃娃》《我必须去》《小山羊和小灰兔》 课外：《一诺千金》《宋濂的故事》《晏殊诚实守信》《诚实的科学家》
	探索之美	课内：《苹果落地》《我的影子》《不懂就问》《字典大楼》 课外：《我想弄明白》《童年的问号》《疑问》《帕斯卡"玩水"》

语文学科整合——打破界限，梳理统整。

通过实践，我们发现这样整合可以突破以往无法兼顾其他版本教材的局限，改变常规的 40 分钟一节课的固定课时，并按统一教材设定教学内容与教学进度的课程实施方式。

b. 跨学科交叉融合，完善单元。当今时代，单科演进的学科发展模式已难以维系，所研究的对象越来越趋向于具有实际价值的综合性问题，依靠多学科、多领域来共同协作研究某一课题成为当代学科的主要特点。学科教学整合所体现的社会价值，是学科发展的结果，也是社会进步的体现。我们结合学生生活经验和成长环境，打破学科壁垒，尝试挖掘学科内容之间的共性，将不同学科的知识技能进行整合或融合。

c.超学科活动渗透，提升素养。

打破格局，融入生活。在我校，学生的思想可以是"自由活跃"的，但行为和习惯必须是"规范严谨"的。围绕这一思路，我们从德育处牵头，开发出学校的系列"品格养成课程"。

案例1：岗位清洁。每班制订岗位清洁表，含岗位（在哪里）、岗位学生姓名、岗位标准（做成什么样）、清洁要求（怎么做）、备注（注意些什么）；全班学生同时行动，早上、中午、下午各5分钟。

案例2：文明就餐。结合午餐的实际情况引导全体教师、孩子共同探讨、修改，形成了《成华小学文明就餐公约》，编制就餐流程，使每位师生都非常明确就餐时的环节和标准，成华小学文明就餐流程见图3-10。

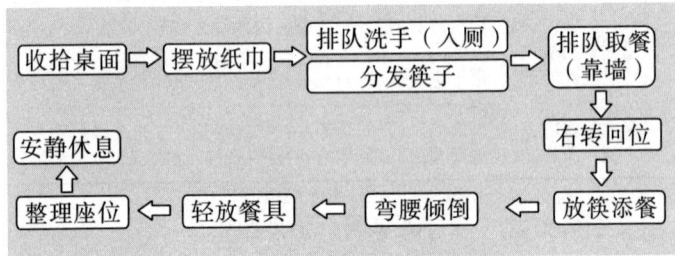

图3-10 成华小学文明就餐流程

儿歌版"就餐流程"

1. 餐前洗手，准备纸巾；

2. 排队打饭，距离是美；

3. 依次行时，小心碰撞；

4. 盛饭有度，浪费可耻；

5. 吃饭不语，纸放残渣；

6. 添饭加菜，不带筷子；

7. 边走边吃，有失礼仪；

8. 食物残渣，弯腰倾倒；

9. 归还碗筷，分类轻放；

10. 擦净桌椅，捡拾垃圾；

11. 铃响之前，不出教室；

12. 铃响之后，文明休息。

案例3：生命主题课程的成功实施让老师们尝到了主题课程的甜头，他们发现各学科协同推进，以统一的主题、问题、概念、基本学习内容连接不同学科，能使学生在此过程中建立系统的思维方式，体验知识之间的联系，进而向社会延伸，提升学生审美素养，为学生提供更为完整的教育情境。继而以德育课程"耕读园"为主，整合语文、科学、品德、美术等学科开展"劳动"主题课程。"耕读园"源自"耕为本务，读可荣身"，意在使城市的孩子别忘了劳动的快乐。以美术为主，整合了数学、语文、体育、信息技术等学科的剪纸主题课程；以体育为主，整合了品德、生命生活与安全、音乐、美术、语文、数学等学科的运动主题课程也应运而生。

文化传承，民俗风情。我校是"全国首批中小学优秀文化艺术传承学校"，"优秀传统课程"既是对民族文化、地方文化和历史的传承，也是"学科课程"的补充和延展。

百花齐放，形式丰富。目前，我校尚美社团已成为学校课程体系中的一个重要组成部分。它的构建及发展打破了学科间的壁垒，以学科与生活的方式实现了课程的整合。这不仅是一种组织课程内容的方法，还是一种课程设计的理论以及与其相关的重要教育理念。它在某种程度上有效地融入了经验的整合、知识的整合、社会的整合和课程的整合，从而关注学生的发展，改变教师和学生的生活质量和教学状态，让孩子们在优美的认知内容、积极的情绪体验和丰富多彩的实践活动中获得知识、端正态度、激发情感、培养正确价值观及提高能力，实现生命过程的积极向上。

营造环境，参与体验。前面已经提到，我们的课程核心是"人"，要"基于人，成就人"，这里面包含着学校全体教职工和全体学生。

环境建设。指导思想：在"美浸生活，美润人生"的办学理念指引下，我们坚持学校"空间"要有生命气息和成长性，要让每个人真切地触摸到自己生命成长的痕迹。

实施原则：学校空间课程建设坚持以"全员卷入，人人参与"为原则，以"一区域一风格，一楼层一特色"为指南，全校（两校区）700余幅作品分类分层呈现（见表3-24）。

表3-24　全校（两校区）700余幅作品分类分层呈现

1号楼梯	2号楼梯	3号楼梯	4号楼梯	5楼：彝族风情画
素描	岩彩画	创意画	剪纸	4楼：版画
				3楼：水墨画＋版画
				2楼：绘本故事画
				1楼：剪贴画

我校校园环境呈现特征如下：

一是众多元素和细节都旨在传承中华民族的优秀文化艺术；

二是坚持运用本校师生原创的艺术作品。

三是拓展创新表现形式，分层定位、分类设计和实施。

分层定位：关注形色—吸引人—彰显个性价值；

赋予精神—打动人—彰显生命价值；

引经据典—感染人—彰显文化价值；

精雕细刻—熏陶人—彰显艺术价值；

互动体验—贴近人—彰显教育价值。

目前两校区美育主题场馆已有13个。这些不同场馆在设定上结合了位置特点、结构层次清晰、功效差异分明，师生走在校园任何一处，都能潜移默化地受到艺术熏陶。

分类设计和实施：道路类（一年级小路、楼道作品坊）、橱窗类（可园、川剧廊）、标识类（楼道标识、如厕提示）、雕塑类（华夏龙、乐器雕塑）、景观类（56米艺术墙、青花木刻墙）、门厅类（大厅、川剧厅）、廊馆类（民风堂、舞蹈服饰馆）、楼墙类（五彩琴键、手绘餐厅、百家姓氏）、展演类（管乐厅、秀美舞台、学术厅）、体验类（耕读园、诚信书吧）。

活动渗透。有了美好的校园环境，我们还主张全体师生都要卷入到活动中，亲自参与、体验，把对爱和美的感受不断进行传播、不断影响他人。

由全校学生参与，自愿录制的"校园景点语音介绍"正紧锣密鼓地在学校微信公众号上线；2016年教师节，学校"首届四可杯书画摄影展"在可园举办，共计展出我校职工、家长、社区街道友好单位自愿选送的作品近两百幅；每年元旦，"迎新爱心义卖场"在全校如火如荼开展，各班师生、家长纷纷参与，从前期的策划、准备到最后的实施，基本能做到亲力亲为，也从中收获了关爱他人、奉献爱心的美好品质。

校园呈现出的这些美的形态，每一条路、每一面墙、每一扇门窗、每一尊雕塑、每一处景观都处在会说话的文化生态和教育生态环境中，正是"基于人，服务人"的表现。我们力求让校园环境最大限度地启迪师生对美的敏感、对生活的热爱，激发他们树立自信，拓展视野，让师生对美的追求不断延伸。

④完善尚美整合课程的评价。

课程评价是课程管理非常重要的一个环节，是衡量教育目标设置与达成，提高教学质量的重要因素，也是课程改革的一个重要方面。当前，我国基础教育课程评价存在评价对象窄化、评价主体单一、评价方法单调、评价目标过于量化等问题。只有扩大评价对象，形成以教师为土的多方面参与的评价主体，运用多样化的评价方法，同时让评价目标摆脱过于量化现状，形成教育教学管理制度的完善与创新，才能客观科学地对我国基础教育课程进行评价（见表3-25）。

表3-25　成华小学教育教学管理制度的完善与创新

制度类型	名称
教学管理类9条	《成华小学教学常规》《成华小学尚美学堂评价表》《成华小学学业质量分析制度》《成华小学行政听课会诊制度》《成华小学巡课制度》《成华小学候课制度》《成华小学质量预警制度》《成华小学全科听课制度》《成华小学班级任课教师调配制度》
教师专业化发展类7条	《成华小学驱动非主动参与学生的课堂教学与策略》《成华小学尚美教师专业自主发展目标》《成华小学最具影响力班主任和学科教师评选方案》《成华小学"一人一标"学业质量考核管理制度》《成华小学一年级教师培训课程》《成华小学新进教师成长课程》《成华小学毕业班教师培训课程》
团队教研水平类4条	《成华小学课堂教学"五法"》《成华小学教师观课"五要"》《成华小学教研组"三轮流"团队建设与考评制度》《成华小学毕业班后期工作管理制度》
学习习惯及兴趣培养类4条	《成华小学学生尚美发展评价三级指标》《成华小学课堂常规训练课程》《成华小学班级晨读自主管理制度》《成华小学班级候课自主管理制度》

a. 评价多元，引领方向，服务学生。

《尚美学堂评价表》——找准行为路径。我们实施了"在1间'未来教室'破坚冰，在56间普通教室求发展"的策略，利用"未来教室"的新经验，形成了"尚美学堂"的新主张，让每位教师去践行。我们的主张是：

学生学习是课堂的核心，教师要想方设法将学生卷入到学习活动中；

教师对所教课程性质的理解程度，是影响这门学科教育的重要因素；

对学生的学习、生理的了解，是影响教学关键因素；

对技术交互性的使用，是拓展学习空间的抓手；

对教育的理解，是创生民主和谐课堂文化的基石。

在一系列研究行动中，我们不仅关注学生学习发展的物理空间，也关注心理空间，各学科常态课更加关注"凸显学生主体性，培育学生现代性"。

为了将在"未来教室"的成果发扬光大，我们研制出了《尚美学堂评价表》，对老师进行方向引领和行为规范。从学生学习、课程性质、学生学习指导和课堂学习文化四个维度进行观察，将技术使用的交互性放置于学生学习指导维度中。其中，比重占60％的"学生学习"维度，特别关注学生学习的时间，要求为学生提供20分钟以上的自主、合作学习时间；每节课根据学科特点，学生们要有5种以上的学习方式；学生学习的参与面应达到95％以上；能看见学生的思维水平逐渐提高。在"课堂学习文化"维度，我们十分关注师生地位平等、公平对待学生和开放学习环境三个指标，意在引领老师做学生学习的组织者、参与者。这些指标，都指向了"新空间"，指向了"学习者"，突出了主体性。

教师参与试卷命制——历练行为方式。在尚美核心素养之课程整合理念指引下，我们启动了课程资源研究之试卷命制工作。意图是通过让老师们参与试卷命制工作，进而改变传统的"教教材""教课文"做法，而代之以树立课程意识，强化整合理念，落实尚美核心素养与课程整合的对接，实现我校的课题研究有所突破。大家在学校统一要求下，命制试卷突出了结合尚美、整合特点，指向尚美的三大功能。例如：二年级数学期末监测卷上有这样一道题：请你把学过的图形（三角形、正方形、长方形、圆等）任意组合起来，组成你喜爱的动物的样子，并涂上颜色。这样的题目不仅测试了学生对图形的感知力，史促进了学生创造美的能力。看似简单的试卷命制工作，其实是在历练老师们围绕尚美、突出课程整合的理念转变，实践着为学生的终身发展服务的思想。

《学生尚美发展评价指标》——转变评价方向。倡导"习惯比兴趣比知识更重要，自信比能力更关键"的理念，"聚焦尚美核心素养，关注学生尚美成长"的基本宗旨，实施课程整合后的学生发展评价改革，初步拟订了《学生尚美发展评价指标》的三级指标，以变革评价方式，改革评价方法。评价主体既包括学生本人，也包括同学、老师、家长，他们从不同视角进行评价，形成全方位、立体化的评价。以必修课＋选修课的等级考核制代替先前的分数制；废除"一考定终生"的做法，加强过程评价，关注学习活动中的情感、态度、价值观；以学生本人纵向发展情况作为"定性评价"的依据，将班级横向"定量评价"模糊化，促进学生的自我成长。

b.制度建设，指导方法，保障效果。为保障和促进学科课程的有效实施，我们建立完善了一系列制度，并梳理、提炼方法，促进教师队伍课程能力提升。

⑤建设尚美整合课程的资源库。四年来，我们开发了三大类近四十个整合课程，在实施过程中不断增减、修改、完善，并编写了学科内整合、跨学科整合、超学科整合三类七本课程用书，形成了学校尚美整合课程资源，自编整合教材见图3-11。

图3-11　自编整合教材一览

3.　成果的教育教学改革效益及社会影响

（1）基于尚美的课程整合促进了学生多样化发展

①学生不再当听众——学习方式变化了。

a.课程整合促进学生实现个性化学习。在我们的尚美整合课堂里，学生的表现是："我要学"，学习是自己的事，"我要对自己的学习负责"；"我能学"，对学习充满信心，饱含热情，不仅关注老师对自己的"授予"，更关注自我发展目标、阶段学习规划和任务、课堂学习方式、自主学习经验集成，掌握基本的学习方法，形成基本的学习能力；"我会学"，善于从老师的指点、引导中获取学习的方式、技巧、能力，做到自我管理、自我调控、自我矫正、自我评价相结合，促进了个性化、可持续发展。

b.课程整合促进学生实现深度学习见图 3-12。

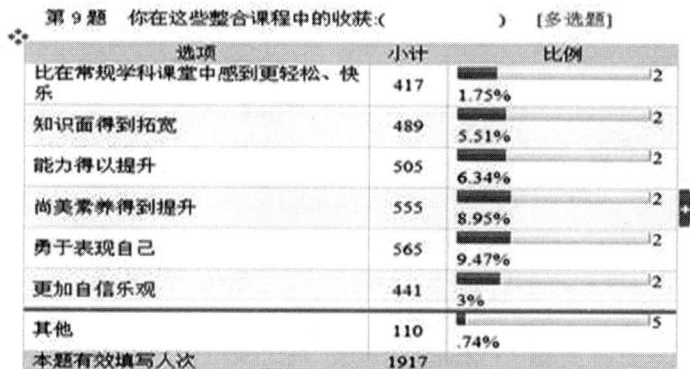

图 3-12　课程整合网上问卷截图之一

c. 课程整合促进学生实现探究性学习。

我校"未来教室"不仅能够变"天涯"为"咫尺",变抽象为具体,变呆板为生动,还能够很好地支持学生去探索和发现,使学生通过各种情境感知能力,支持学习活动向课堂外延伸。其强大的信息功能,还能拓宽师生的视野,也能破解学生能力的培养、学习效率的提高、学习负担的减轻、学习兴趣的提升等制约教育发展的难题。

d. 课程整合促进学生实现情境性学习(见图 3-13)。

第 5 题　你参加过的超学科整合课程有:(　　　)[多选题]

选项	小计	比例
自然空间课程(可园、耕读园)	526	27.44%
虚拟空间课程(未来教室翻转课堂)	603	31.46%
品格课程(午餐管理、岗位职责、诚信书吧……)	662	34.53%
传统课程(春秋游、元旦义卖、校运会、毕业季……)	714	37.25%
社团课程(管乐社、合唱社、足球社、篮球赛、书法社……)	454	23.68%
本题有效填写人次	1917	

分析: 数据显示,学生参与超学科整合课程的情况:27.44%的学生参加过自然空间课程,31.46%的学生参加过虚拟空间课程,34.53%的学生参加过品格课程,37.25%的学生参加过传统课程,23.68%的学生参加过社团课程。这说明,学校开展超学科课程涉及了学校的自然和虚拟学习空间,让学校乃至与学习有关的一砖一瓦、一草一木都渗透进了学生的学习过程中,他们在生活中和活动中展开了丰富多彩的体验式学习。

图 3-13　课程整合网上问卷截图之二

②学生不再唯分数——尚美素养提升了。

a. 有了一对发现美的眼睛。在四年的研究中,我校各学科教师不断深挖教材,开发课程资源,着力培养和提高学生感受美的能力。例如在语文教学中通过"引导朗读领悟意境美;巧用插图感受形象美；品尝词句鉴赏文字美；利用板书展示结构美；启发想象体味整体美"等方式来不断渗透美，培养学生发现美的能力。学校的艺术教育，涉及剪纸艺术、版画、撕贴画、管乐、合唱、舞蹈、足球等二十多种特色项目，也在发展学生个体的审美感受力。

b.有了一双创造美的巧手。我校的走廊、楼道的书画装饰，分主题的布局，均由各年级学生负责。700余幅作品全部来源于我校师生，每个孩子的作品都有展示机会。学校水族馆、耕读园、校服等事物的设计与最终确定都是由学生自己投票决定的。

c.有了一个身心美的形象。学生用《尚美发展评价指标》来约束自己的行为，努力做到"诚于中而行于外，慧于心而秀于言"，把内在的道德品质和外在的行为美有机地统一起来，带给自己和别人和谐之美，展现自己活泼率真的本色，充分展示自己蓬勃向上的活力和行为美的阳光形象。

四年来，我校学生在各级各类活动中成绩斐然。我校的管乐、游泳、美术在四川省、成都市团体比赛、展演中多次荣获一等奖；学生个人在科技、艺术、体育、书法等项目的比赛中获奖更是多达千余人次（见图3-14）。

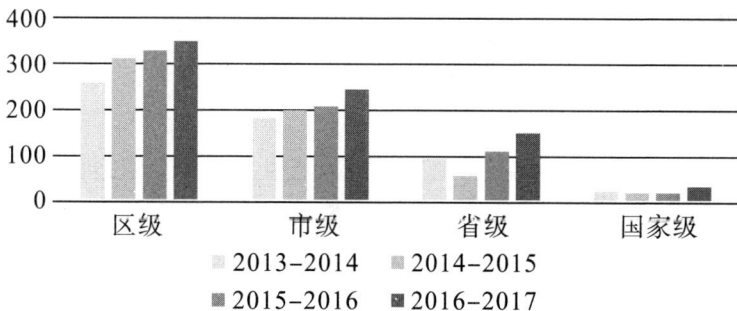

图3-14 2013—2017年学生获奖情况一览

（2）尚美整合课程转变了教师行为

①教师课程意识的变化。我们的教师逐渐树立课程意识，不单是教者，还成为编者，创设更加鲜活生动、更加符合学生实际情况的问题情境，去组织处理教学。有的语文老师将吟诵引入课堂；有的美术老师将民间剪纸艺术纳入小学美术课中；有的音乐老师将川剧唱腔、锣鼓带到音乐课中，等等。我校校长和特级教师李建荣联袂大胆提出了语文教学重"交际语境"的理念，梳理出了"五步阅读教学法"和"四步作文教学法"的基本思路，出版了《交际语境下的语文教育》专著，且获得四川省专著评审一等奖。

a.我们的老师有意识地用活教材，主要表现在明确了以下三种关系。

教材思路≠教学思路；

教材内容≠教学内容；

活用教材≠更换内容。

创造性地活用教材。"耕读园"可以说是我校一道独特、靓丽的风景——每到周末或节假日，家长在向学校申请后，三三两两地领着孩子、拿着劳动工具、带着自己喜欢的农作物种（苗）来到学校特意打造出来的耕读园中，与孩子一起动手松土、锄草、播种、施肥、插竿、打围等，在劳动中体验，在劳动中感悟，在劳动中收获，在劳动中畅想，真不愧"既耕亦已种，时还读我书""耕为本务，读可荣身"矣！

课程在我们的活动中。德育系列活动，也不得不说是我们的课程整合之实践的产物，最典型的要数文明就餐了，这一德育课程强化了学生的自我管理，收到非常好的效果。

如此一系列课程，确立了学生尚美发展目标和人生价值追求，是基于尚美的课程整合的有效证明。

②教师关注点的变化。

a.关注"真正的学习是如何发生的"。在全校组织学习佐藤学先生的《课程整合——课堂教学新变局》《静悄悄的革命》《人是如何学习的》等书后，我们老师的意识、观念、行为都发生了变化。《尚美观课记录》也在不断调整，通过评价指标的变化促使课堂上教师的发现、观察和倾听比重在增加，动态生成的教学机制在不断呈现，教师在把握课堂教学基本脉络的基础上更多关注学生学习的元认知能力及良好的学习品质的养成。

b.关注与学生一起建立新的课堂关系。整合课程的介入对教师的综合素养提出了挑战，学生学习的无边界决定了教师必须调动所有的知识储备来随时"关照"学生的突发奇想，这需要教师提升专业素养，更新教育观念，建立与学生共同学习成长的课堂新关系。为了让学生学会选择、学会合作、学会分享，我校教师建立了以学生的学为中心的教学新秩序。

③教师教学策略的变化。

a."知识传授式学习"转向"任务驱动式学习"。我们的老师为了做好学生学习的促进者，精心预设了学习目标，以任务驱动学生的课堂学习。过去，有相当一部分孩子是背着书包来，带着耳朵听，全靠课堂习得，回家做巩固作业，课前几乎很少有利于课堂学习的实质性预习内容。在"任务前置"后，老师按照一定思路把下一节课即将学习的任务梳理成条款式的学习任务，学生回家后必须提前完成相关任务，否则，课堂上就难以跟上节奏，更谈不上获得自己想要的知识。

b."墨守成规式学习"转向"自我需求式学习"。老师们在备课环节，更多是丰富关于教学内容的信息、资源，对文本的解读、对学习目标的准确制订等，这样才能更好地服务于学生。

c."单生问答"转向"多向交流"。今天，新空间让老师不再自作聪明，而是以"装傻""偷懒""欲擒故纵"等方式引导学生进行自主学习。学生的主体地位得到了保证，他们也变得少了些依赖，多了些自觉。

d. 教师专业成长的变化。教师专业成长的变化：不做"推却者"，要做"研究者"，随时关注课堂生成的新话题，并投入精力进行小专题研究，教师在学生现代学习的推动下改变着自身的专业成长。不做"跟风者"，要做"弄潮儿"。不做"自我感觉良好者"，要做"与时俱进'全天候'者"。自 2013 年 9 月—2017 年 4 月我校教师在各级各类论文评选活动中获得一、二、三等奖或成功发表论文者多达 700 余人次；在各级各类赛课、展示课中获奖人数多达 200 余人次（见图 3-15、图 3-16、表 3-26）。

图 3-15　2013-2017 年教师获奖一览

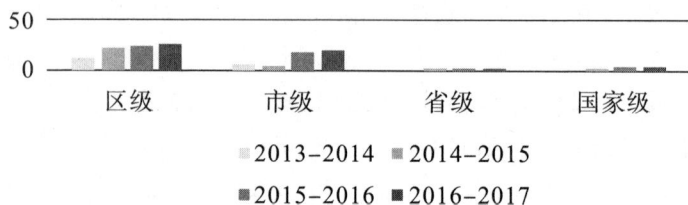

图 3-16　2013-2017 年学校获奖一览

表 3-26 课题组负责人和主要成员近四年内论文发表或获奖情况（部分）

成果名称	著作者	成果形式	发表刊物、出版部门或公开交流的学术会议名称	发表、出版或交流时间
与美同行——尚美学堂凸显语文魅力	宿强李建荣	发表	《小学语文数学·人物》	2014 年 5 月
创造"尚美教师文化"	李建荣	发表	《人民教育》	2015 年 8 月
《互联网＋大美育》	廖佳秋陈川李林曾毅	发表	参与《互联网＋大美育》教材科学、语文、音乐部分的编写	2016 年 3 月
《教育科学论坛》组稿	李建荣载晓廖佳秋陈川	发表	在省级核心刊物《教育科学论坛》	2016 年 4 月
小学校大美育	宿强	发表	《学校品牌管理》	2016 年 10 月
重在"体验"贵在"引导"	张倩	发表	《澳门数学教育》	2016 年 12 月
阿细跳月	唐苗	发表	被美国知名的 Alfred 出版社选入美国音乐教材	2017 年 4 月

（3）基于尚美的课程整合促进了家长的参与

我们的尚美课程整合包括家校教育内容、教育方式、教育着力点的整合，课程整合能较好地将家长与学校置于同等重要的教育地位。学校打破了校园中的无形高墙，利用家长学校、学校网站、微信公众号、班级家长 QQ 群这些功能各有侧重，又相互关照的渠道，把教育理念、方法，及各种信息便捷海量地带给教师、家长、学生，实现了学校、班级、课堂、网络的立体化教育。这样的教育氛围，把家长的教育积极性调动起来了，把家长的教育潜能激发起来了，把家长的教育资源利用起来了，所以，我们的教育活动能得到家长们的全力相助，真正实现了家校共促的可喜局面。

（4）基于尚美的课程整合彰显了学校特色教育品牌

①教育途径拓宽了。

开放学校教育实况，每学年的家长开放日，轮流组织家长观摩学校一天的教学活动，让家长和学校领导、教师面对面地沟通、谈感想；举办各种节日文艺会演，邀请家长参加，欣赏学生的才艺；举办运动会，乒乓球、足球、篮球体育联赛，许多家长主动来校观看，担任场外指导，与学生互动，氛围和谐；周末家长带领孩子在学校耕读园进行亲子劳作，感受亲情，感受劳动之美。学校教育如同一条只有起点、没有终点的射线，展示出它独特的魅力。而与家庭的珠联璧合，校内校外教育资源的有机整合，"全员育人、全程育人、全面育人"的教育空间得以无限延伸。

②学校不再只内秀。正如根植在教学楼前的那一大片栀子花一样，尚美整合课程的这股馥郁清香，感染的又何止是我们自己。艺术整合课程、精品社团活动、"未来教室"课堂等在区、市、国家级演出比赛中崭露锋芒，大大提高了我校知名度，弘扬了"尚美"的教育文化，在区内外引起了广泛的关注，我校校长在各种交流活动中介绍学校尚美课程的情况见表3-27。

表3-27　学校校长在各种交流活动中介绍学校尚美课程（部分）

时间	会议名称	交流情况
2014.11	中国教育学会中小学整体改革委员会第17届学术年会	《现代教育技术条件下以学习者为中心的学习环境建设》
2015.3	四川省普教优秀教学成果推广活动	《剪纸之花绽放美的校园》
2015.9	四川省艺术特色学校现场会	学校美术（剪）艺术特色推广会
2015.11	"全国小学创新发展论坛暨小学名校卓越课堂的构建与教育质量提升现场学习"活动	《现代技术条件下以学习者为中心的学习新空间构建》

续表3-27

时间	会议名称	交流情况
2015.11	亚洲教育论坛年会	《重构新空间，服务学习者》
2016.1	2016年首届四川电视台中小学校长论坛	《推进课程改革，坚守尚美特色》
2016.8	蓉澳教育交流	分享"基于学校文化的课程建设"

我校的尚美课程现已声名远播，成效显著，来自广东、贵州、山东、深圳、杭州、上海、云南等国内40余所兄弟学校领导教师到我校参观学习，获取我校尚美课程的建设经验。从2013年4月至今，多家媒体对我校尚美课程整合争相报道，多达120余次（具体情况见表3-28、表3-29）。

表3-28　兄弟学校领导、老师到我校参观、学习情况

时间（2015—2016）	兄弟学校到校参观学习、交流情况
2015.5.7	成都大学师生数次到校观摩音乐、美术等艺术课程
2016.4.12	区内兄弟学校到校参观德育特色课程——学生午餐文明就餐情况
2016.1.21	省内美术同行到校门交流跨学科（语文＋美术）绘本整合课程
2016.5.20	贵州遵义市第二批次干部教师到校学习
2016.6.17	广安区教育家来蓉考察
2016.6.28	青岛学校来校交流
2016.9.13	浙江东阳市横店教育同仁未来学校建设

表3-29　各级各类媒体报道（部分）

2016.1.16	sctv-2	《等星来战——成华小学学子挑战明星》
2016.2.27	sctv-7	教育新闻——成华小学艺术教育

续表3-29

2016.3.25	四川教育新闻网	我校"完美音符管乐社"受邀参加全市中小学生音乐会
2016.3.31	四川教育新闻网	广东省50余名中小学校长齐聚我校
2016.6.27	四川教育新闻网	爱相伴，美相随——成华小学2016届毕业礼
2016.09.25	四川教育新闻网	我校召开移动互联环境下课堂改革研讨会

二、参与局部探索

（一）学生成长

表3-30　成华小学学生尚美发展评价指标

一级指标	二级指标	三级指标
思想道德	人品素质	爱护自己，关爱他人；自尊自信，自律自强；宽容谦逊，积极乐观；热爱劳动，勤俭节约；文明礼貌，言行得体。
	公民素养	合群乐群，团结友善；关心集体，维护公德；热爱祖国，遵章守纪；诚实守信，善良正直；珍爱生命，保护环境；服务他人，履行职责。
学业发展	知识技能	"双基"扎实，能灵活运用于实际生活；学科互联，形成有效的整合知识与技能。
	学习能力	勤于思考，能综合运用已有知识解决实际问题；活学活用，具有实践操作能力；互助共进，具有合作学习能力；与时俱进，具有运用现代信息技术能力。
	学业情感	敢于正视困难，拥有乐观、阳光的学习态度；敢于面对挑战，具备积极、持久的学习兴趣；敢于塑造自我，养成良好、健康的学习习惯。

续表3－30

一级指标	二级指标	三级指标
身体心理	锻炼意识	掌握体育锻炼的方法和技能、卫生知识和保健方法，养成良好的体育锻炼习惯和卫生保健习惯。
	身体素质	身体健康，机能正常，身体素质达到《国家学生体质健康标准》。
	自我管控	乐于与人沟通、交流，能调控自己的情绪，管控自己的行为。
	自主适应	具有克服学习、生活中的困难的能力；具有适应学习环境、社会环境的能力。
尚美素养	尚美感受	能感知、发现生活、自然、艺术中的美。
	尚美鉴赏	能用自己的标准、方式赏析美的事物及现象。
	尚美创造	能在学习、生活中展示美、表达美、创造美。
个性特长	兴趣爱好	对学习、生活充满兴趣，能专注于某一点，并持之以恒地发展。
	特长特色	具备上面所有素养以外的或学科素质，或科学、艺术、体育技能等方面的突出表现。

（二）课堂指向

依据"LICC模型"，针对"尚美学堂"特质及"整合课程"要求，制订本评价指标。

表3-31　成华学尚美学堂评价指标

任课教师			课题				
班级		上课时间		科目		课型	
项目	评价指标					分值	得分
学生学习	准备：全体学生做好课前准备，教师指导所有学困生养成课前准备习惯。 倾听：95％以上的学生认真倾听老师讲课、同学发言时，80％的学生能复述或自主表达同学的发言，100％的学生在倾听时伴有记笔记、查阅、回应等辅助行为。 互动：合作、互动行为不少于2种；全体学生有互动习惯，100％的学生参与互动，90％的学生乐于互动，且针对学习目标学习，100％的学生在互动时有分工的事情做；能提出两个及以上有思考深度、有价值追求的问题，并进行自主解决；每节课每人举手至少3次，参与交流学生在40％以上；善于交流、说话得体、注重礼仪等达到95％以上；课堂学习的方式不少于4种。 自主：学生自主、合作学习时间不少于20分钟，90％的学生乐意投入自主学习。 达成：90％的学生清楚课时学习目标；课时学习目标达成度为90％，书写规范、批注正确、作业正确率在90％以上。					60	
教师教学	环节：95％以上环节围绕导学目标展开，体现尚美追求；思路清楚、完整达90％以上；环环相扣，时间分配合理度在90％以上；重点突出度达100％，难点突破率达85％。 呈示：板书规范、美观达100％；讲解清晰、简洁，契合主题在90％以上；使用姿态语、演示、表演、多媒体等辅助手段，学生准确理解者达95％以上；语音抑扬顿挫，语速张弛有度，节奏疏密有致，学生接受度在90％以上；相机点拨、指导有效率在90％以上。 对话：精确把握提问时机，有思考空间的问题达70％，学生候答的最短时间在30秒之后；问题与目标的紧密度在80％以上。 机智：适时调整教学预设，学生认知度达90％以上；灵活处理课堂生成，学生辨识率在90％以上；理解非言语行为率达90％，促进教学顺畅进行。					20	

续表3-31

任课教师			课题				
班级		上课时间		科目		课型	
项目	评价指标					分值	得分
课程性质	目标：导学目标80％呈现适时；课时目标适度率达95％；有10％的新生成目标。 内容：90％具备学科特点、思想、核心技能；投放的策略90％能适宜处理教材；容量100％符合学生实际，满足不同学生需求度达90％；对课堂生成的问题100％及时处理，且取得较好效果。 实施：教学方法90％符合学生实际；学法指导覆盖面达90％以上；评价方式在3种以上。 资源：预设资源利用率达80％；推荐资源可用度在90％以上。					10	
课堂文化	思考：学生获得高级认知技能发展者达到90％以上；学生带着问题投入学习者达90％；善待学生思考中出错现象，纠正率达100％。 民主：学生100％是学习的主人；课堂叫答面达到40％以上；对学困生做到100％关注。 特质：师生关系平等、和谐；每节课至少产生一个值得研究的问题。					10	
观课意见 （成功与不足）							
评课人				最后得分		等级	

说明：1. 在观课过程中认真做好观课记录，然后按评价指标打分。2. 课堂导学评价等级标准：85分以上为"优"，75～84分为"良"，61～74分为"合格"，60分以下为"不合格"。

（三）观课议课

表 3-32　成华小学尚美学堂观课记录

任课教师		课题			听课人	
班级		观课时间		学科	课型	
项目		观察维度及要点			观课细节描述	针对性分析
学生学习（60分）	●充分感受美 ◆学生自主、合作学习时间不少于20分钟，实现自我对美的感受 ◆根据学科特点，学生学习方式在5种以上，实现多视角对美的感受 ●积极参与美 ◆95％的学生投入到鉴赏学习活动中 ◆A、B、C三类学生都有全班应答的机会 ◆100％的学生参与交流活动中 ●乐于表达美 ◆90％的学生能对感受到的美进行自主表达 ◆70％的学生能有条有理进行自我生动表达 ◆50％的学生能创造性表达自己对美的自我理解 ◆当堂课的美育目标达标率在90％以上				
课程性质（10分）	●学科特质美 ◆90％的课堂活动具备学科特点、指向学科核心素养 ●价值追求美 ◆课堂学习活动指向各学科独特的美育价值 ◆体现尚美意识的价值、向往、追求三个层次				

任课教师		课题			听课人	
班级		观课时间		学科	课型	
项目	观察维度及要点				观课细节描述	针对性分析
学习指导 （20分）	●导学设计美 ◆满足学生需求度达90% ◆对生成的问题100%及时处理，且取得较好效果 ●课堂实施美 ◆导学方法90%符合学生实际 ◆学法指导率达90%以上 ◆评价方式在2种以上 ●资源利用美 ◆预设资源利用率达80% ◆投放的策略90%能适宜教材提升学生学科素养 ◆板书有利于学生学习、理解 ◆体现学科知识、能力结构化呈现					
课堂文化 （10分）	●问题思考美 ◆学生带着问题投入学习达90% ●民主氛围美 ◆课堂叫答面达到40%以上 ◆问题设计有梯度 ◆100%关照到特殊学生的学习 ●创新行动美 ◆导学设计、课堂气氛有助于学生表达自己的创新性思维 ◆教师对学生发表的新观点、新见解的关注率达100%					
观课反思						
最值得分享的经验				最值得探讨的问题		

（四）护航质量

"四三二一"运行机制

指导思想：用科研思路影响教育教学行为，用科研方法保障教育教学质量，用科研反馈成就师生尚美人生。

总体思考：继续探索教科研一体化运行机制，用科研提升学科教学研究、用科研优化教师教学行为、用科研激发学生学习动能。

1. 关于"四三二一"

"四三二一"运行机制，即"四定"前教学研究、"三关注"课中指导研究、"二加强"后教学研究和"一目标"教学效果达成研究。

具体地讲，"四定"是指：①学科素养；②学习目标；③师生活动；④导学环节及意图。"三关注"是指：①关注学生的参与；②关注学生学习的时间；③关注知识（能力）节点的反馈。"二加强"是指：①加强学习目标达成度的反馈；②加强学校教育与家庭教育的结合。"一目标"是指重视教师、学生元认知能力的提升，实现教与学质量的绿色增长。

2. 关于"四定"前教学研究

谁都知道，"授人以鱼不如授人以渔"。"授人以渔"指的是教给他人捕鱼的技巧、方法。那么，什么是"教给"呢？我们先来看看语文阅读教学中的"教给"。《听王荣生教授评课》一书中谈到了阅读教学中的"教给"，他认为阅读教学的教给至少有三种可选答案：一种是许多老师在课堂上反复做的，讲理解的结论，叫阐释，实际上是老师代替学生的阅读，或者听老师阅读；另一种是根据自己的理解过程，牵着学生按规划的线路阅读指定的点，诱导学生得出许可的结论，叫训练，还有一种是以学生的阅读初感为起点，教学生合适的阅读方式，引导学生学习应用合适的阅读方式，得出自己的结论，叫运用。这三种阅读教学可以简称为"阐释性教学""训练性教学"和"运用性教学"。

时下的语文课上，哪种阅读教学才是主流呢？不言而喻，是"训练性阅读教学"。老师们为什么都喜欢这种阅读教学方式呢？

因为训练性阅读的第一优势是老师容易掌握课堂，训练的内容、训练点的先后顺序可以事先预设好，课中有条不紊地贯彻落实，训几次、练几次都可以按部就班，进度很容易把持。而且训练点明确到位，老师有扎实的感觉，对考试才能放心。

第二优势是教师可以很好地展示自己的才华，课堂由教师把控，老师可以很好地把预设的内容，艺术地展示出来，让学生也得到这方面的训练。

第三优势是语言文字、语文技能的训练确实非常扎实有效，学生的收获也非常明显，可以即教即测。但是，这样的阅读教学，学生是被训者，是练的执行者，而非学习的主体。课堂要做什么，什么时候读课文，什么时候回答问题，什么时候小组讨论，什么时候做课堂练习，什么时候表演等，学生完全不知道，只待老师指挥。学生更不知道老师训的内容是怎么提炼出来的，为什么是练这些内容而不是那些内容？每次训练的内容是否有关联也不知道，有时候为什么要做这样的练习也不懂，只会执行老师的指令。我们不禁要问，课堂是谁的？（我们已将课堂改为学堂，"尚美学堂"嘛！）那么学堂是谁的？在课堂（或学堂）里，谁才是主人？

同时，训练阅读教学的训练往往只是针对语言文字和技能的，对于语文教学来说，学生要学习语文的内容并不只这些，语文中有不少的内容是无法训练的，是要通过学生自己的体察、品味、揣摩、涵咏才能感悟到的。这些内容虽然模糊，不可明确地测验出来，但却是语文、语言的特色之一，有一些技能、文章的章法也不是一训练就能掌握的，而是要学生用自己的阅读、实践来感悟，只强调训练，就会忽略这些重要的语文素养。这些素养对学生整体素质而言也是必不可少的。还有，训练的作用往往是实现理解与记忆，形成技能，而从理解到形成技能是需要时间的，再从技能到运用还有一段距离。由于训练的被动性使得技能转化为能力有了障碍，这与课标要求学生在实践运用中形成语文能力是有差距的。其最后结果是批量生产出"高分低能"的怪胎！

由此可以说，先前的语文课在某种程度上说是有误区的，或者说是存在较为明显的问题的。难怪有专家提出"阅读教学：要从训练教学走向运用教学"，这是符合课标要求的倡议！因为在《课标》中，"训练"一词只出现了1次，而"运用"出现了24次，"实践"出现了14次。可见，课标的要求是十分明确的，我们不能抛开《课标》，做不该做的事情。阅读教学的核心是教给学生阅读的方法，让学生学会阅读，形成基本的阅读能力。对此，有一个直观的公式：阅读能力＝原始的阅读经验＋正确的阅读取向＋合适的阅读方法。"原始的阅读经验"是学生固有的，而"正确的阅读取向"和"合适的阅读方法"就是我们老师在课堂上可以尽力而为的。这是我们的份内职责。

由上面的分析，我们可以得出这样的结论：对学生而言——学生才是学习的主人，学生的学习应该由学生自己做主！对教师而言——我们是学生学习的组织者、支持者、合作者，不能黑白颠倒，不能越俎代庖，不能自作聪明！"磨刀不误砍柴工""工欲善其事，必先利其器"！所以，我们首先要做好"四定"前教学研究。

"一定"学科素养。学科素养又称学科基本素养，是学习者在本学科内所具备的基本专业素质，这些素质是通过长时间的专业训练形成的专业思维，通过这种思维促进基础知识的积累，增加基本专业技能，形成专业基本经验，从而达到某门具体学科的基本目标。包括学科基础知识、基本技能、基本经验、基本品质、基本态度等五个方面。在教学中，学科素养是统领学科教学的总指针、总方向，也是学生学习所要达成的最基本标准。确定学科素养，不能背离学科《课程目标》中的有关描述，也不能由我们想当然地组合拼凑，应该坚守《课程目标》严格、严密的内在要求和逻辑陈述。学科素养不仅有学科的差异，而且有学段要求的不同。所以，我们要认真阅读、研究，明确《课程标准》对学科素养的界定与阐释，使它成为教学的权威依据与凭借。这项工作必须要首先搞清楚，必须条理清楚地置于我们的案头，才能对我们的教学设计和教学实施产生积极影响。

比如，语文学科素养是语文能力和语文知识、思想情感、语言积累、语感、思维品质、品德修养、审美情趣、个性品格、学习习惯的有机整合。它是以语文能力为核心的综合素养，包括语文知识、语言积累、语文能力、语文学习方法和习惯，以及思维能力、人文素养等。语文素养是在语文方面表现出的"比较稳定的、最基本的、适应时代发展要求的学识、能力、技艺和情感态度价值观"，具有工具性和人文性统一的丰富内涵。而数感、符号意识、空间观念、几何直观、数据分析观念、运算能力、推理能力和模型思想等，不仅是促进学生数学课程学习和数学思想形成的原动力，也是数学的学科素养所在。

但语文教学中，我们不难发现将《太阳》《琥珀》等科普性课文上成科学课或常识课的；将《为了中华之崛起》《想飞上天的乌龟》等课上成思想政治课的，现在还有一种强烈的声音——要将阅读课上成写作课，且美其名曰"要以表达为中心"；凡此种种，我认为可能是因为没有很好地关注学科素养所致。一句话，不重视学科素养的学科定性和在教学中的导向作用，将文本随意处理，其后果是十分可怕的。因为一旦方向错了，使用的力气越大,它就会越离应该的归宿越远。

"二定"学习目标。学生是学习的主人,老师只是学生学习的组织者、支持者、参与者。所以,我们将大家习以为常的"教学目标"改为"学习目标",意在强化教学的学生观和教师的服务意识,淡化老师的权威,改变老师在课堂上的垄断地位。同时,学习目标是直指学科素养的,是比学科素养层级更低、任务更细化、操作性更强的具有可检测性的指标。比如"能正确认读11个生字""能说出'源''园''圆''缘'几个字意思的不同""能用辩证的方法分析德国军官此时的人性特点"(《生死攸关的烛光》)"能用一句话简洁、清楚地概括《小英雄雨来》的主要内容""能用三种算式表述题中关系"等描述,就是可以拿来检测的学习目标。学习目标是由学科素养延伸出来的,它应具体体现在学科知能训练、学科思维的深层次训练上。如语文素养之下的学习目标就涉及知识固化点、语感训练点、能力培养点、思维发展点、方法操作点、生活联系点、拓展延伸点、能力迁移点、人文渗透点等。所以,教研组要认真讨论每个学期、每个单元、每个课时学生应达成的学习目标。学生的学习目标确定清楚、定位准确了,课堂导学就不愁应该抓什么,怎么抓,抓到什么程度等问题了。

"三定"师生活动。基础教育课程改革的目的是要从根本上改变学生的学习方式,重建一种具有创新精神、探究意识的文化。新的学习方式强调让学生自主、合作、探究式学习,强调在重知识和技能的同时,重视过程和方法、情感态度与价值观,让学生在学会知识与技能的同时,也学会学习、学会创新,所以,师生活动无疑应该成为课堂导学的灵魂和主宰。我们也可以这样理解,学生学习应该在活动中进行,所以,学习即活动,活动即学习。

课堂导学中的师生活动要承载学习目标,要落实学科素养的要求。比如教学《兔子和狮子》，在要求学生深入研读文本，理解"这是一只什么样的狮子"时，师生应该分别有些什么样的活动呢？学生的活动是不是应该包括反复、认真研读文本中写狮子的句段，勾画出能表现狮子力气大、脾气大、自以为是、不动脑筋、知错就改等句子？是不是应该包括在相关语句旁边写上自己阅读这些句子时的想法、感受与反思？是不是应该让自己设身处地地去思考狮子为什么会产生这些情况？是不是还应该联系文中的另一个人物——兔子去对比性地建立狮子的形象？是不是还该有声情并茂地朗读？等等。那么，教师在学生活动的同时，又该做什么呢？是站在讲台上袖手旁观，无所事事，还是该依据此时的学习目标，巡视学生活动，去指导不同学生的学习，去帮扶有可能进步的学生，去影响学生自主阅读的深化、去发现学生寻找答案过程中的问题、存在的疑惑和需要支持的环节呢？总之，师生活动是相互依赖、相互支撑的，其目的就是为了更好地促进学生学习目标的达成。

课堂导学中的师生活动还涉及课堂操作、课堂练习、课堂演示、课堂展示、课堂表演等。我们只有将课堂不同时段的活动分解成学生干什么，老师干什么，并思考好师生间的关联、配合，课堂活动才可能保质保量，有效展开。

原则上，课堂师生活动在同一个教研组，应该保持相对一致。所以，教研组要精心研究、设计课堂上的师生活动。

"四定"导学环节及意图。建造高楼大厦，要先绘制宏伟蓝图。要上好课，也必须先做好导学设计。做导学设计的确非常必要，因为它相当于上好课的"宏伟蓝图"。但是，我们觉得这个导学设计重在考虑大的环节，而非详细教案，也不需要写出课堂上要说的每一句话。因为教案是固定的，而课堂学习是变化的，导学需要根据学生课堂学习情况采取适合的方法、方案，包括环节设置、内容安排、措施投放、活动展开等。其中，最容易把握而且可以掌控的可能要算导学环节的预设了。比如，一节课可以安排几个环节，第一环节做什么，第二环节做什么，第三环节做什么……这些环节是不是必须的？环节与环节之间有没有内在联系？在这些环节中，有没有重点？如果有重点，这重点环节又可分几个小环节？在每个环节中，老师做什么？学生做什么？要凭借哪些课程资源？每个环节大致需要多少时间？哪些环节需要借用辅助手段？每个环节的学习方式有什么不同？每个环节对学生的知识背景有什么具体要求？等等。其次是要有设计意图。因为有环节设计，并不等于思考清楚了这些环节是否必要，是否是唯一选择。而设计意图就是要帮助老师去想清楚每个环节"为什么要这样做"。这些环节设计与前面谈到的师生活动是否形成照应？是否有效地对接了导学目标？是否有利于学生学科素养的形成？还有没有可以被替代或被省略的环节？这样的设计有没有什么理论支撑？等等。根据本班学生的学习习惯、知识背景、认知能力、优势短板等学情，顾及上面所说的导学环节及意图设计，拟写出针对性较强的教学设计，应该算是做好了上课前的准备了。

3. 关于"三关注"课中指导

（1）关注学生的参与。参与是以第二方或第三方的身份加入、融入某件事之中。学习是学生自己的事，自然要求学生不仅要参与，而且要卷入其中。实践证明，学习的效率与学生参与的程度成正比。换一种说法是，学生参与的程度越高，其收获就越大；反之则相反。学习后进生除了个别有身体、心理因素制约外，应该说他们的学习参与度不高是最重要的原因。所以，我们将参与度视作学习成败的最主要、最关键的要素。这里所说的学生的参与，一方面是指学生个体在学习中的参与程度，是浅层次参与，还是一般层次的参与，或是深度参与。另一方面是指所有学生的参与面，是少数人参与，还是多数人参与，或者是全体成员。对此，我们首先关注的是学困生的参与。班级学习中，之所以有学困生，可能是因为这部分孩子没有被学习内容吸引，没有品尝到学习带给自己的快乐，没有期待学习能够带给自己人生希望。教师必须想方设法去改变这种客观现状。有什么好办法呢？

（2）关注学生的学习时间。做任何事情都需要时间做保障，学习也不能离开时间上的保障。所谓学习时间，一方面指的是每一项学习任务都必须花费一定的时间。没有时间的保障，就谈不上学习任务的完成；另一方面是指学生个体自主学习需要用时间去等待。没有合适的、足够的时间，学生的自主学习可能就没有质量，没有信度，没有厚度。再一方面指的是小组合作、师生互动也需要时间的厚爱。

（3）关注知识（能力）节点的反馈。打个比方，从火车北站到新会展中心，可以坐地铁，可以开汽车，可以骑自行车，可以步行；可以经过市中心走直线距离，可以经过一环路再到二环路最后奔向目的地，可以从二环高架路再经南延线直达，或是经过其他线路抵达。不管用何种交通工具，也不管走哪条道路，有些节点是必须关注的，譬如起点、一环路上的站点、二环路上的站点、目的地等，又譬如速度、车型、费力程度等。对这些节点的关注，就是为了更好地论证选择的科学性、可行性、实用性。学习也是这样，譬如对知识、能力、技巧、方法、措施、经验、收获等节点的关注，不单是对导学设计的检验，也是对学生学习过程的关照，还是对学习真实性、有效性的判断。我们追求学习效率的最大化，但我们更追求学业质量的绿色增长，更追求学生学科素养的蕴含与积淀，最终书写出一个个大写的人，一个个康健的人，一个个尚美的人。

策略一："1分钟等待"。记得我们学校的张红主任、何丽芳老师等曾经总结出了"1分钟等待"，可以说这是给后进生量身定做的一个策略，是值得借鉴、运用的。所谓1分钟等待，就是指老师提出问题之后，不急着让班上那几个"权威"与老师默契配合，而是特别关注后进生，特意留出一定时间等待学困生跟上队伍，最终由学困生来做出解答。试想，后进生都能解答了，其他学生还会有问题吗？这不仅解决了班级教学的短板问题，而且可以使学困生慢慢放下思想上的沉重包袱，改变自己在群体中的印象，逐渐远离后进生队伍。

策略二：满分不算封顶。在传统印象里，100 分就是满分了。但是我们将达成最低标准算作 100 分，而后每上升一级再给追加 100 分，使分数没有封顶，使学生不止满足于 100，这也不失为一种好的策略。比如书写，学生能写正确，没有错误，我们就给他 100 分；写得方方正正，笔画规范，又可追加 100 分；要是注意间架结构，注意停顿、转折、运笔、收笔，有笔锋、有临帖章法、有大气效果，又可以追加 100 分。比如一道数学题，学生列出一种解答方案，我们就给 100 分，随后增加一种就追加 100 分……这项策略对学困生更有奇效。因为按传统做法，学困生几乎是与满分无缘的，有了这种策略，他们至少有机会达成最低标准，也就是有了获得 100 分的可能。如果学困生获得了 100分，我敢打赌他会兴奋得手舞足蹈，他会快乐得奔走相告，他甚至会从此爱上学习。

策略三：课后弥补前置。为配合策略二，更为了让学困生有机会获得满分，我建议对后进生的课后"开小灶"弥补转为课前辅导。因为兴趣源于自信，自信源于底气，底气源于"我会做"。学困生在课前得到老师的悉心指导，提前将新授知识学懂，课中他们必定会表现出惬意的状态，这就可以促进他们的兴趣、底气、自信逐步建立。所以，对学困生一是绝不放弃，二是随时盯紧，三是激励强化，四是帮扶得力，使学困生看到胜利的曙光，尝到收获的甜蜜，是我们要做的重要工作。

我们还要注意，课堂上的单生问答不能代替其他学生的学习，单生问答对班级教学而言，其效率较低，一节课不宜过多地采取这种方式。我们还要关注所有学生的参与。既然是班级授课，个别始终无法代替全部，我们既要关注不同层次学生的参与，又要关注所有学生的参与。要激发课堂学习的兴趣，要增加课堂学习的佐料，要调节课堂学习的张弛度，使全体学生愿意参与学习，深度卷入学习。

策略四：与吝啬说再见。对课堂学习的各个环节需要多少时间，我们要绝不吝啬，绝不草草收兵，也绝不只考虑完成导学预设的项目，要根据学生学习的实际需要，关照学生学习的实际情况。有时多花点时间，并不是坏事。因为时间不充足，只能蜻蜓点水，有其意而无其实，更让人感到失望。加之在班级学习中，不同学生需要的学习时间也是不一致的，同一时间产生的学习效果也不尽相同，所以，要尊重差异发展，保护个性发展，实现特色发展，让各类学生的学习潜能都得到较为充分的发挥。

策略五：回眸一观再向前。在课堂导学中，在师生活动中，在环节推进中，我们要不时回头一望，看看前期走过的路上有哪些知识或能力节点，这些节点是否突破，学生其间收获怎样，他们还有没有流连其间期待停留，这样一点雨一点湿，一步一个脚印地稳扎稳打，是我们小学教育最应遵循的原则。前一个节点的任务完成了，再推向下一个节点。看起来是慢了点，其实是不会慢的，语文老师都熟悉《挑山工》一文中挑山工与游客谁最先到达目的地的事实就可以反证我们的"回头一观再向前"策略是可行的，是正确的。

4. 关于"二加强"后教学研究

（1）加强学习目标达成度的反馈。学习是有目标的，导学设计是学习目标的具体化，学习活动是依据导学设计展开的，整个学习过程是否达成学习目标，是需要做出检测、评判等反馈的。

策略 ：允许差异达标。早在 1999 年，我组织老师编辑了

《小学生异步思维达标作文》一书，并由海南出版公司出版发行。这本作文选共涉及近 30 个作文题目，每个作文题目下有少则 5 篇、多则 10 余篇的学生作文。同一作文题目下的作文水平有着明显的不一致，有的甚至差距悬殊。为什么呢？我当时的理念就是"允许差异达标"。今天看来，我那时候的想法是十分正确的。我们知道，十根手指都有长短，同胞姊妹也有差异，所以，学习上出现一定差异是很正常的。但有一个原则必须坚持，那就是要力求达到最低标准。我们所说的加强学习目标达成度的反馈，指的就是既承认个体差异，又保证保底达标，使学生个性化、特色化成长。

（2）加强学校教育与家庭教育的结合。配合是有主次的，结合是学校和家庭并重的，没有谁先谁后、谁重谁轻之说。

策略二：教育的责任需要分担。我们认为学校教育不是万能的，学生的成长没有家校的合作也是不健全的。成功的教育需要家庭、学校乃至社会的密切结合。所以，我们虽然研究的是课堂教学，但也不能将课堂教学孤立，要将学生的学习目标、学习内容、学习空间、学习方式、学习监控等，形成有机整体，让家庭教育与学校教育有机联动、形成互补、协调一致，保证课堂教学效率的最大化。

5. 关于"一目标"

我校的教育主张是尚美，尚美教育的宗旨是培养真善美协调统一的健全人；尚美教育追求律动的生命、教学质量的绿色增长。前面谈到的"四定"前教学研究、"三关注"课中指导研究和"二加强"后教学研究的成效如何，这"一目标"应该算是检验的尺码。对这一目标，我们希望老师、学生重视对自己的元认知能力培养，通过自我觉察、自我反省、自我评价与自我调节来实现教与学质量的绿色增长。

追加：补充策略

开课时段融入经典策略。在"起立—敬礼"这个传统的开课阶段，将古诗词、名言警句、国学经典等内容合理、适时地融入其中，增加开课之初的语文学习含金量。优点：（1）调节情绪，在开课这个有限的时间内，融入短小、经典、朗朗上口的经典，使学生尽快感受到进入语文学习的妙处，易于调节学生语文学习的良好情绪；（2）注入活力，在看似死板的"起立—敬礼"环节，加上诵读经典，可以给开课注入新的活力；（3）提高含金量，一节课只有40分钟，每一分钟都稍纵即逝，开课时段融入经典，有利于增加课堂学习含金量，促进教学质量的绿色增长。

学号功能最佳使用策略。在课堂学习中，凡表现好的（诸如保持安静、坐得端正、善于倾听、回答问题积极、参与交流质量高、在组内或班上起到积极作用的，等等）学生，老师采用在黑板上登记学号的方式对学生及时进行肯定、表扬。优点：（1）节约时间，书写数字远比书写学生名字快，不会打乱教学思路；（2）增加自信，登记学生的学号，一般由老师问及"你多少号"来处理，这一问，既点名道姓，实实在在，又间接地促进了学生相互竞争，你追我赶。同时，学生一旦养成习惯，他在觉得自己应该受到表扬时，会主动说"××号"，这就给表现好的同学提供了自我肯定的机会，从而增强孩子们的自信心；（3）保护隐私，书写学号可以有效地保护没有获得表扬的同学的自尊，还会使他们暗中努力赶上跑在前面的同学的。或许它就像一剂兴奋剂，能促进学生不甘示弱、发奋努力。

"星星眼睛眨起来"策略。为了提高每个孩子上课专注度，让他们尽可能做到绝大多数时间都投入到学习之中，就要求每个孩子的双手要与整个身心协调。具体地说，就是举左手表示想发言，要发言；举右手表示有不同意见或有质疑；双手握着拳头一握一张开，就像星星在眨眼睛一样，就表示迫切想发言，力争要抢到机会。

　　角色担当及轮值策略。在小组讨论活动中，是不是人人有事做，事事有人做，就需要对组内成员进行具体分工。一旦分工明确，就要按分工的责任进行工作。这就是角色担当。由于每个人有相对具体、相对独立的角色担当，如果不经过一段时间，采取轮换制，学生的角色意识就会相对固化，受到的锻炼也会不那么全面，因此需要进行角色轮值。这既是让每个孩子都得到锻炼，又可以使每个孩子得到不同岗位的锻炼。

（五）唤醒内需

培养学生的作文兴趣①

　　"作文难，作文难，一见作文学生烦。"这是不争的事实。学生写作文，到底难在哪里？调查发现，一是外因问题，二是内因问题。外因指老师指导不得法，没有抓住学生的心理需求，或古板教条，或训练无术，或盲目应付。内因指学生本身就没有写作的意愿，完全是为了应付交差。两者比较，内因是写好作文的关键所在。如何驱动学生写作的内因呢？对此，我进行了几年的研究，有了一定的收获。具体是：从兴趣入手，调动学生写作的内因，培养学生写作的兴趣，教给一定的写作方法，提高写作的能力。本文只就兴趣问题作一陈述。

　　1. 关于兴趣的含义

　　兴趣的概念和它在教育中的地位是 19 世纪末教育革新运动中最吸引人的问题。词典解释说，兴趣是对事物感觉喜爱或关切的情绪。心理学告诉我们：兴趣是一个人倾向于认识、研究和获

---

　　① 2005 年 10 月，本文获得全国首届"挑战名师"作文教学论文大赛小学组特等奖。

得某种事物的心理特征，是推动人们求知的一种力量。

侯文达在《语文教师的修养》一书中论述，兴趣是人们由于一定原因而对某种事物所产生的一种喜好情绪。他认为有兴趣，可以使之执着一念、情趣无穷、专心致志、精钻深研；无兴趣，则会导致其貌合神离、三心二意、坐立不安、敷衍塞责。美国著名教育家杜威在1896年发表的《与意志有关的兴趣》和1913年就前文加以改写的《教育中的兴趣与努力》对"兴趣"做了专门的论述，其中第一个结论是：兴趣是统一的活动。杜威对当时几种兴趣学说做了这样的分析——主张"兴趣"的一方，把赫尔巴特的兴趣学说曲解为"把事情变得有趣"，认为"努力"是毫无意义的；主张"努力"的一方，强调"努力"在形成坚强品格中的作用，认为求助于"兴趣"，把一切事情都裹上糖衣，只能毁掉孩子，这种理论无论在智力上、道德上都是有害的。杜威认为，对立的双方实质上都是错误的，都没有觉察到儿童是一直在活动的，不是毫无活力的、淡漠的，等待着引起兴趣，被迫去做什么。相反，在儿童和周围事物的相互作用中，他一开始是激动的，后来是有意识地选择他指望的东西。杜威认为，兴趣这个词的根本意义似乎就是由于认清它的价值而集中注意，全神贯注和专心致志于某种活动的意思。"兴趣标志着在个人与他的行动的内容和结果之间没有距离，兴趣是它们的有机统一的标志。"对此，芝加哥教育家克伯屈在《杜威在教育上的影响》一书中说，杜威这部著作是"划时代"的，是杜威对教育理论的特殊贡献。

"小学生兴趣作文"认为：兴趣是人认识需要的一种情绪，是追求事物参与活动的行为倾向，是一种内在动力。

2. 对"兴趣"的再理解

（1）心理学告诉我们：①兴趣首先是积极的、投射的或推进的，我们感到有趣，对任何事物感兴趣就是积极地与那个事物发生关联。对于一个事物仅仅有感情，这种感情可能是静态的、无生气的，而兴趣是动态的。②兴趣是客观的。兴趣不像感情那样，仅以自身为目的，而是体现在一个相关的对象中。③兴趣是个人的，它意味着直接的关心；意味着对某种事情的得失攸关的承认；意味着某种结果对个人具有重要意义的事情。它既有其情绪化的方面，也有其活动的、客观的方面。兴趣主要是自我表现活动的一种形态——即是说，通过作用于萌芽状态的倾向而出现的一种生长的形态，真正兴趣的任何意义都必须被理解为有着力所能及的、有直接价值的对象的外向活动。

（2）兴趣可以分为直接兴趣和间接兴趣。例如，有的孩子对玩石弹或打球的技巧感兴趣，仅仅因为它是使他们感兴趣的游戏中的一个原动力，孩子会变得对瞄准、投掷、抢球等动作感兴趣，因而兴致盎然地致力于技巧的完善。有的女孩子对给洋娃娃做衣服感兴趣，仅仅因为是玩洋娃娃的兴趣，但她们可能发展出一种做衣服的兴趣，直至发展成洋娃娃本身变成只是一种借口，或者至少只是做衣服的一种刺激……过程的前半部分是直接兴趣，而后半部分则是间接兴趣了。当然，在直接兴趣和间接兴趣之间没有严格的不可逾越的界线，如果活动包含了生长和发展，兴趣就是正常的，在教育上依靠它就是合理的。

（3）兴趣包括暂时的兴趣和长久的兴趣。①暂时的兴趣是由于某种生理上的需要引起的。如人饥饿时对食物发生兴趣，吃饱后兴趣立即消失；疲劳时对睡眠感兴趣，休息好了就不想再睡了。②长久的兴趣又称经常的、稳定的兴趣。如少年儿童有钻研科学的兴趣，有坚持体育锻炼的兴趣，等等。青少年兴趣的形成和发展，教育在其中起主导作用。儿童进入学校，开始系统化的学习生活，并逐步明确了学习目的，在学校有组织地、有系统地学习科学文化知识，积极参加各种活动和坚持锻炼身体。久而久之，学生的学习兴趣也日益巩固，并朝健康的方向发展。

（4）兴趣的个体差异。①兴趣倾向性的差异。人的兴趣所指向的事物不同，会表现出倾向性的差异。有些人虽然倾向于同一类的兴趣，但由于每个人各方面情况不同，又表现出个体之间的差异。如一个班的学生有的倾向于语文，有的倾向于数学，有的倾向于自然常识等，教师应努力巩固和发展对儿童个性发展有积极意义的兴趣，教育学生消除不健康的甚至有害的兴趣，如贪吃贪睡、追求打扮等。②兴趣广度的差异。小学语文第十一册中《给颜黎明的信》一课中，鲁迅先生说："只看一个人的著作，结果是不大好的：你就得不到多方面的优点。""专看文学书，也是不好的。""从前的文学青年，往往厌恶数理化、史地生，结果写起文章来连常识也没有。"由此，我们可以看出鲁迅先生对一个人的兴趣广度做了表面浅显易懂，实则蕴含深刻的告诫。我们作为教师，有责任扭转学生"单打一"的倾向，使学生既具有个性倾向又全面和谐发展。③兴趣持久性的差异。兴趣的持久性与兴趣的稳定性和深刻程度有关。有的儿童兴趣广泛多样，但不稳定、不深刻，一种兴趣容易被另一种兴趣替代，这是兴趣缺乏持久性的表现，有的变得较快，有的变得缓慢一些，这种兴趣品质对他们是不利的，不仅会影响深入掌握知识，而且会误使儿童见异思迁，甚至养成一种不踏实的性格。陈景润就是因为对数学具有持久而稳定的兴趣，才在数学领域取得了突出的成就，为祖国争得了荣誉。西充农民作家李一清正是执着于文学研究与创作，才写出了闻名国内外的《被告山杠爷》，著名导演张艺谋正是执着于电影事业的发展与创新，才成了中国导演界名声最旺、获奖最多的大导演。可见，对学生兴趣持久性的培养至关重要。④兴趣效能的差异。兴趣效能在实践中所起的积极作用。有些少年儿童在实践中形成了较广阔、持久、深刻的兴趣，并能使自己的兴趣成为推动学习的积极力量，这是积极的、有效能的兴趣。可有的少年儿童的兴趣没有真正转化为外部行动，仅仅停留在良好的愿望上，这是消极的缺乏效能的兴趣。只有培养学生具有高度效能的兴趣，才能对他们的个性发展起重要作用。

3. 培养学生学习语文、练习作文的兴趣

兴趣不是先天的素质，而是在复杂纷繁的社会生活中，在一定强烈诱因的潜移默化影响下形成的，它可以因客观外界的影响而发生转移。唐代著名文学家韩愈说："目濡耳染，不学以能。"即经常见闻，有了兴趣，不知不觉就受到了影响。明确的目的是激起求知的诱因；而浓厚的兴趣，酷爱的激情，则是强化目的的"增效剂"，是促进学习的能源。语文教师语文修养的程度，直接影响到学生学习语文的兴趣的浓度，因而培养学生在语文学习方面的兴趣，并为此探索这方面的手段，是语文教师不可忽视的基本功，明代王阳明说："今教童子，必使其趋向鼓舞，心中喜悦，则其进自不能已。"我们培养的学生不应是"三味书屋"中的书呆子，而应是"百草园"里的"云雀"。在学习上，他们应该有纵横驰骋的广阔天地，教师应鼓励他们带着浓厚的兴趣进行学习。

（1）认识优势，利用优势。语文教材是各科教材中最富有吸引力和感染力的，它在学生面前展开了壮丽的历史画卷和广阔的生活场面，其中既呈现了感人至深的各种各样的典型人物形象，述说了激动人心的故事，又阐发出逻辑严密的真理。它能在学生心海掀起波澜，唤起他们的遐思，鼓励他们奋进。语文课在激励学生奋发向上、陶冶情操、传授古今中外的社会知识和生活知识、在文化知识方面的"特异功能"，是许多学科不具备的，我们应充分认识这一优势，合理利用这一优势，熟悉全套教材，把握其知识结构和内在联系，注意利用好语文教材生动、形象、具体、感染力强的特点，使学生对语文科产生越来越浓的学习兴趣。

（2）引发兴趣，激起渴望。①每学期开学，在充分准备的基础上，运用生动形象的语言，灵活巧妙的方式，有针对性地向学生介绍新课本的全册概貌和特点，引发学生兴趣，使其自觉浏览全书，初步感知书中众多吸引人的内容，激起学生求知的渴望，为分课学习打下基础。

②善于捕捉学生中处于萌芽状态的兴趣苗头，恰当利用语文特点，充分发挥教法的吸引力，不断培育兴趣的"壮秧"。传情动心、精雕细刻、讲练穿插、学用结合。学生对语文课是否有兴趣，跟语文教师讲授是否得法关系极大。语文教师首先要注意以情动人，因为是先情动而后辞发。语文教师只有以充沛的思想感情来进行教学，才能把课讲得生动、具体、形象，才能拨动学生的心弦，使学生的思想、情感、认同等与老师的讲授节奏一起跳动。这就要求教师在备课时要"面对教材，心想学生"，要精讲精练、灵活诱导，即精雕细刻，联系学生实际，按小学生的思维规律特点，设身处地地替学生着想，精心设计每一个启发学生积极思维的环节，缜密考虑激起学生兴趣的具体步骤，采用艺术的教学语言，灵活自然地揭示语文的语言因素、文学因素和思想教育因素。只要我们锲而不舍，就必然出现金石可镂的可喜局面，学生就会产生浓厚的学习兴趣，树立学习自信心。量变就会引起质变，兴趣就会形成能源。

③加强自身修养，不断更新自己在学生心目中的形象，使自己在学生心中产生巨大的影响力，用自己的身教感染学生，教育学生。

（3）指导作文，发散兴趣。作文是语文教学的重要组成部分，"兴趣作文"是作文教学的一个重要分支。我们提倡的"兴趣作文"就是要从动力的角度来探讨作文教学的诸多问题。

首先，"兴趣作文"是以"激趣"为策略，充分利用先进的教学手段，创设有趣的参与情境，构建生动的习作内容，切实提高作文教学质量，提高学生的作文素质，实现教学方法的优化，实现素质教育的最终落实。

其次，"兴趣作文"的"趣"通常采用实实在在的、身临其境的、切实可行的方式来激发、渗透和延伸，如活动引趣、游戏引趣、音响引趣、小品引趣、图画引趣、对话引趣、引语引趣、阅读欣赏引趣、典型情节引趣、参观游览引趣等，从而调动学生的非智力因素，影响学生积极参与并相信自己能写好作文。学生在趣中度过，在趣中我口说我心，我笔写我心，努力实现在作文过程中的个性发展和作文能力的提高。

第三，"兴趣作文"的"趣"还与教师的语言有着重要联系。"舌头虽小，可以摇山"。现实也是如此：一句亲切的问候，可以使人如沐三春；一句及时的鼓励，可以使人重扬生活的风帆；一句恰当的批评，可以使人幡然醒悟；而一句恶毒的谣言，也可以使人走向绝路。在作文教学中，我们注重充分利用教师的各种语言来引发学生作文（说和写）的兴趣，引导学生感受作文过程的愉悦。这正是罗森塔尔效应的实践和钱梦龙"想方设法鼓励学生"的具体体现。

①肯定性语言。即在学生完成一次表达（口头或书面）后，教师对不同层次的学生有针对性地及时给予肯定，以唤起学生再次表达的欲望和热情。这是最低层次的教学语言，也是必不可少的教学语言。如："对!""行!""表述清楚!""不错!""讲得好!""讲得良好!""就这样坚持下去!""大家真如八仙过海，各显神通!" "老师从你们今天的表现中，看到了成功的必然!"……学生听了这样肯定的评价，精神一定大振，情绪一定更高，兴趣一定更浓。当然，老师在进行肯定时，一定要实际，要点到字、词、句、段、修辞手法上，让学生能从老师的肯定中直接感受到可学之处，从而悄悄地矫正自己、提高自己。

②商讨性语言。教师指导学生在互说后的议改时，在互念习作后的议改时，在进行小组或全班议改时，给对方提出修改意见，要坚持使用礼貌语言，要注意学习使用辩证语言，做到表述

语言具有商量性、商榷性。这样也便于听者或对方乐于接受意见,不至于产生心理阻碍,达到相互之间取长补短、共同提高的目的。这种语言,教师应该坚持使用,要指导学生很好地落实到作文的评改修改上。比如,在作文议改时,教师应要求学生多用这类商讨性语言:"我觉得××这篇作文的选材这样改变一下更好……";"我认为我这种说法比他的更合理一些……";"我想把'××'这个词换成'×',是不是还好点?"学生一旦习惯使用商讨性语言,无疑会对他们将来的工作、生活、做人等起到良好的影响。

③鼓动性语言。当要求学生按要求回答问题、口头作文、朗读自己的书面作文、作文议改时,老师应尽可能地及时地恰到好处地使用鼓动性语言,以激发起学生的情绪,并促使他们积极行动起来。在演讲中,演讲者多用这种语言。在"兴趣作文"中,我们也努力运用了这种语言形式。可以肯定地说,学生如果被你的语言打动,就必然积极参与,全身心投入。只要学生达到了忘我的境界,还有什么僵局不能解开、有什么目的不能实现呢?一旦学生被鼓动起来了,教师应注意引和导,围绕教学目标,抓住重点,把握时间,适时进行因势利导,不能由学生肆意放纵,漫无边际地发散开去,不然就难以在规定时间内完成教学任务,也就难以达到预期目标了。教师要具备较强的调控能力,做到把学生随意地控制在自己的安排中。下面的鼓动性语言是十分奏效的例子。

例1:我知道大家都是很能干的,但老师现在要看一看谁能干,谁最能干,我们就将他称为勇敢者之王!

例2:刚才我轮回察看了大家写的作文,一是书写好,二是动作快,三是立意、选材、构思都不错,谁愿意第一个上台来把自己的佳作公之于世,让我们一饱耳福?

例3:××同学读了他的作文,谁觉得你比他还写得好?毛

257

泽东说"自信人生二百年",我看你们当中谁最自信?

例4:他这篇作文,无论从中心还是选材,或结构、语言,甚至开头结尾,都让老师十分满意,老师十分欣赏。但大家就真的不能提出哪怕一点儿修改意见了吗?

④引发性语言。为了让学生在感知、内化、表达、评价等方面,不自觉地被老师左右,可使用引发性语言。引发性语言指通过老师的导引,学生打开思路、积极思维的一种语言方式。引,要有趣、自然、合情合理,要能使学生茅塞顿开、跃跃欲试,产生冲动感和激情,促进"个性化"发展,达到一发不可收拾的效果。引,要重视学生的发散思维,努力培养学生立意新、选材新、角度新、表达新的良好写作习惯。如:写追忆往事的作文,学生如果难以下笔,教师可以给开个头。

例1:小时候,我做过许多让人笑破肚皮的事,如果你愿意听,我就随便讲一件。

例2:打开相册,一张张彩色照片映入眼帘。这使我回忆起前年一天去××游览的情景。

例3:记忆的小船越去越远,许许多多的往事都被我淡忘了。唯有那一件事,还时常萦绕脑际。

例4:天,还是那么热。吃过晚饭,我便和爸爸妈妈坐在院子里纳凉了。

……

写开头可以这样引发,对指导立意、选材、构思、布局、过渡、照应、修辞、遣词造句等,引发的道理和方式亦然。实践证明,只要学生在老师的得法导引下,产生了顿悟,他们就不愁表达(说和写)了。

⑤悬念性语言。指在作文教学中,故意提出一个能引起学生思考的问题,或安排一种能引起学生思索的气氛,使学生把注意力集中起来,且随之展开思维的一种激趣语言。使用悬念性语言

要注意：不能滥用，要合情合理。一经提出，就一定要解决；不能节外生枝，分散学生注意力。指导学生读写文章和故事新编或写童话、寓言体文章，就可以运用悬念性语言引发学生的思维。如：学生学习《凡卡》一课以后，我们可以针对凡卡的"信"导引出下列悬念。

例1：由于凡卡生活的国度以及时代背景的影响，他的信发出后将会产生如何的结果呢？（学生可能会根据悬念以《信寄出以后》《邮差拿到凡卡的信后》《凡卡的梦》等为题作文）

例2：凡卡爷爷十分疼爱凡卡，当他收到孙子的信后，又出现了怎样的奇迹？（学生可能会抓住悬念以《爷爷收到信以后》《通灵的泥鳅》《第二个日发略维夫老爷》《凡卡在回家途中》等为题目作文）

例3：假如凡卡的信落到了一个曾经也有过凡卡遭遇的官员手中，还将出现什么情况？（学生可能依据悬念以《穷人的父母官》《心灵的驱遣》等为题作文）这样，学生的思路是被真正打开了的，当然，写出的文章就会情真意切，生动感人。

⑥幽默性语言。指为了充分刺激学生说、议、写作文的兴趣，而采用的有趣（风趣）的而意味深长的语言。幽默性语言可以活跃学生思维，活跃课堂气氛，融洽师生情感。这种语言主要借助修辞格中的双关、讽喻、夸张、避讳、反语等来表现，当然更是在幽默、小品、方言等体裁中得到活用。如以下三例。

例1：要求学生力求把文章写得长一点，具体一点，讲这样一个幽默，作用是很大的："我要你们写一篇关于饼干的作文，并且要求写满两页纸。小明，你的作文为什么才写两行？"小明回答说："老师，我写的文章是关于压缩饼干的，所以就短。"

例2：要求学生把文章写得富有曲折性，做到一波三折，跌宕起伏，可用这样的幽默性语言开导："妈妈，以后您再不用为我过马路担心了。"妈妈急着问："为什么？"小明十分认真地说：

"因为我上了人身保险啊！"

例3：要求学生写文章抓住特点，写出地方味儿，就用这段幽默性语言作导：有个人特别爱旅游。一天，他来到邓小平故居广安。一下火车，他就迫不及待地奔向一位老大爷，问："老大爷，邓小平故居在哪里？"老大爷看了看这个光着脑壳，满身脏兮兮的年轻人询问道："你是哪个塌塌来的，来做啥子？"幽默性语言使用得好，对促进学生写好作文是可以起到四两拨千斤的作用的。

⑦赞赏性语言。指老师在作文课中，对学生的表达和表现感到非常满意而给予的赞叹和赏识。它近似于肯定性语言，但又有别于肯定性语言。它重在对学生的表达和表现最为出色、最为精彩时施以的更高层次的肯定，多用于对差生的闪光点和对优生的特别成功之点的肯定和赏识，一般不是指文章的某个细小部分，而是指某个大的方面（诸如：立意、材料、框架、层次等）或者文章的全方位的。赞赏性语言是肯定性语言的最高层次。比如以下四例。

例1：看全文，文章得益于丰富的想象力。同学们正值想象力十分活跃的年纪，应当充分调动、发挥想象力，让想象的翅膀飞起来，自由地翱翔于蓝天和大地之间。

例2：本文的最大特点是情节曲折，语言含蓄，使读者形成悬念。文章的结尾："我培养的橘子熟了，你培养的这些橘子也熟了！"语义双关，耐人寻味。

例3：《紧张的比赛》是一篇好文章，它通过中国、科威特两支国家队势均力敌的比赛，热情赞颂了我国足球健儿敢打敢拼的精神和娴熟的技艺，文章详略得当，重点突出，叙述、描写、议论相结合，时而写赛场的激烈拼搏，时而写观众的欢呼雀跃，把比赛写得激烈、紧张、扣人心弦，给人以身临其境的感觉。

例4：《家乡新事》的小作者紧紧抓住"新"字，写了两件事：一是五四路矗立起"台湾大戏院"，二是即将新建"台湾同胞旅行社"。通过写这两件事，表达了人们渴望祖国和平统一这一深刻主题。文章立意新颖高远。全文自始至终都利用父子唠家常式的对话展开叙述，十分自然、可信。结尾恰到好处，一句"我家乡的新事多美呀"便戛然而止，毫不拖泥带水，不但深化了主题，而且给读者留下了广阔的想象余地……

⑧反激性语言。这是一种不宜多用的语言形式，尤其是容易发怒的老师更要慎用或不用。反激性语言指因为气愤而激动所产生的一种反面激趣形式。偶尔运用反激性语言，其效果也是十分明显的。如对一个作文实验班的学生，在写一次参赛作文时，因为对第一稿质量不太满意，教师可采用这种方式来反激学生："大家昨天的初写，不要说是实验班，就是一个普通班，也不至于出现这等低水平！你们就真的这样向教师、向学校交差吗？你们就真的这般没出息？你们就甘愿不拿出让老师拭目以待的高质量文章吗？……"由于学生长期处于老师的正强化和宠爱之中，偶然听到这样的发自内心的不平的语言，学生一定会想很多，也会激动起来并尽最大努力去完成好这次作文。

作文教学中的教学语言还有很多，如老师口若悬河的精辟讲解，眉飞色舞的即兴作文，点石成金的正确引导，恰如其分的作文评价等，都会对学生产生极大的影响，使作文教学收到事半功倍的效果。教学语言是灵活多样的，要随机应变，适度调整。"冰冻三尺，非一日之寒"。只有教师语言丰富、精当，且"因地制宜"，因材施教，坚持不懈地进行有效的实践，才会让学生兴趣盎然，乃至产生不吐不快的愉悦感，才能真正让学生爱上作文、学习作文、写好作文，不断提高自身的作文水平。

第四，练笔垂范。"教师的身教重于言教。语文教师，应当除教课本上的文章外，还应当教一些自己写的文章。简言之，一定要通过教师的创造性去激发培养学生的创造性。"作文教学是一种创造性劳动，教师练笔垂范的作用是很大的。试想， 个语文教师，自己都写不出几篇像样的文章来，学生就会感觉"老师也不过如此"，他们的作文激情从何而来呢？要是一个语文教师，常有文章见报见刊，学生时常读到，他们怎么不对他们的老师敬而学之，尊而仿之呢？久而久之，教师的练笔便对学生的作文行为起到潜移默化的作用，学生的作文兴趣也会与日俱增，作文质量何愁提不高呢？

书面垂范如此，口头垂范的作用亦然。一个好的语文教师，如果口头表达能力强，具有即兴演讲的才能，出口成章，才思敏捷，无疑对学生的口表达和书面表达能力会起到导之以行、"润物细无声"的效果。

第五，要有"大语文教育观"和"大作文教学观"。张孝纯提出的"'大语文教育'的主张体现在一个'大'字上，其指导思想就是通过'一体两翼'的教学结构，以语文教育为轴心，向学生生活的各个领域拓展延伸，把学生的语文学习同其他的学校生活、家庭生活和社会生活有机结合起来……"即华特的"语文学习的外延与生活的外延相等"。作文教学，更需要这一教育思想的贯彻落实。常有人为小学生作文的"无米之炊"而苦恼，但这"米"本来就在学生的周围，就在学生的生活中，如果我们教育学生留心生活、抓住生活中哪怕转瞬即逝的瞬间，他们作文时哪里还愁缺少材料呢？学生的生活是五彩缤纷的，其中充满无限乐趣，只要他们愿意深入生活、洞察生活，其收获之乐自然融融，其作文之"炊"自然"粮"足"米"丰。

综上所述，"兴趣作文"虽然在我们的研究中已积累很多的可以推广的经验与成果，但就其本身而言，还有非常多的子集有待开发和研究，有关理论问题也有待进一步升华和总结。尽管如此，我们仍有理由相信，这朵教改艺苑中迟开的无名花定会有它姹紫嫣红之时，定会有它绽放异彩之日！

（六）拓宽视角

学校的艺术教育要有"wei"[①]

——成都市成华小学艺术学科审美教育工作汇报

成华小学建于 1991 年，现有锦绣、新华两个校区，教学班 69 个，学生 2456 名，教师 148 名，经过二十余年的发展，已成为省级示范校和成都市优质教育集团学校，被媒体誉为成都市小学"新五朵金花"之一。

二十多年来，学校将"尚美育人，美育成华"的办学理念融入艺术教育的全过程，坚持"以美育人""以艺育人""艺美并存"，潜心寻找师生发展、学校提升的最佳途径，帮助师生塑造完美、愉悦的心理结构以及和谐、美丽的幸福人生。二十余年潜心、虔诚而富于智慧的探索，由单一到综合，由局部到整体，由校内到校外的"以美育人"与课程改革的融合，使我们知道：美的因素不仅能滋养人的性情，也可以哺育人的理性，培养人的想象力和创造力，孕育全面和谐发展的个性。这是我们成华教育人践行艺术教育、涵育师生审美素养孜孜以求的目标。

1. 重方向，学校艺术教育要明确其"为"

学校教育要思考其教育目标与追求，同样，学校艺术教育也应该思考其教育目标和追求。小平同志指出，教育要坚持"三个面向"。我们要在"三个面向"的前提下，做好"三个为了"：一切为了学生，为了一切学生，为了学生的一切。美在各个学科都有体现，但作为基础教育中的学校艺术教育，它更能发挥美育优势，使学生获得美的成长。因此，我们将学校艺术学科的审美教育定位为："艺美育人，美润人生。"我们力求既为学生的今天过

[①] 本文为学校争创全国艺术学校而作，廖佳秋做了部分修改。

得很好，也为学生的明天过得很好奠定坚实的基础。在教育过程中遵循教育规律，使学生德智体美劳各方面获得全面、协调发展。

2. 重坚守，学校艺术教育要谋定其"位"

美育在我校有着坚实、稳固的地位。建校二十余年来，三任校级领导班子都高度重视美育和艺术教育，始终把艺美教育作为学校全面实施素质教育、促进学生全面发展、提高教育教学质量、塑造学校品牌的重要举措。紧紧围绕"美育"这一主线，学校相继开展了系列美育课题研究（"儿童生活美育与和谐发展研究""学科审美化研究""美育校本课程的开发与研究""教师尚美文化建设研究""小学生尚美社团的构建策略与发展价值研究""基于尚美核心素养的整合课程研究"等），逐步构建起以"尚美"为主题（教育主张），以"尚美课堂（教学美育）、尚美社团（活动美育）、尚美校园（环境美育）"为支柱的"尚美"教育体系。学校目前基本形成了具有"尚美"特质的办学特色，尚美文化基本形成，学生发展良好，干部教师队伍梯度成长，学校管理有序，是区域内知名的美育特色学校，被中国美育学会授予"以美育人的摇篮"的光荣称号。二十余年来，我校教师共发表与尚美有关的文章 500 余篇；参加各级论文评比、赛课等在全国、省、市、区均有获奖。每年有大量学生参加艺术人才选拔赛获得全国、省、市奖励。学校艺术社团应邀赴韩国、日本、新加坡等国演出，获得极高评价。在成都电视台、四川电视台、中央电视台等演出多次，师生共同创作的美术作品《熊猫家园》被联合国永久收藏。

3. 重实效，学校艺术教育要蕴涵其"味"

（1）以艺益智，激活学生学习潜能

多元智能理论告诉我们，人的智能发展是有差异的。教育就是要千方百计使学生获得成功的体验，并将此体验延伸到其他学习活动中，促进学生各方面的协同发展。在艺术教育实践活动中，我校的艺术学科教师注重通过多种艺术门类培养学生多种智能，在创设情景中考察多种智能，在解决问题中发展多种智能。如在进行音乐作品分析时，注重锻炼推理逻辑强项的同学（数理/逻辑智能培养）。在美术课堂上，让学生学会用心灵的眼睛感受空间，用内在的视觉描绘世界（视觉/空间智能培养）。在音乐课上，聆听音乐、欣赏音乐、创造音乐（音乐节奏智能培养）。在舞蹈训练中让有这方面特长的学生得以施展才华，用动作表达，用身体说话（身体运动智能培养）。聆听和欣赏经典艺术作品，让学生通过反省认识自我，借助他人获得内在顿悟（自我认识智能培养），等等。个性化的艺术教育，促进学生综合素质和学习质量的全面提高。根据我们多年的观察发现，活跃在艺术活动中的班级通常在学科学业成绩上也名列年级前茅。

（2）以艺怡情，奠基学生幸福人生

"知之者不如好之者，好之者不如乐之者。"多年来，学校在实施艺术教育的过程中，始终坚持"以人为本"的素质教育思想，坚持"普及与提高并重"，严格遵循艺术教育的各项原则，通过科学制订艺术活动计划，合理安排学生艺术活动时间，科学实施学生艺术训练，始终让学生在愉快的生活中接受艺术的熏陶。在此过程中，学生参与艺术教育活动是自愿的、自觉的、自主的，他们在活动中没有太多的拘束，更没有硬性的书面作业，也不会因为没有完成好"课堂作业""家庭作业"而受到责罚，他们的心情总是处于极佳的状态。五彩缤纷的校园社团生活，常常让孩子们流连忘返。对他们而言，学校就是名副其实的乐园。同时，艺术教育的收获像技能一样，一旦一朝获得，将终身受益，不仅关系到今天的学习兴趣，更影响日后的人生发展。我校通过对已毕业学生的了解，目前也有一些毕业生是由于以前在学校的艺术教育获得了幸福感，而从事艺术类工作。

（3）以艺立德，构建核心价值体系

自 1992 年我校确立"以艺术教育为突破口，深化美育，促进学生全面发展"研究课题以来，围绕"美育"主题，先后进行了五轮美育专题研究。通过多年坚持不懈的探索与实践，学校"以美育人"的核心价值体系逐渐形成，有内涵、有品位、有风格的校园文化正润物无声地熏陶着师生的成长，支撑着学校的发展。通过课程与活动、教学与管理等有效载体，把孩子们培养成为"美的学生"，让老师成为"美的教师"，把学校办成"美的学校"，让教育成为"美"的事业的美好愿景正逐步得以实现。学校立足现实、校情，应用校本资源，让每一个孩子尽享最丰盛的教育资源，获得最充分的优质教育；学校努力为孩子们营造一个至真、至善、至美的成长家园，让孩子们领略到充满人文关怀的教育治学，聆听到学者型教师的谆谆教诲，体验到生命化课堂的真正含义，并逐步从美育特色校走向美育文化学校。

（4）以艺促行，搭建学生成长舞台

舞蹈、合唱、器乐、绘画、课本剧、小品、川剧、武术等，是孩子喜闻乐见、乐此不疲的艺术形式，也是给他们提供交流、展示平台机会最常见、最有生命力的表达方式。学校组织的艺术节、音乐节、管乐节、"我型我秀""校园形象大使"选拔，学生的参与率达到 100%。集会、升旗仪式、大型展演活动、班队特色活动，无一不是孩子们最快乐的时刻。每逢节假日，便组织学生进行文艺排练、演出，并形成传统；同时开设艺术兴趣小组作为教育阵地，在活动中培养学生艺术素质。学校有数个艺术团队，多年来一直深受全校学生喜爱，每年都吸引了无数孩子踊跃加入。进入"十二五"，我校进一步创新艺术社团建设机制，提升艺术教育品质，充分发挥学生主观能动性，组建上百个"学生尚美社团"，3000 多名学生全员参与，实现 100% 的覆盖率，学生自任"社长"，自己安排活动。在丰富多彩的社团活动中，学生自我设计、自我展示，实现自我成长。

学校位于东篱社区附近，在一些重要节假日如春节、学雷锋日、重阳节等日子里，学校还组织学生进社区开展一些慰问演出活动。学校依托管乐社团、合唱社团、美术社团的力量，通过进社区活动，学生将自己在学校里学到的舞蹈、唱歌、绘画等技能在社区里进行展示。通过活动的开展，社区居民对孩子们的表现大加赞赏，孩子们的能力得到了社区的肯定，也拉近了学校与社区的距离。学校在艺术教育中打破封闭的教学环境对学生的束缚，引导学生走近自然、走进社会，体现了陶行知先生"生活即教育"的思想，对于引导学生从小认同民族文化，树立民族自尊心、自信心和自豪感具有不可替代的作用。

4. 重激励，艺术教育测评要丰富其"维"

我校历来重视学生的艺术个性发展，建立了学生艺术素养多维度测评体系。学生可以根据自己的特长和爱好选择参加不同的艺术学习活动，教师能针对不同艺术特长的学生进行有针对性的培养。在艺术测评考核中，我们坚持不以期末单次成绩一锤定音，而是根据孩子在一学期中各种艺术学习行为的具体表现来给出一个综合评定。概括说来，大致可以分为三个方面。

（1）对学科课堂中表现出的艺术素养进行评定

音乐学科考核内容分为四个部分进行：即学生音乐课行为习惯、音乐的基本能力、音乐基础知识及个性特长。考核以小组共同表演的形式进行，考核内容由教师选定，要求学生把自己对作品的理解，准确、完整地表现出来。教师评分的依据是学生的综合素质，加上平时表现及个性特长。

美术学科考核内容分为四个部分，即学生美术课行为习惯，如课堂纪律、工具携带情况；学生绘画的基本能力，如构图和色彩搭配。学生绘画作业完成情况，如是否认真完成；学生绘画卫生情况等。美术学科注重过程性的检测，以个人考核为主。测评内容由教师根据教材确定。

（2）对参与艺术竞赛展示的作品和行为进行评定

学校在每次艺术竞赛或节日展示活动中对入选的艺术作品进行分值评定，并告知此次作品可以作为期末考核的依据，激发了学生的创作热情，使很多孩子能够在自己比较熟悉的范围创作作品，更好地展示期末考核的成果，同时也大大丰富了艺术展示的内容。学生可以利用一切艺术学习的时间和空间，比如艺术课堂、艺术社团、"430"艺术俱乐部等积极创作自己的艺术作品。当漫画、泥塑、剪纸、版画及手工的作品更多地出现在我们的眼前时，我们看到了美术激发出学生想象和创造的能力。管乐中小号、长号、单簧管演奏声声入耳，中国舞、恰恰、华尔兹表演美轮美奂，合唱、独唱、二重唱、表演唱余音绕梁，无不令人感受到音乐激发出了学生的生命活力。

（3）对参与德育主题活动的艺术作品和行为进行评定

比如学校开展"我心中的成华小学"活动，通过摄影、绘画、书法等各种方式体现学生对学校的热爱。从参与的过程来看，每个班至少有过半的孩子直接参与了作品的创作，我们也根据这些作品进行了校内的展示和评比。在这种情况下，我们把学生评比奖项进行了分值划分，小组项目组长优先加分，组员及绘画单项则根据班级团体成绩的位置在相应的分段中取一个分值。这样的变化，随之而来的是孩子们对德育主题活动更大的参与热情，而小组项目也因为这样的考核评分更加优化了小组成员的工作。

5. 重提升，学校艺术教育要拓展其"未"

《中共中央关于全面深化改革若干重大问题的决定》指出：要改进美育教学，提高学生审美和人文素养。我校重视尚美教育，走到今天，应该说已经进入学校发展的鼎盛时代。为了更好地促进学生的未来发展，我们提出"构建新空间，提升学习力，培养好品质"的努力目标，旨在使学生获得美的发展，成就尚美的人生。我们特别关注对学生审美素养的熏陶、审美行为的养成、审美能力的训练，确定了新一阶段学生发展目标、教师发展目标、学校发展目标。

学生发展目标：基础扎实、善思灵动、行善心美、健康阳光。

教师发展目标：求真务实、德艺并举、研教多能、智慧大气。

学校发展目标：办学生动、特色鲜明、运行高效、师生和谐。

围绕尚美育人愿景，遵循学生、教师、学校三大发展目标，我们以"基于尚美核心素养的整合课程研究"为抓手，试图通过整合课程对学校的发展进行顶层设计，通过将国家课程、地方课程校本化实施，整合、开发具有学校特色的尚美课程，来全面落实学校的办学理念、育人目标。我们依据尚美的核心素养——审美感受力、审美鉴赏力、审美创造力，设计出"尚美核心素养的整合课程框架图"，努力开发自然美、弘扬心灵美、实践行为美、培养内在美、修饰外在美、积极创造美。并以形美、行美、心美为尚美核心素养的整合课程的总目标，实践与学科整合的渗透性课程、与活动整合的体验性课程，竭力开发与学科教学、未来教室、主题活动整合的创新性课程。

多年的尚美教育实践让我们体会到：小学的审美教育不是培养技能，而是培养一颗丰富的内心和感受人性之美、自然之美、社会之美的能力。儿童美育的真正目的是让孩子拥有一颗柔软而又敏锐的心，只有这样他们才能充满自信地走进这个世界，才能领略和欣赏生活里种种奇妙、有趣和美丽的现象，这些现象可能是色彩，可能是线条，也可能是音符，但更有可能是一种与外界事物互相融合的内心活动。如果"美育"开始得早，引导得好，学生整个人生都会因此而受益无穷。说得窄一点，这是一种品位的养成教育，说得宽一些，这其实就是整个人格的养成教育。而爱，是一切美的事物的源泉，以爱的眼光来看世界，你将会看到无限的美好。我们的孩子不见得，也不可能在成人之后都成长为艺术家，但我们却可以帮助他们培养很好的艺术修养，享受作为欣赏者的乐趣，受益终生。

回顾成华小学的尚美教育之路，我们深知，没有什么修养与能力是可以"速成"的，尤其在育人的领域，更需要时间与兴趣，微笑着、耐心地让我们的孩子在关怀下尽可能轻松地成长。我们要种的是一棵枝叶繁茂的快乐之树，而不是一棵被捆绑修剪得伤痕累累的盆景。如果我们都能以温和与从容的态度，牵着孩子的手，从他们起步的阶段，就让他们感受"美"的存在，他们才有可能终生都能与美同行！

我们有理由相信，在学校办学理念的统领下，我校的艺术教育之路将会走得更加笃实、稳健。

三、淬炼点滴思考

（一）科研管理

搭建教科研交互运行的有效平台

我坚信这样一句话——教学质量是学校的生存线，后勤管理的是学校的保障线，而教育科研则是学校的生命线。

成华小学为什么能在短短的十多年时间里，快速成为全区的特色鲜明的示范学校？稍加分析，就不难发现这正是教科研协同发展的结果。我校自"七五"开始就瞄准"美育"作为科研课题，先后开展了"儿童生活美育""学科教学审美化""校本课程的开发与研究"和"尚美教师文化建设"一系列研究,"美育"已成为我校的特色,甚至可以说美育就是成华小学的代名词。由此可见,科研就是学校的生命线,就是学校创特色的助推器。

一所学校怎样才能很好地将教科研有机地结合起来,实现教科研交互运行呢?

首先,学校姓"教",紧紧抓住教育教学是学校工作的关键和核心。教科室表面上与教导处有一些差别。似乎教导处就是具体管理教育教学工作的,而教科室则应该抓学校的科研工作。如果这样分工,那就会出现很大偏差,甚至错误。我认为教导处更多的是关注学校教育教学工作中的日常事务,它的分工是比较琐碎的,直指学生和教师的日常行为规范、基本教学管理与监督、教师的考勤、学校的环境卫生等;而教科室则更应多关注教导处如何实施这样的管理与监督。也就是说,要为教导处提供导向,提供理论支撑,提供操作帮助。而这些,归结起来就是要帮助教导处怎样搞好学校姓"教"的问题。比如教学"六认真"的问题,"六认真"中的再具体分支的问题:上课前怎样钻研教材,怎样吃透教材,怎样确定每节课的教学目标,怎样处理教材的重难点,怎样进行学情分析,怎样备课,怎样设计教学环节,怎样处理每一个具体环节,怎样设计板书,怎样布置课堂作业和课后作业,怎样进行培优辅差,等等。这些问题看似细小,其实是大事,尤其是每节课教学中的大事,如果处理得好,教学效益就好;相反,教学效益必然很差。所以,在处理教育教学的具体事务时,教科室不能与教导处分家,而要并肩作战,要实现$1+1>2$的目标任务。只有学校的教育教学秩序正常了、有规律了、有基本的套路或建模了,老师们才会很好地按照学校的统一指令进行自己个体的工作。也只有自己个体的工作合规律性,学校整体的教育教学工作才能形成合力,教育教学质量才可能有保障。

其次,教科室要姓"研",也就是要针对学校的具体问题开展相应的研究。专家的研究再好，大学的研究再高层次，也不一定适合每所小学。小学的研究，大多属于应用型研究。这个"研"，指的就是切合学校实际的，对教育教学中的具体问题的诊断和研讨。比如，一所学校中有老中青三类老师，对于刚参加工作不久的老师，要侧重组织他们研究上好入格课的问题，包括从钻研教材和写教案，再到课堂教学中每一个具体问题的设计和处理。而对中青年老师，则需要帮助他们在有"格"的前提下，走特色教育教学之路，实现自己专业发展的"最近发展区"，"破格"后建立属于自己的新"格"。对于老年教师，要帮助他们克服职业倦怠感，找回属于他们的有青春活力，并享受教育之路，并在其教育工作的"秋季"收获更加丰硕的果实。当然，这些都是普遍意义上的，还要针对不同老师进行具体分析，"对症下药"，使每位老师找回自信，重振雄风。

第三，教科室更要姓"科"，就是在与老师们一起研究之前，要有充分的准备，要用适应时代的教育科学理论指导自己的研究。科学研究是至关重要的，教科室说的话不能是信口开河，不能是模棱两可，要掷地有声，要让老师们信服，要有理有据，要符合教育的科学规律，要把提高教师的素质放在工作的首位。具体可以以下五方面着手。

一是加强理论学习，更新教育理念。如：专题讲座、集体学习、小组讨论，给每位教师推荐各种教育教学资料，建立校园网，办公电脑联网，让教师随时可在网上查找资料，聘请专家或兄弟学校学者做科研报告等。

二是加强教学研讨，深化教学科研。定期开展教学研讨活动，做到教研与科研的紧密结合，使研究课题来自教学实践又紧紧围绕教学实践服务，既在课堂中确定课题，又带着课题进入课堂。具体采取以教研组为单位，先确定研究内容—再集体研讨—上研究课—集体评课—探讨—再上研究课—再集体评课讨论的系列教师参与式培训活动，使科研真正落实到课题上。

三是进一步探索现代化信息技术与学科整合之路。把现代化教育技术与教学实践结合起来，促进教育手段的现代化。一是建立"办公—学习一体化"的工作模式，充分利用图书室、电脑室、校园网等资源。二是加强课件制作的培训，努力形成教案设计、课件制作、课件运用骨干队伍，同时进行校优秀课件评比。

四是将课堂教学作为一项核心内容，以"和谐扬长，互动发展"为教学管理模式，以"探索—实践—反思—超越"为课堂教学模式，推行四大反思（课前反思、课中反思、课后反思、集体反思），加强对教师校本培训和专业化队伍的建设，促进教师的群体素质明显提高，使课堂上呈现出丰富多彩的教学氛围，学生的学习主动性得到培养、提高；建立加大集体备课力度，开创新的备课形式，以因"材"施教与因"才"施教相结合，开展"提问式备课""问题式备课""诊断式备课""研讨式备课"等，兴起"互动式""参与式"等校本教研模式，建立合作互动的校本研训队伍，全校形成具有"研教"特色的校园文化，实现优势互补，共同发展。

五是实施一师带一徒，师徒共同研究的格局。建立健全相关青年教师培训制度和活动，确保培训工作的实效性。充分利用校本资源，健全师徒培训制度。建立健全师徒制度，做到一师带一徒，并要求师傅深入课堂，亲自指点青年教师的教学工作，组织好师徒备课，并利用每周宝贵的教研活动时间让师傅对徒弟一周的工作进行点评，及时弥补工作失误，并建立相关的教学奖励机制，提高老教师的工作积极性。

统筹协调，责任到人，精细管理①

学校工作有"三线"：后勤工作是学校的保障线，教学质量是学校的生命线，教育科研是学校发展的水平线。

教育科研在学校工作中举足轻重，它引领学校走高品位的特色之路，引领教师们从"教书匠"走向"专家型"教师队伍群体，引领教育教学质量从粗犷的经验道路走向精准化的科学、高效之路。一所学校怎样才能做好教育科研的管理工作呢？我们的办法是：统筹协调、责任到人、精细化管理。

1. 统筹协调

现在大多数学校的科研课题一般都有三至五个，有的学校还有更多。我校三个校区，共有"尚美教师文化建设研究""构建和谐校园，促进教师专业发展的研究""川剧文化资源在学校艺术教育中的应用研究""学科教学资源库的建设与运用研究""城市流动人口子女同伴互助策略研究""促进城市流动人口子女学校适应的家校合作途径研究""科学思想在课堂教学中的运用及策略研究""对不同年龄段学生评价能力的培养研究""体育教师课堂教学质量的评价指标体系研究""促进数学学困生课堂有效学习的策略研究""合作学习中学生深度参与的策略研究"等11个课题。其中，全国课题3个，省级课题1个，市级课题2个，区级课题5个，还有校刊《美韵》的定期组稿、编辑工作。头绪之多，任务之繁重，对某一个人来说，即便有三头六臂，也是无法胜任的。

我作为具体负责学校教育科研的教科室主任，除了总管三个校区的教科外，要教一个班语文，要管理一个校区的教育科研和一个校区的语文教学，要紧抓成都市教科所和中国教育学会美育

---

① 本文为李建荣在成华区科研工作会议上的发言。

专委会的重点课题"尚美教师文化建设"这个主要课题，如果事无巨细，全部身体力行，可以说是心有余而力不足的，到最后也许只能是想得到但做不到，甚至是想都想不到就更难说做得怎样了。这样一来，教育科研，还谈什么引领作用呢？还谈什么促进作用呢？

对此，我校领导十分清楚，因此，安排了3位同志负责教科室工作，分别设在每个校区。作为教科室主任的我，主要承担教科室工作的总体考虑，全面策划，起草教科室工作计划，布置教科室阶段工作；对各个课题作总体构想，培训相关工作人员；协调、组织另外两位教科室负责人研究学期工作，落实每月工作；定期召开教科室会议，反馈工作情况，调整工作思路；落实过程管理，跟踪课题研究进展情况；等等。这样，三个校区既有分工，又有"统筹"安排，保证了我校的教科室工作的有序开展。

在课题设置方面，也需要统筹。比如，原东风路小学自今年暑假成为我校西校区之后，我们就将他们原来的5个课题与我校本部、南区的课题进行了整合，在请示上级同意的前提下，精简了"促进城市流动人口子女学校适应的家校合作途径研究"和"体育教师课堂教学质量的评价指标体系研究"两个课题，把这两个课题的参研老师并入了"城市流动人口子女同伴互助策略研究""对不同年龄段学生评价能力的培养研究"的课题研究中。这样，既突出学校研究特点，又实现了研究力量的整合，还可以保证课题开展真实有效。

2. 责任到人

一个和尚挑水吃，两个和尚抬水吃，三个和尚没水吃。这是《三个和尚》这个故事告诉我们的道理。在学校工作中，如果对每个人没有合理、明确的责任分工，"没水吃"的现象很可能会出现。因为人都有惰性，都有依赖性。加之在有的老师看来，教育科研属于教育教学工作以外的事情，做或不做都不会影响到自

275

己的教学质量。同时，还因为教育科研需要老师们默默无闻、脚踏实地、挑灯夜战地干，需要无私的奉献精神，要做很多别人看不见的工作。有时干了，也未必有明显的收获，或者不会立竿见影地反映出来。所以，有很多人是不乐意做这样的事情的。这种情况下，就更需要学校对科研课题有明确的责任分工，把责任落实到人头上，把目标细化到研究的每一阶段。

我校在整合课题之后，还有九大课题。学校领导开宗明义，让我在全校老师中另选了七名"精兵"作为教科室成员，有6人分别负责一个课题，一人专门管理校刊《美韵》。具体地说，我们的分工如下。

李建荣主管"尚美教师文化建设研究"课题，阮顿秋主管"合作学习中学生深度参与的策略研究"课题，张虹主管"川剧文化资源在学校艺术教育中的应用研究"课题，陈林负责"学科教学资源库的建设与运用"课题，严忠文负责"对不同年龄段学生评价能力的研究"课题，廖佳秋负责"科学思想在课堂教学中的运用及策略研究"课题，赖娟负责"城市流动人口子女同伴互助策略研究"课题，凌廷燕负责"构建和谐校园，促进教师专业发展的研究"课题，何利芳负责"促进数学学困生课堂有效学习的策略研究"课题，邓起林牵头《美韵》编辑工作。

只有分工明确了、要求明确了、目标明确了，大家心中有数了，各位教科室成员才能对自己分管的课题大显身手。当然，分工只是表面的，是就某个方面而言的，分工不能分家，分工不是单干。作为教科室主任，还要分层次地培训科研骨干，教给他们研究方法，帮助他们开展扎实的科研。做好分工之后的统一布置、安排，随时了解课题的开展情况，帮助解决研究中遇到的困难和困惑，要做好检查督促工作，做好梯队培养工作，做好后勤保障工作，做好宣传鼓劲工作，做好研究的"升级换代"工作。

我校的课题研究，由于融入了大家的智慧，实现了群策群力，9 大课题基本上做到了有序推进，各个课题都按"课题方案"和学期计划扎实而有效地推进着。

3. 精细化管理

"细节决定成败"。工作效果的好坏，取决于管理者实施管理的方略。我校的科研管理，基本上走的是精细化管理之路。

我们知道，要实施精细化管理，首先就要做精细人。大到教科研学期工作的方方面面规划，小到需要教师完成的方方面面任务，以及哪些工作需要指导教师去做的，哪些工作需要自己亲力亲为的，作为教科管理人员都要心中有数。

每学期初，学校教科管理者都会对学校主课题重新规划或调整。课题规划与调整其实也是一项很令人头疼的工作。作为教科管理者，要全面审视过去一学期的课题研究情况，准确地总结有益经验，敏锐地捕捉存在的问题，从教师当前研究的实际出发，确定规划与调整思路，正确定位，科学合理地确定一个个研究项目，条条落实时间和责任人，将研究任务层层落实给相关教师。这样，就能使一学期的课题研究工作"有章可循"，秩序井然地进入研究状态。

课题管理需要精细化操作，教师的日常科研也要精细化操作。要求教师填写《教师工作手册》，不仅要统一要求，也要按时检查，及时反馈，直接指出优点，善意指出缺点，提出下个月努力方向，使老师们完全处在教科管理者的监管之下。对上级教科行政部门组织的论文评比活动要积极组织参评，并纳入相关考核。如此等等，都需要我们用心去管理，能细化到组就要细化到组，能细化到人就要细化到人。只有对工作精益求精，才能取得老师的信任，才能收到研究的实效。

比如，我校对"尚美教师文化建设研究"这个重点课题，就采用了力量倾斜、重点突破，比其他课题更精细化的管理。具体地说有以下五点。

（1）围绕"尚美"课题，思考在学科教学中的融入点

确定美育教学目标；实施美育校本课程的开发与研究；开设教师选修课；开设学生美育课。

（2）围绕"尚美"课题，探究在课堂教学中的突破点

进行《课堂导学评价量表》的改革；教师、行政每期使用这张《量表》评价老师的随堂课和老师的展示课；落实看课后的"2+2"意见交流方式。

（3）围绕"尚美"课题，开展在教学上的"比武练兵"

"同课异构"的研究与实施；名师引领课堂活动的开展；青年教师的全员赛课；校级学科带头人的评选；最具影响力的班主任的评选等。

（4）围绕"尚美"课题，不断"充电"，锐意进取

①组织有研究能力的老师外出学习、考察，回来后进行梳理总结，使老师们看见外面的世界的精彩。

②组织全体老师利用业余时间集中学习专著、名著，写读后感、心得笔记，使老师们在理论学习、思想认识上有明显提高。

如学习《西方美学史》《谈美》《谈文学》《美学的散步》《西方美术名著选译》《中国美学史论集》《华夏美学》《艺术与创生——生态式艺术教育概论》等美育专著。

③按照老师的年龄、知识结构层次进行分层管理，落实不同的科研目标任务，实现教育研究的科学化。

④邀请专家进行专题讲座，使老师们有明确的工作指向。

（5）围绕"尚美"课题，做好阶段总结和结题准备

我们干的这项工作，要耐得住寂寞，要能忍受得住失败之痛苦的煎熬。只有默默无闻，脚踏实地，持之以恒，无私奉献，才能收获欢乐和希望，才能使我们的工作真正成为引领学校、教师的航标。

既要"高大沉"，又讲"情理法"①

连续四年，我的工作地点发生了三次变化：先是在县城的一所省级重点小学，后来调到市级的一所重点学校，再后来又被人才引进至成都的一所窗口学校。比较巧的是，虽然我的工作频繁变动，但在学校除了基本的教学任务之外，都无一例外地担任了学校的教科室主任的工作。

教科室，就是要与教育科研打交道；教科室主任，应该是学校校长的智囊细胞，要帮助校长思考一所学校的发展方向，要考虑学校的教育科研以什么为抓手，要考虑如何打造学校的特色，还要考虑怎样最大限度地让学生受益。在过去的工作中，虽然也曾有过一些经验，但因为教科室主任的一些工作性质，所以在工作常遇到难题，有时还能看到一些老师"见风使舵""阳奉阴违"，或当着校长、副校长唯唯诺诺、点头称是；但一避开他们的眼睛，就稳若泰山、雷打不动；或当面说你点子好，背后就下定决心与你对着干；或直截了当地冲着你说："小学教师不能与大学教授相提并论，搞科研那不是咱们的本分。严重点说，就是不务正业！"

俗话说"会打鼓要三班人"。一个人的力量始终是有限的，教育科研必须依靠学校全体老师。真科研一定是全员参与的科研。只有把全体老师的积极性充分调动起来，教科室的工作才能形成"一个好汉三个帮"的局面，学校的科研工作才可能会呈现出"百花齐放春满园"的壮丽景象。

教科室主任怎样做才能把学校的教育科研工作开展得扎实有效，质量较高？总结自己，以飨他人，我觉得教科室主任既要"高大沉"，还要实行情理法的并用。

---

① 2008年1月，本文获得成都市2007年度教育改革与研究论文二等奖。

1. 教科室主任要做到"高大沉"

首先，教科室主任要姓"高"。作为教科室主任，一定要站在学校校长的高度思考学校的发展问题，有时甚至可以比校长站得更高，想得更多，看得更远。这里的"高"，一方面指自己要有较雄厚、扎实的理论修养，有驾驭学校教育科研的能力，有统揽全局的智慧；另一方面，要在深入分析学校实际情况的前提下，找准学校发展的大方向，给校长做好智囊支持，做校长在学校办学理念、发展规划、制度建设、队伍成长、科学管理等方面的策划师，要具有提纲挈领的超凡能力，做学校发展的"军师"。

其次，教科室主任要姓"大"。大指的是大气、霸气、才气。所谓大气，就是要有宏才大略，看问题要能抓住学校科研工作的关键，提出的科研课题能牵一发而动全身，能帮助全体教师在学校科研总课题的引领下进入快速发展的轨道，实现专业化、专家型地发展。教科室主任还要能广纳大家的谏言，能甄别众多意见中的具有价值的见解。所谓霸气，就是要敢于提出问题，敢于应对问题，善于解决问题。一旦通过深思熟虑经集体研究决定的科研工作，就要敢于"啃硬骨头"，敢于做"弄潮儿"。要善于在以人格魅力影响老师的同时，敢于用严格的制度管理人，用统一的标准评价人，用敢为人先的精神感染人。所谓才气，就是一定要博览群书，一旦讲话，就言之有据、言之有理、言之有情、言之动人。

第三，教科室主任要姓"沉"。这里有三层意思：一是要在站得高，看得清，抓得准的前提下，还要沉得下去。如做一个比较宏大的课题，教科室主任不能只站在高高的云端之上来俯视美丽大地的风景。你一定要把它的子课题建立在河流、田野、山岗上，甚至建立到大地的每一株植物的根须上，或是根须的一些细胞上，使根须能深深地扎入泥土，从而吮吸到最根本、最丰富、最宝贵的营养。不能只高得上去，而无法深入下去。二是要能够与最基层的老师一道扎根最基础的研究，并且给他们提供研究的方向、方法，帮助其不断总结阶段研究成果，让老师们切实感受到科研果实的甜蜜。也就是既要能当"教练"，也要会做"优秀运动员"，还要像幼儿园的阿姨那样能用糖果勾起参与研究的老师的胃口，做老师真正的良师益友。三是要耐得住寂寞。搞教育科研，很多时候都是既辛苦又不易见到成效，或许还有失败痛苦的煎熬。它不像有的工作能够立竿见影，能够一做就让人眼前一亮，需要默默无闻，需要脚踏实地，需要持之以恒，需要无私奉献。只有具备了这样的"沉"，教育科研才是真正的科研；只有这样搞研究，才会对学生、对老师、对学校、对社会生产出最有益的成果。

2. 教科室主任要讲"情、理、法"

前面是从教科室主任自身角度来说的。如果做到前面谈的几点，也还远远不够。因为教科室主任不能对学校的科研课题"包打包唱"，不能搞"独角戏"，要想方设法让老师都动起来。也就是在科研工作管理上，还得有自己的办法。

其一，教科室主任，既要做研究的实干家，也要做优秀的管理人员。只会埋头拉车的"老黄牛"是不能胜任科研管理者的。科研管理的核心是人，教师们是一个个活生生的人，他们有思想，有感情，有独立的人格，有各种需要，包括渴望自身价值的实现——这些正是作为生命体的人的主要特性。科研管理要正视这一特性，在注重管理的科学化、有序化的同时，确立生命意识，关注生命，以教师的发展为本，树立人本主义的现代教育管理理念，进行民主管理。做到人人有事做，事事有人管；人人能做事，事事能做好；人人兢兢业业做事，事事认认真真做好；人人高兴愉快和谐做事，事事高质高效低耗完成。要达到这一目标，要做到爱护人、关心人、尊重人、善用人、培养人、满足人在物质和精神、生理和心理等方面的需求，培养集体精神和合作意识，建立和谐的人际关系，创造良好优越的工作环境和条件，充分体现出每个人的人生价值。

其二，在制度面前，既要人人平等，又要机动灵活。举个例子，我在每个月的科研"月考核"时，一般都是严格按学校的管理制度行事，但有时候也会十分人性化地根据不同年龄、不同性格、不同工作难易程度、不同工作强度，做出不同的"月考核结果"。当然，这不是在领导面前阳奉阴违，也不是为了收买人心拉拢一部分老师，而是在处理老师的"月考核"的实际情况时，先要准确无误地了解各种真实情况，分析老师们不能按要求和目标完成任务的主、客观原因。如果情况特殊，如果有情可原，就要换位思考问题，做到"善解人意"，为老师解决燃眉之急，不让老师感到自责。试想，老师们即便是因为主观原因没完成任务，而你的操作又已经善意地超越了制度，老师们一定会从心底认识到自己的不足，会从心底感激你的宽容，日后更会以真诚工作换你的真心，他们下个月的工作一定会让你满意有加，他们也会尽力地支持你的工作。

其三，科研管理，说白了就是要平衡不同层次教师的心态。科研管理如果过于僵化、死板、苛刻，必然导致参与科研工作的老师怨声载道，必然影响教育科研的质量。那些不顾广大教师的意愿，把领导的意志强加于老师的做法，更是影响教师参与科研工作积极性的。教科室不能谈"以待遇留人"，但我觉得可以"以感情留人，以事业留人"，把"五心三情"贯穿于日常科研管理工作中，对教师真心呵护，诚心关怀，耐心扶助，细心体察，全心依靠，做到思想工作灌注情，物质激励富于情，精神鼓励满含情。领导的关怀如点点甘霖滋润教师心田，"真心换来诚心，热情换来激情"，教师心往一处想，劲往一处使，忘我工作，我们就不愁科研工作不能取得好效果了。

其四，科研工作要根据岗位性质和人的思想觉悟、能力高低、性格特点等择优上岗，做到知人善用、扬长避短、人尽其才；工作数量达到满负荷，工作质量要高标准；岗位职责要具体且易操作和检查。要建立科学的选人、用人、监督、评价管理制度，实行严格的管理程序。要建立不同层次的科研队伍，对不同层次的老师提出不同的科研要求。比如，对新上岗教师要"折磨"，对中青年教师要"打磨"，对老年教师要"研磨"，使每个层次的老师都有自己的科研课题可做，让他们通过努力，都能取得自己满意的科研成果。

总之，在学校科研管理中要以"科学发展观""和谐""创新"为行为准则，实施"以人为中心"的管理，尊重教师的人格，尊重教师的工作和学习，关心每一个教师的情感，关心每一位教师，最大限度地调动广大教师工作、学习的积极性、主动性和创造性，才能促进学校良好科研氛围的形成和巩固，才能为实现学校、教师、学生协调可持续发展提供保证。

（二）时代教育

学习新空间的时代选择与建设[①]

党的十八大提出的"新四化"，把信息化置于其重大发展战略之中，足见信息化对国家发展的重要性。随着社会现代化、全球一体化步伐的加快，信息化、国际化对教育提出了前所未有的高要求。在这样的背景下，教育如何对接现代信息技术，确保教育能适应时代发展，是每个教育者必须面对的新话题，也是我们必须着实解决的新问题。

---

① 本文是与宿强合作完成的，发表于《教育科学论坛·综合版》2015 年 3 月上期。

1. 学习新空间的时代选择

"不愤不启，不悱不发，举一隅不以三隅反，则不复也。"这是孔子提出的"启发式"教育思想，对我国教育产生了深远影响。但在实际教学中，"串讲式""填鸭式""问答式"近乎还是教学方式的主流，人们还美其名曰"教师主导"。在所谓的"教师主导"之下，学生只能是被动的知识接受者，是教师精彩表演的"配角"。学生的主体意识被抛到九霄云外，学生的主动发展只是演讲或论文中的一个靓丽词汇，这些做法严重制约了学生的学习与发展。这就需要广大教育工作者在新的教育理论与教育技术的引领和支持下建设新的学习空间，改变这种漠视学生的教学方式。随着教育改革的深化，老师对素质教育的理论、原则、方法已能如数家珍，连"慕课""翻转课堂""未来学校"等最新教育理念，也是耳熟能详。但是，只要进入课堂就不难发现"理论一大套，行动不对号"的现象十分普遍，这对学校建设学习新空间提出了全方位挑战。

建设学习新空间，既要改变教育积弊，更要面向未来全盘谋划。未来将来，未来正来，未来已来。现代信息技术使学生学习的无边界，教师的知识占有权、话语主导地位等受到空前挑战。要想实现学生的现代发展，就需要我们教育者具备现代意识、世界眼光、未来战略。只有彻底改变固有的教育观念，改革固化的教育模式，改良固定的教育手段，打开紧紧关闭的教室门窗，站在潮流的浪尖上顺势而为，才能建设适应新时期教育要求的学习新空间。

建设学习新空间，必须深度整合现代信息技术。现代信息技术来势凶猛，我们应该如何面对？是视现代信息技术为洪水猛兽，还是被它牵着鼻子走？是顺应形势借势而为，还是充分利用现代信息技术的便利条件来改革我们当今的教育？这需要每一位教育工作者做出正确的回答。现代信息技术是机器、是设备、是载体，而教育的出发点和归宿是实现人的全面、健康而富有个性的发展，如何实现彼此融合，是建设学习新空间面临的挑战。

面对信息技术和互联网发展带来的教育第三次革命，我们应该既面向未来，又顾及儿童的特点，做到尊重儿童、关爱儿童，相信儿童有无限的可能性，以此为前提，才能建设出以人为中心的新空间。现代社会催生现代学生，现代学生需要现代教育。学习的主体是学生，教育的永恒追求是为了学生，为了成全学生。教育不仅要关注学生的今天，更要着眼学生的未来。如果我们能充分借助现代信息技术的先进、快捷、方便、海量信息等优势条件，为学生构建学习、成长的新空间，变传统的教育教学方式为现代学习者服务，学生就会实现其现代性发展。要实现学生的现代性发展，教师的教育思想、育人理念必须要变，必须快速、有效地转变。科学、合理、有效地借助现代教育技术，构建学生学习新空间，转变教与学的方式，服务现代学生。

学习新空间，是指除了学生学习的传统空间外，还可以借助现代信息技术条件下的大数据、互联网、多媒体等渠道来丰富学生学习、成长的新环境等一切利于学生学习、成长的所有环境和条件。传统的学习"空间"，是学校、课堂、教材、知识的综合体。这个空间已不能囊括，更不能满足现代学生学习、成长的需要。而取而代之的新空间应该是学生学习的全部空间，是教师的教让位于学生的学的空间，是老师把原来占得太多的空间还给学生进行自主学习，是引领孩子能够自觉主动学起来的空间。学习新空间，应该包括学生学习的物理空间和心理空间两大方面。

所谓物理空间，就是实实在在的，能看得见、摸得着、控制得住的空间，它是可以进行客观测量的。学习新空间的物理空间主要包括学习环境、学习资源、学习时间等要素。而心理空间则是指人的一种心理容量，它是无形的、变化的，不易直接进行客观测量。学习新空间的心理空间包括学生学习的心理安全、学习

285

方式、思维水平等。

2. 学习新空间的建设思路

（1）学习新空间建设的价值追求

坚守学生立场。学生是学习的主人，学生的现代发展是学习活动的核心，学生应该是新空间的创造者和拥有者，其物理空间建设要为学生自主发展、优质发展服务。学习环境应该具有开放性、多样性；学习资源应该呈现丰富性、可选择性；学习时间应该具备充分性、保证性等。

关注学生心理。学生的学习心理空间是因人而异的，我们要关注不同学生的心理安全警戒线，形成相互尊重，彼此包容、理解、认同、接纳的学习氛围，尽可能保证全体孩子的自尊心不受伤害，积极性不受打压，从而慢慢建立起他们的学习自信；理解、尊重学生不同的学习方式，维护不同学生的尊严，注意不同学生的差异性发展和个性化选择；关注学生的思维水平，不仅关注学生个体的思维空间，更要关注学生高层次思维能力的培养，要在深层次、高层次思维能力训练方面殚精竭虑、不遗余力。总之，学习新空间建设应基于技术，超越技术，关注现代性，凸显主体性。

（2）学习新空间建设需要关注"三个凸显"

一是学生的主体性的凸显。课堂不应再是"授业""解惑"的讲解式，老师不再是居高临下的话语权主导者，学生不再是接受知识的"容器"和知识的接力棒传递者，"我要成为学习的真正主人""我需要老师支持、协助我的学习"才是学生主体性凸显的重要标志。

二是学习的主动性的凸显。学生是学习的主人，学习是学生自己的事，培养学生学习的主动性和学习中的元认知能力是当务之急。"我的成长目标我确定""我的学习内容我做主""我的学习方式我选择""我要对自己的成长负责""我不再喜欢老师照本宣科"，也"不喜欢老师主观臆断地指手画脚"。老师蹲下身子做学生学习的扶助者、合作者，成为学生学习的伙伴与竞争者，才是新空间学习的新常态。

三是学习的个性化的凸显。"天将降大任于斯人也""天生我材必有用"，学生的个性化学习和个性化成长是新空间学习的又一重要特征，学生的学习可以不限时间、不分地点、不需要统一教材，突出个性化需求，因此，学校教育要力求为不同需求的孩子服务，为他们的个性化成长奠基、铺路。

（3）学习新空间建设必须做好"四个服务"

教育要在尊重个体、接纳个别、涵育个性方面紧跟当前形势发展，在教与学的方式上锐意创新，积极探索，竭力做到"四个服务"。

一是服务学生的人格成长。放下"师道尊严"，放弃"唯命是从"，德高为师，身正为范，关注学生健康、健全的人格培养，做学生人格成长的表率和助推力量。

二是服务学生的身心成长。现在独生子女越来越多，当今家庭教育中溺爱的成分比过去明显增加，孩子的受挫能力在一定程度上有所减弱，需要合理引导、尽力疏导，既关注不同学生的心理健康，又强化全体学生的优良发展。

三是服务学生的个性成长。"不拘一格降人才"，在尊重差异、尊重个性、承认个别的前提下，尽学校教育的最大力量推动学生的个性化发展。

四是服务学生的思维成长。基础教育不可偏废对学生基本学力的培养，不可忽视对学生的基础知识、基本技能的训练；但对学生进行思维方式、思维习惯、思维能力的训练才能让学生终生受用。尤其是高层次思维能力的训练，更是我们教育者必须首先思考的。不管现代信息技术如何发展，新空间如何建立，都需要特别关注学生思维能力的培养。只有敢于思维、善于思维，学生将来才可能为社会做出最大的贡献。

（4）学习新空间建设需要加强"三大统整"

教育的现代化，首先是培育人的现代性理念、方式。为避免"现代的教育'人已不在'"的弊端，我们认为对学习"新空间"的探索，应该确定"新空间"下的教学新要求，从"统整教学规划空间""凭借教学实施空间""利用教学评价空间"进行总体设计和规范。

①统整教学规划空间。包括教学目标的统整、教学资源的统整、教学方式的统整。一是教学目标的统整。按照新课标提出的"三维目标"，针对强化主体性、突出学科性、思考关联性、践行发展性进行目标统整思考，切忌机械化、呆板化。二是教学资源的统整。要建立"用教材教"的教育观，在熟悉自己所教学科内容的前提下，必须联系与教材内容相关的背景资源、关联资源及课堂生成资源，将教材内容与学生的生活、学生的校内外活动进行联系，还要关照与自己所教学科相关联的其他学科知识，实现教学资源最大限度的统整。三是教学方式的统整。每节课中，至少采用或整合5种以上的方式组织教学活动。在教学活动中，老师应该适时点拨、合理导引；提倡合作的、探究式的学习，反对学生学习时间不足就进行合作、探究；反对"以优盖劣"，后进生被"冒尖户"湮没；追求课堂学习参与面达到100％，反对没有思维碰撞的简单问答；关注学习效果，反对整齐划一，强调个体与个性。

②凭借教学实施空间。包括课前准备的凭借、课中训练的凭借和课后拓展的凭借。一是课前准备的凭借。可以通过"前置学习"将课前准备作为单项研究内容，既有理性思考，又有实践探索。"前置学习"不能简单、笼统，而要暗含兴趣，任务具体，指向明确，有一定的难度和深度，学生需要付出努力才能达到要求。二是课中训练的凭借。课堂的"训"，强调价值导向，强调

引发思维，强调其"打蛇七寸"，强调其引起感悟，强调突出学科文化，强调延续学习动力。而课堂的"练"，则注重针对基本功的精练巧练，有价值的重点练，能催生可持续发展的合理练，最终实现教学任务的时时清、堂堂清、课课清的目标。三是课后拓展的凭借。课后拓展不是复习巩固，而强调基本方法、基本能力的拓展，强调思维能力、思辨能力、创新能力的拓展，强调知识向生活转化的学以致用的拓展，用拓展来实现"学以致用"、个性成长。

③利用教学评价空间。包括电脑评判导"思"、教师评价导"向"、学生评价导"能"。一是电脑评判导"思"。利用现代信息技术条件下的"新空间"的互动功能，引导学生对问题重新思考并应对解决。二是教师评价导"向"。课堂学习中，教师的评价要在兴趣、目标、方向、方法、技巧、措施等方面进行导向，才有利于学生之间的评价的开展和学生个体更好地进行后续学习。三是学生评价导"能"。学生之间的相互检查、订正、评价，气氛和谐，相互促进，有利于孩子们观察能力、思考能力、理解能力、表达能力、交际能力和审美能力的提高，从而实现其能力的全面发展。

学科不同，其教学"新空间"也有学科差异性。只有体现学科差异性的"新空间"建设，才更有益于学生的主动发展。总之，在现代信息技术条件下，以学习者为中心，构建学生学习的新空间，促进现代学习者更好地成长，是当前教育应该思考和研究的话题。我们要加强研究，才可能成就学生的今天以及后来的更好发展。

（三）特色课堂

尚美学堂凸显语文魅力[①]

衡水老白干有句广告词：行多久，方为执着；思多久，方为远见。

我校不仅把"尚美"作为学校矢志不渝的教育追求，还一以贯之地进行着对"尚美教育"的系统探究。我们的理念是教育应当充满诗意，把学生带到一个宽容的人文地带；教育应当充满智慧，把学生心中的自信唤醒；教育应当充满激情，以永远年轻的心跳把生命的未来点亮。

课堂是学生学习文化、建树人生、形成世界观的主阵地，学校教育的价值追求直接影响着孩子成长的方向与质量。追求学生的尚美发展和尚美人生，课堂成了莘莘学子走向尚美未来的孵化园和孕育场。

多年的实践告诉我们，儿童尚美教育不能靠干瘪的说教，不能是整齐划一地修剪园林枝丫，不能用成人的审美视角和方式去规范孩子，要顺应孩子的童真和天性，充分了解儿童的知识背景、生活经历和认知规律，做到潜移默化，"随风潜入夜，润物细无声"；实施小步距推进，顺应和适应儿童的身心发展特点和认知规律；注重言传身教，用教师的言谈举止感化、同化孩子可塑的心灵；讲求持之以恒，使学生在小学六年的岁月中由他育逐渐走向自育，直至形成恒久的动力。

语文是人文性最强的学科，是对学生进行尚美教育的极佳载体。教材所选范本中的人物形象生动鲜活、故事情节曲折感人、谋篇布局各有千秋、遣词用语十分讲究、作者文笔风采各异、文

---

① 本文发表于《小学语文教学·人物》2014年第5期。

章视角独具匠心、表达手法千文千面、执教教师各领风骚、教学设计侧重有别，等等，都会对学生的学习带来不同的尚美影响。

尚美学堂，简单来说，就是教师要深入挖掘课文范本中的美育因素，在语文教学各个环节中渗透美育，实现以美养德，以美启智，以美正行，使学生在语文学习的全过程获得美的感染，美的熏陶，美的浸润，美的启发，美的成长。具体地说，就是老师在解读、使用、驾驭教材的时候，要精心提炼教材中的"美"的成分，对学生施加"尚美"影响。"一枝一叶总关情"，语文老师不仅要反复阅读教材，深入理解教材，准确吃透教材，还要用儿童的眼光去审视教材、解读教材、整合教材。"情人眼里出西施"是说不同的人对同一事物的审美是有区别的，成人和孩子的审美更是有差距。在尚美育人的过程中，我们要尊重学生的个体认识，尊重不同孩子对美的不同理解，避免"二元"思维（非白即黑）影响学生对人、事、景、物的观照，不强加自己的认识给正在感知美、认识美、鉴赏美、创造美的孩子，尊重孩子对美的本真的追求和憧憬，实现对全体学生审美素养的涵育和尚美人生的奠基。

语文教材思想内容丰富，具有多元美育因素。如课文的题材美，包括喜剧题材、悲剧题材；课文的形式美，包括诗歌、散文、寓言、童话、小说等不同文学式样的文学作品；课文的文质美，选入教材的课文寓多种审美价值于语言的典范性、科学性、哲理性和情感性之中；课文的内容美，包括了自然美、艺术美、人性美；课文的结构美，无论"总—分"关系，或是并列关系，还是因果关系都有其内在的必然联系，都是作者精心构思而成的上品。语文教学如果能充分发挥语文学科中的美育因子，进行审美化的教学设计，实施尚美化的课堂教学，就能使语文教学充分发挥尚美育人功能，促进学生尚美成长。

在语文课堂教学中，我们应有效利用教材这一载体，从感受自然美、弘扬人性美、领会艺术美、欣赏遣词美、领略结构美、体验创造美等方面，凸显出语文特有的尚美育人魅力。

感受自然美。大自然有神奇的魅力。走进茫茫自然，心灵会受到洗涤，性情会获得净化。我们让学生从大自然中去领略祖国大好河山的秀美，从而对大自然产生敬畏和赞誉。学习《三峡之秋》，我们引导孩子抓住文中描写三峡秋天的早晨、中午、下午、夜晚几个不同时间段美丽景色的变化，使孩子不仅感受到大自然的神奇和魔力，同时体会到作者观察的细腻、独到与深刻之处。学习《雅鲁藏布大峡谷》，引导孩子了解雅鲁藏布大峡谷奇特的地形，进而想象出雪峰、江水、云雾、绿树。凭借学习"滔滔大河突然转了一个直角，令人惊叹不已，教人不可思议"一段，去感受"大拐弯"的神奇隽永、鬼斧神工。再联系关于大拐弯的传说，自然联想到少数民族的文化和动人的故事，深刻体会到了大峡谷的有情有意。学习《美丽的小兴安岭》，不仅要知道它景色动人，还要知道它物产丰富，是一座大花园，更是一个巨大的宝库。在此基础上，我们还将《九寨沟》《索溪峪的野》《西湖的绿》等文章进行友情链接，让孩子进行群文阅读，促进孩子对祖国各具特色的山水、风光、人情、故事的认识和欣赏，因此，学生的头脑中树立起了对大自然、对祖国秀美河山的膜拜、敬仰和神往之情。

弘扬人性美。从课文中了解社会生活中的庄严与伟大、正义与崇高、平等与自由、友爱与情意、劳动与斗争，了解人民群众在社会实践中创造出的各种物质成果、丰功伟绩，从而弘扬人性美。《生死攸关的烛光》讲述的是第二次世界大战期间，法国一家母子三人机智、勇敢地保护装有情报的半截蜡烛的事迹，歌颂了法国人民崇高的爱国主义精神。这一点是好理解的。但是，我们可以试想一下，如果德国军官没有人性的话，小女孩杰奎琳还有机会拿走即将燃完的蜡烛吗？还有可能保住危在旦夕的情报吗？从德国军官看到杰奎琳的那一眼起，他就想到了自己的与杰奎琳年龄差不多的女儿，我们可以猜想此时的德国军官应该是已经沉浸在小女儿甜美的娇声里，沉浸在与小女儿拥在一起的温馨、甜蜜中，沉浸在亲人团聚的天伦之乐中，于是对杰奎琳没有了戒心，忘记了自己本来的职责，彰显出了哪怕是入侵者也有基本人性的一面，所以杰奎琳的计划终于得以实现。《献你一束花》是冯骥才的作品，透过体操运动员在平衡木上因失手与冠军失之交臂，却迎来服务员真情赠予的鲜花的故事。文章结尾："花，理应送给凯旋的英雄，难道也要献给这黯淡无光的失败者？"发人深思、耐人寻味。在学习课文的过程中，孩子们领悟到社会中不但有胜利的完美，还有残缺的怜美。只要你真心付出，就会获得他人的赞美和欣赏。弘扬人性美，不该用同一化的标准，也该有酸甜苦辣的杂陈，这些课文，是培养孩子幼小心灵尚美的启动机。

领会艺术美。文章是作者复杂内心的艺术表白，作者都喜欢用自己最喜欢的艺术形式来驾驭情节、塑造形象、表达观点、再现情感。《黑孩子罗伯特》中有这样一个句子："要是丽莎死了，岂不是永远见不到她了吗？呃，天哪！丽莎，你不能死，不能死，绝不能死！"老师在组织学生分组反复阅读、思考、讨论后，孩子们的精彩理解让人为之叫好！

　　小组 1
　　生：我们组认为"要是丽莎死了，岂不是永远见不到她了吗"是一个反问句。我们的问题是：作者为什么不用陈述句直接表达，而采用反问句的方式描写呢？
　　师：是啊！这的确是一个反问句，那谁能告诉我们这个反问句是什么意思？
　　生：这个反问句的意思是：要是丽莎死了，人们肯定就永远见不到她了。

师：是这个意思。为什么这里作者要用反问这一修辞手法来表达呢？

生：反问句表达的情感更强烈！

师：那在这里是表达了怎样强烈的情感呢？

生：这句话强烈地表达出了罗伯特对丽莎的担忧！

师：你体会得真好！那你能把那种对丽莎强烈的担忧以反问句的形式读出来吗？

小组2

生："呃，天哪！"这里为什么要用"呃"这个语气词，不直接写"天啦"？

师：是啊！"呃"和"天啦"都是语气词。这里怎么就用两个语气词呢？会不会显得有点啰嗦？

生：我认为不会！用两个语气词更能让我们强烈地感受到此时的罗伯特对丽莎的病情是多么地担心，可以说担心到了极点！你听我读读吧——

师：你的体会到位，你的朗读让我们真切地感受到此时罗伯特的担忧之情，也让我们仿佛能看到那满脸忧郁的罗伯特的形象。

小组3

生："丽莎，你不能死，不能死，绝不能死！"为什么要用三个"不能死"？只用一个不行吗？

师：同学们觉得用一个可以吗？

生：三个"不能死"运用了"反复"的修辞手法！更能让我们感受到罗伯特是多么地不想丽莎死去啊！我们从中还可以感受到罗伯特对丽莎的不舍！

师：作者利用反复的修辞手法深化了我们对罗伯特感受的体验，增强了文章的表达效果，值得同学们学习。

小组4

生：我发现在"丽莎，你不能死，不能死，绝不能死！"中，前两个"不能死"后面用的都是"，"，而最后一个"不能死"后面用的是"！"。同样的用语，为什么标点符号却用得不同呢？

师：你太会观察了，是个会思考问题的孩子！是啊，这是为什么呢？

生：因为最后一个"不能死"前面加了一个表示程度的"绝"字！感情比前两个更为强烈了，所以要用"！"。

师：你了不起，发现了三个"不能死"在用词上的细微差异。

生：罗伯特在说三个"不能死"的时候，应该是对丽莎的病情越来越担心，也表达了对丽莎越来越不舍！所以最后一个"不能死"感情是最强烈的，理所应当用"！"才符合当时感情表达的需要！

师：你们真是一群了不起的孩子！不仅会针对文章的用词用句发现问题，连标点和修辞手法也成了你们质疑的对象，还能学会自己解决问题。学习语文就该如此反复地抓住文章的字、词、句等去叩问，把自己放到文章中去，设身处地地思考和理解。你们算是真正走进文中人物的内心世界了，感悟到了人物的真实情感。老师真为你们骄傲啊！

欣赏遣词美。自古就有"一字之师"的说法，这不是夸大文章遣词造句的独特功效。在一个句子里，有时换一个适当的词语，它的意境就完全变化了、深邃了、耐人寻味了，这就是遣词之美。阅读课上，如果抓住文中重点词句，引导学生体味其精当，欣赏其绝妙，学生自然可以更好地感受文字表达出的浓浓情感，也能由衷地感叹作者的神来之笔及文章富有内涵的文化修养之美。

《三月桃花水》是一篇文质兼美的散文。"是什么声音，像一串小铃铛，轻轻地走过村边?""是什么光芒，像一匹明洁的丝绸，映照着蓝天?""啊，河流醒来了！三月桃花水，舞动着绚丽的朝霞，向前流淌。有一千朵樱花，点点洒上了河面；有一万个小酒窝，在水中回旋。"接着，作者用"三月的桃花水，是春天的竖琴""三月的桃花水，是春天的明镜"两个句子开头，分别描绘了三月桃花水的神韵和珍贵、轻盈透明，表达了人们对三月桃花水的喜爱之情。文章笔触优美，意境悠远，字字句句都彰显出作者驾驭语言的深厚功底，学生十分喜爱。

"春天到了，可是我什么也看不见"是《语言的魅力》一文中的一句，粗略一读，好像没有什么特别，但细细想来，就有很多值得探究的地方。一个盲人乞丐为了向过路行人乞讨，在身旁立了一块木牌，上面写着："我什么也看不见!"过路人很多，但就不见有几个人施与。后来法国著名诗人让·彼浩勒在盲人的牌子上添加了"春天到了，可是"几个字，盲人便获得了不少路人的援助。孩子们细细咀嚼文字、大胆想象当时的情境，领悟到了这篇课文的神奇与绝妙，领悟到了语言艺术的魔力与美感。可见，文章的耐人寻味之处常常在人们的不经意间流露。这是需要我们去细心琢磨、深入体味的，其琢磨、体味的过程就是欣赏遣词美的过程。

《飞夺泸定桥》中有这样一个句子："二连担任突击队，22位英雄拿着短枪，背着马刀，带着手榴弹，冒着敌人密集的枪弹，攀着铁链向对岸冲去。"教学时，老师先让学生从整体感知这句话，再勾出"拿""背""带""冒""攀""冲"等描写战士动作的词，并让学生结合插图说说哪个词用得最好，为什么? 学生细细品味，然后纷纷发表意见，说出"冒""攀""冲"三个动词用得最好，因为从这三个词中分别体会到了红军不顾一切、不怕牺牲的英雄气概；体会到了过桥的艰难及红军的大无畏精神；体会到了红军对敌人的仇恨和不可阻挡的气势。学生通过对词语的玩赏、品味，充分感受到英雄们的高大形象，并通过激情朗读展示出来，升华了主题和美的内涵，收到了理解壮美这种美感的教育效果。

领略结构美。文章的结构就像高楼大厦的主体框架，架子搭得坚实，越有审美性，大厦就显得越气派。学习一篇文章，除了整体感知其内容、主旨、风格特点、语言艺术外，还应特别关注文章的结构。理清文章的思路，领略文章独有的结构。在学习《桂林山水》时，孩子们很快就发现全文是按照"总—分—总"的构篇方式谋篇的。作者用俗语"桂林山水甲天下"开头，又用诗句"舟行碧波上，人在画中游"结尾，形成了十分讲究的首尾呼应。中间两段，先写漓江的水，再写桂林的山。两段的句群关系基本一致，都是用反衬的手法开头，接下来用排比句写出水和山各自的特点。孩子们在阅读中还发现，课文第二三段是不能调换顺序的，是因为作者"荡舟漓江"，自然应该由近及远，先写水，再写山。有了这样的理解之后，他们还发现最后一段最值得品味。因为前面写的漓江水和桂林山虽然特色鲜明，但那水比起九寨的水也算不上什么，那山比起"五岳"也没什么稀奇，人们早就总结过"九寨归来不看水""黄山归来不看山"。正是由于最后一段写到"这样的山围绕着这样的水，这样的水倒映着这样的山"，才使得桂林山水相依，山水相托，山水相衬，才有"甲天下"的美誉。学生如此感知文章材料的选择，感悟课文结构的完美，他们想不尚美都难呀！

体验创造美。在默读中自悟，在朗读中体悟，在赛读中醒悟，以读代讲，从反复的咀嚼、朗读中悟出文章的表达方式，从而学习作者精妙绝伦的表达技巧，实现学以致用，把写作方法迁移到表达自己的所听、所见、所闻、所感，培养学生表达美、创造美的能力。学校开展"小盆种植，大捧收获"的菊花种植活动后，有一学生这样写道："记得这次种植菊花，并非一帆风顺。

第一次的菊秧刚出土，就被那可恨的老鼠给齐土咬断；第二次，在我的关照下，长得稍高一些，谁知又被那可恶的老鼠咬得只剩下一截菊茎；第三次，我把菊秧用罩子罩住，哪知又被炎热折腾得奄奄一息；最后，我不得不花钱买回一盆菊秧精心照料起来，就像关心我的特别好的弟妹一样，才有了今天大家能见到的并不算茁壮的菊花，但我已是心满意足了。因为我有了太多的收获，对菊花有了进一步的认识，有了对生命发自内心的敬畏，有了对遭受灾难的人们的无端同情……是啊！'秋菊能傲霜，风霜重重恶。本性能耐寒，风霜其奈何！'"在学了现代诗《妈妈的爱》后，学生这样写道："有个晚上，我睡着了，不小心把被子踹到了一边，妈妈悄悄给我盖好被子。啊，妈妈的爱是细心的呵护。""一个很冷很冷的冬日，我冒着雪花顶着小雨回到家，脸颊和双手都冻得通红。妈妈摸摸我的脸，握着我的手，使我的双手很快暖和起来。啊，妈妈的爱是温暖的火炉。"看见二年级学生写出如此好的作品，我不禁怦然心动，多有诗情画意呀！这不正是幼童尚美的最好印证吗？

我们的语文课还要关注提问的艺术美、理解的深度美、设计的流畅美、板书的呈示美、讲述的生动美、朗读的韵味美、思考的多维美、知识的运用美、评价的多元美等尚美要素，用多元尚美手段与方式对学生进行全方位的尚美教育。

语文教育园地总有芬芳等待我们去嗅一嗅，语文教学技巧总有奇葩期待我们去秀一秀，做尚美的老师，在尚美的召唤下，我们的教育就会开出绚丽的花朵。

（四）专业发展

创造“尚美教师文化”①

我校自 1991 年建校起，就确定了“以美育人”的办学理念，围绕“美育”先后开展了“儿童生活美育与和谐发展”“学科教学审美化”等七轮省、市、区级课题研究，引领全校师生尚美发展。而其中旨在提升教师队伍的审美文化素质的“教师尚美文化建设的实践与研究”是较为重要的一环。

“尚美教师文化”指教师们具有审美追求的教师语言、教师形象、教学行为甚至闲暇生活等文化元素的总和。在教师群体中建立一种尚美文化，是我们学校教师队伍建设的一项重要工作。

教师具有一定的审美素养，他们的一言一行、举手投足都会直接作用在学生身上，使学生潜移默化地逐步形成感知美、感受美、欣赏美和创造美的能力、意愿和意识。

在创造“教师尚美文化”的过程中，我们做了以下一些事。

一是读书，陶冶情操，让教师有内涵美。读书，特别是多读美育方面的理论书籍，对教师提升知性美、内涵美影响非常大，学校为此营造了爱读书、多读书的书香环境。这么多年，我们搞过多次“假期推荐读书活动”，把自己喜欢的书籍与大家分享；我们向教师们推荐过 30 余本美学专著，印发了大量有关“尚美文化”的学习资料，并为此开展了不同级别、不同内容的读书交流会；我们还发起过共读一本书的活动，《窗边的小豆豆》《心会看见》等，读完后，倡议教师们写专题读后感。如我们共同讨论《心会看见》中教育者的形象，书中那个知性、温婉，既厚重又轻盈，如月光下一杯淡淡的香茗的人物，就是教师职业之美的最

① 本文发表于《人民教育》2015 年第 15 期。

好代言人。见贤思齐，教师们在读书活动后对自身内涵的提升有了较深的思索。

当然，除了与教学、"美育"相关的书籍之外，学校也提倡教师多读"无用之书"，丰富知识，提升自身内在的涵养。经过多年努力，我校已逐步形成了浓浓的"书香"气，老师走到一起会主动谈起自己最近读的书，交流自己的收获，探讨自己不能理解之处，互相推荐好书等，这已成为我校一道亮丽的风景线。

学校还在校园中设立了向师生开放的读书走廊，充分利用校园走廊墙壁张贴伟人名人的读书格言、张贴师生优秀读书笔记、介绍著名儿童文学家及其作品。可以说读书让教师的气质从内而外有了巨大变化。

二是开展教师选修课，为教师提升艺术修养。学校为教师们开设了很多艺术类的选修课，这是教师"尚美"文化建设的一个重要途径。学校提倡教师至少学习所教学科以外的一门艺术，提高自身的审美情趣，也丰富业余生活。

我们的教师选修课间周一次，包括"淡淡墨香、古典情怀"（中国画）"温馨花语，芬芳天地"（插花）"微小视角，大千世界"（摄影）"歌声曼妙，伴我远航"（合唱）"色香味形，烹饪健康"（烹饪）等课程。实践证明，以往那些语文、数学等非艺术类学科的老师，当他们也开始对某一项艺术进行钻研时，其审美素养都会有较大的提升。

三是举办风采大赛，为教师搭建展示自我的舞台。尚美教师文化建设需要教师努力提高自身的审美修养和美育能力。教师一方面在以美育人，另一方面也应该以美育己，使自己成为尚美、审美、育美、不断创新的人。为了让教师把自己对美的理解表现出来，学校开展了"风采大赛"活动，为教师提供一个展示自我和进行交流的平台。在比赛中，教师除了展示外在形象，还会有个人内在底蕴、艺术修养、表演技巧等方面的考量，其实也是对教师综合素养的一次大检阅。

通过教师风采大赛，教师积极主动地钻研美学知识，研究教师审美形象的内涵与外表的关系，探索教师形象与教学活动之间和谐的奥秘。

四是在各种教师成长活动中加入美育因素。学校在"青年教师赛课""校级最具影响力班主任评比"等活动中，引入评价指标，如我们制订了《审美化课堂导学评价表》，激励教师提升自身的美育修养，在教学中自觉贯彻美育原则。我们长期坚持在学科教学中渗透、挖掘美育教育点，制订出了《审美化课堂教学备课教案要求》和语文、数学、音乐、美术学科各册教材中各章节的《美育内容分析一览表》，探讨教学各要素审美化的可能性，从教学目标、教学内容、教学过程和教学情境等方面落实审美化课堂教学。

多年的尚美教育实践让我们意识到，美是如此有魅力的事物，只要品尝它的甘甜，你就会被吸引，走向更美好的境界。在那里，真、善、美最终都会交织在一起。

《审美化课堂导学评价表》如表3-33所示。

表3-33　审美化课堂导学评价表

类型	评价细目	优	良	中	差
导学目标	1. 是否完成了传授知识、培养能力、思想教育等基本任务				
	2. 目标制订是否有培养学生审美能力、主动学习能力的要求				
教师的审美心理素质	1. 有较强的审美欣赏力				
	2. 有较强的审美创造力				
	3. 热情、积极、开朗、活跃				

续表3-33

类型	评价细目	优	良	中	差
教师以美育人的一般技能	1. 在导学活动中，能把儿童引入美的天地去感受、欣赏、品味其中意境美				
	2. 在导学活动中，能引导学生发现美、欣赏美、表现美				
	3. 有一定美的创造力，如写儿歌、编故事、绘画、设计板书				
教材组织	1. 选择适合学生水平的教育目标及教材内容				
	2. 能根据学生特点合理使用教材，安排导学进度				
调控导学过程的能力	1. 能根据学生特点和教材内容选择灵活多样的导学方法				
	2. 教具的创作美观、实用，使用恰当				
	3. 能紧扣教学目标，有启发性，创设愉快的课堂学习情景，激发学生学习的兴趣				
	4. 每一环节紧扣导学目标，突出重点、难点				
	5. 导学过程和谐、有节奏				
	6. 有较强的对课堂教育情境的调适与应变能力				
	7. 重视反馈，让学生及时享受成功的快乐				
	8. 教案有创新				
师生交往	1. 善于观察了解学生，给予每个学生恰当的鼓励和帮助				
	2. 善于用语言与非语言的形式与学生交流，创设了平等和谐的师生关系				
导学效果	1. 学生兴趣浓厚、情感投入、思维活跃、积极发言，导学效率高				
	2. 学生掌握知识和获得类似知识的学习方法				
	3. 体现了愉快、主动、创造思想和行为				

农村教师亟需修炼课堂教学技能①

教师专业化发展已成为国际教师教育改革的趋势。在国外，全美教学与美国未来委员会相继发表《什么最重要：为美国未来而教》和《做什么最重要：投资于优质教学》两份报告书就是一个信号，标志着国际教育界在更高层面上寻求教师更高程度的"专业成长"。

1. 修炼课堂教学技能的重要性

（1）修炼课堂教学技能是教师专业成长的基石

①修炼课堂教学技能是教师的职业要求。教师是人类灵魂的工程师，是青少年学生成长的引路人。新颁布的《中小学教师职业道德规范》从爱国守法、爱岗敬业、关爱学生、教书育人、为人师表、终生学习六大方面做出了具体要求。新时期的教师不能再停留在原来的水平层面上。修炼课堂教学技能是对我们新时期教师的职业要求。

②修炼课堂教学技能是教师发展的本源。美国学者波林纳将教师职业发展分为新手、熟练新手、胜任型、业务精干型和专家型五个阶段。他们之间的本质区别在于教学技能的差异。解决好了这个本源问题，教师才可能享用取之不尽用之不竭的汩汩喷泉，才能实现可持续发展。

③修炼课堂教学技能是学生成长的前提。青少年是祖国的希望。学生的成长与老师的成长密不可分。课堂教学质量的高低，取决于教师教学水平的高低，取决于教师课堂教学技能的优劣。加强老师课堂教学技能的修炼，促进老师的专业化成长，才能推动课堂教学质量的提高，才能有力地促进学生的成长和发展。

---

① 2012年11月，本文获得民盟四川省委2012年四川民盟基础教育研讨会论文二等奖。

（2）修炼课堂教学技能是实施素质教育的保证

素质教育是在教学活动中慢慢习得，逐渐训练出来的。如理解词义不是纯粹地、单一地查词典获取，而要在联系上下文的基础上，借助语境去理解。汉语中词语的理解，不能靠死记硬背，要消化后用自己的语言进行陈述；词语的理解在不同的语境中有不同的意思，要注意区分；对词语的理解，不仅要知道它在文中的意思，还要知道它原本的意思，包括词语的由来、有关典故及其演化过程等。这样的教学就是素质教育。

总之，修炼课堂教学技能是教师专业成长的基石，是提高课堂效率的关键，是实施素质教育的保证，是我们教师专业成长的必修课。

2. 农村教师课堂教学技能的现状分析

在调查中发现，农村教师专业化发展方面还存在不少问题。

（1）农村教育存在的真实情况

①顶岗实习现象较为普遍。华南师范大学公共管理学院的学生对顶岗实习生课堂教学技能做了专项调查，结果令人担忧。一方面，顶岗的实习生不止涉及某个学科，而是几乎覆盖所有学科，而且有的学科所占比重还很大。另一方面，调查中还发现顶岗教师上课不注重语调的轻重变化、上课的声音没有高低变化；目光、表情、手势不能与语言配合使用；教学语言不能激发学生的思维；板书无条理、不简洁、不能突出重点；讲课的思路不清晰；教学目标不明确；讲课过程中不能帮助学生突破学习难点，不注重分析学生学习错误的原因；讲课过程中不注意观察学生反应；教学不能及时反馈、调整；提出问题的目的不够明确、难易程度不适合学生的学习；提问设计欠合理，不能紧密地联系新旧知识；提问缺乏层次，不能循序渐进；课前导入与新知识联系不紧密；课前导入不能引起学生的学习兴趣；课堂小结不简练、表达不清晰，或目的不明确，等等。再一方面，缺少对实习生顶岗

实习前的培训；即便有学校正式老师的指导，但指导者本身就不具有强有力的实力；他们很少开展顶岗实习队友间的沟通交流。这项调查，足以说明农村教师缺编严重，新生代顶岗教师缺少严格的上岗培训，没有真正意义上的"师"带"徒"过程，在职教师基本功较差，基本教学技能不过关，导致农村教育比城市教育的差距越来越大。

②教师整体素质令人担忧。北京市对体育教师专业技能采用了集中考核的方式，现场抽取考核项目，接受专家组考核，并现场公布考核成绩。中学教师在跑、跳、球类等 6 个大项 41 个小项中抽取考核内容，小学教师则在 6 个大项 22 个小项中抽取考核内容，参加市级考核的老师除了必考内容可供选择外，还可以根据特长自选考核项目。被抽测的 150 名中学体育教师中，有 22 人申请缓考，128 人参加考核。考核结果为 98 人获得及格以上等级，占参加考核人数的 76.6%，不及格人数占到了参加考核人数的 23.4%，优秀率为零。被抽测的 138 名小学体育教师中，有 13 人申请缓考。参加考核的 125 人成绩全部合格，考核成绩优秀者高达 24.8%。北京市尚且如此，何况我们四川。这样的教师素质怎不令人担忧？

（2）农村教师课堂教学技能的现状

综合农村小学教师课堂教学呈现的情况，我们发现主要存在以下问题。

①对《课程标准》的理解不到位。调查表明，农村小学教师普遍重视对《课程标准》的学习，都愿意使自己尽快适应新形势，但大多只能囫囵吞枣地理解新课标，做的是与新课标看上去一致的表面文章，关注的更多是一些新名词、新提法、新要求，教学中做表面（浅化、异化）处理，不能做好对课程性质与总目标、学段目标间的相互联系与处理，课堂教学无章法，教学目标不明确，教学程序较混乱，教学效率较低。

②解读教材及教材结构解读不到位。不能按照学科特点、学科知识结构、教材编排体系、知识连接点、学段学习目标对教材这一"例子"进行深入分析和系统重建，不能把握不同学段的训练目标，不能掌握学科教材的知识结构，不能准确了解不同年级的知识链接，不能正确把握不同年级的能力训练点，更不能创造性地使用教材，可见，教师在教材解读方面还需要花大力气，避免教学的随意性。

③对教学对象学习能力的估计不到位。在教学中，重视学生在学习前表现出来的学习状态，忽视学习过程中的状态分析和判断；重视学生学习过程中的行为表现，忽视其行为表现的根源和出现的条件；重视对教学决策活动有直接支持作用的学习者的特征，忽视学生在人际交流方面的特征。不能正确估计学生运用原有的认知去学习新知识的能力，不能准确把握所教学科知识系统的前后顺序和横向联系，不能对学生已有的认知水平进行合理连接、准确掌控，尤其是处理教学重点、难点和关键学习任务时，更是心中无数，随意为之。

④选择教学策略的技能不到位。调查表明，农村教师在课堂教学策略的选择上注重学习方法的指导，忽视具体学习方法的渗透，缺少潜移默化的影响；注重课堂教学活动设计，忽视教学活动的情感性、创造性和互动性的统一；注重课堂的学生活动，忽视课堂活动的有效指导、调控；注重多种教学模式的选择，忽视不同教学模式的功用；注重教学内容的针对处理，忽视教学内容的灵活性及合理延伸；注重导入语和结束语的使用，忽视导入语和结束语的价值追求。总之，就是选择教学策略的技能还显欠缺，不能驾轻就熟，得心应手。

⑤课堂教学评价及导向不到位。不少老师几乎把是否能做好课堂作业作为衡量学生学习状况的唯一标准，不注重观察学生课堂参与教学活动时的情感状态，不能够有意观察学生上课时的注

意力集中水平和参与程度，不注重了解学生的学习动机动能，不注重不同学生的信息反馈，不注重多样化的课堂练习设计，不注重评价的导向功能，评价重结果轻过程，忽视形成性评价等，都显示出课堂教学评价不精细、不明确，有评价也难以支撑学生后续学习的动力诱发。

⑥使用教学媒体的能力普遍极差。调查发现，农村教师教学媒体的使用能力极差，一是农村乡镇学校大多没有现代教学媒体的投入，连幻灯机、录音机、投影仪这样的基本设施都没有。二是即便安装有现代教学媒体，不少教师也懒得使用，因为他们觉得使用起来麻烦。三是不少老师不知道在什么条件下如何使用现代教学媒体。他们只能根据需要自制简易教具或偶尔制作教具。教案上筹划好的教学媒体和呈现的时间和方式形同虚设，完全是为了应付检查而已。

（3）农村教师课堂教学技能现状分析

农村教师专业成长面临着教学负担重、教研条件差、互助性工作环境缺失、理想信念缺失、培训和学习机会少、缺少科学有效的教研管理机制、缺乏人文关怀等客观困难，同时还伴有校本教研没有落实、教研水平低、学习面窄、没有形成终生学习的习惯等因素的制约。

造成以上情况的原因在于：一是政府与社会为农村教师专业成长提供的条件不够，赶不上社会的发展速度；二是农村教师自身的主观努力不够，他们上课任务太重，有的包班，有的还要教复式班，教学之余，还要承担一定家务活，没有更多的时间钻研业务和提高课堂教学技能，更谈不上针对性地选择读书与学习，也谈不上专业知识的自我建构；三是学校管理者为教师的专业成长营造的氛围不够，学校没有创造宽松、有利的环境，组织开展原生态、小课题、草根化的校本教研，都不利于农村教师的专业成长。

3. 农村教师课堂教学技能习得的途径

提高农村教师的课堂教学技能，首先要解决教师发展的动因问题，其次要付诸行动，还要讲究方法。

（1）对学校而言，具体做法有以下四种。

①目标激励。给参与教学技能学习的每个教师制订切实可行又富于挑战的明确的近、中、远期奋斗目标，并伴以一定的奖励机制。

②资源整合。利用校、区、县市的外名优教师资源，将老师"带出去"，同时将名优教师"请进来"，让每个老师在教学技能方面近距离感受名优教师，走近名优教师，成为名优教师。

③苦练内功。利用课堂、年级组、同校、异校等载体，利用座谈、论坛、讨论、沙龙等多种形式组织教师苦练自己的教育教学基本功，使自己的功底扎实、雄厚，迅速跻身名优教师行列。

④展示自我。积极为全体教师搭建平台，创造机会，展示自我，获得更大范围同行的认同；积极参加各级各项教育教学"比武"，展示他们的教育教学技能。

（2）对教师个体而言，则可以从以下几个方面努力

①修炼专业技艺——超越自我思想境界。一要提升专业理想。要"志存高远""淡泊名利"，把干好教育事业当作毕生追求，为自己设定专业愿景，让愿景引领自己专业发展。二要巩固职业操守。要学会"享受"职业的幸福，热爱自己的职业，修德强能，实现事业发展、自我发展"双丰收"。三要促进专业性向。要站在"培养什么人、如何培养人"的高度，心无旁骛，力无二用，把激情燃烧在教书育人上、把精力集中在教书育人上、把智慧凝聚在教书育人上，力争多出人才、出好人才。四要让自己拥有良好的专业自我。要以积极的方式看待自己，对自己具有深切的认同感、自我满足感、自我信赖感和自我价值感。

②修炼专业知识——优化自我知识结构。第一，要博览通识

性知识。要通过广泛的阅读来获得通识性知识，既要读时事政治，提高政治觉悟；又要读教育专著，以此夯实理论功底；还要读经济专著，激发教育智慧；更要读畅销书刊，体验尚美人生。第二，要精通本体性知识。要对本学科的基础知识有广泛而准确的理解，熟练掌握本科学相关的技能、技巧；要对与该学科相关的知识有基本的了解，要做好相关学科知识的贯通；要掌握本学科所提供的独特的认识世界的视界、界限、层次及思维的工具和方法。第三，要熟悉条件性知识。重视自己条件性知识的学习，时时关注教育科学和心理科学发展。第四，要熟悉实践性知识。只有加强实践，不断总结，实践性知识才会不断完善。

　　③修炼专业能力——提升自我育人水平。教师的专业能力是教师专业素质的核心，合理、优质的能力结构是教师能力素质的重要标志。我们要加强修炼包括沟通能力、教学设计能力、教学监控能力在内的基础性能力，此外更要修炼有助于自己专业发展的四项发展性能力。一是合作研究能力。要有独立的批判和反思意识，要善于与人合作，用研究者的眼光去发现问题，解决问题，提高发现问题和解决问题的能力。二是课程开发能力。要通过对教材内容的认识、实践和反思，把教材内容按照学生实际需求加以组织、整合，实现教材内容的再创造，并利用校外的自然资源及丰富的社会资源，充实教育教学资源。三是创新能力。要多进行教育基本功的练习、多借鉴他人成功的教育经验、积极参与各种可促进自我发展的培训活动，多进行教育反思，积极参与各项教科研活动，不断地使自己的创新能力得到进一步提升。四是知识管理能力。要善于从大量的信息中提取自己所需要的知识，将自己原有的知识不断修正，使新的知识持续产生、保存、累积、转化和重新组合，不断更新自己已有的知识结构。

（五）他山之石

朴实·生本·发展[①]
—— 赴英国奇彻斯特大学学习之思考

历时四周的英国奇彻斯特大学学习结束了。在这四周里，我像学生一样围坐在桌旁听英国的教育学者、校长讲述"英国学校体系背景介绍""英国教育管理""学校领导力和管理力"，还深入三所学校参观、考察、学习。在这个过程中，我不仅全面、客观、理性地观察和学习了英国教育体系，还深入当地直观感受了各校的教育活动，和教师们进行了灵感交流和智慧碰撞。

"朴实无华"：浮躁之后的平静回归

刚到英国，就有一种强烈的感受："规矩立国事事尊，刻板教条人人擎。"英国社会在经历了工业革命后，一切似乎都变得按程序操作起来。流水作业与批量生产的阴影自然也影响到学校教育。教育也像机械化生产一样，且一个追赶一个，谁也不愿落后。但随着时间的推移，英国的教育界明白了浮躁的教育是不可能带来正效应的。于是，他们重新审视全国的教育走向，重新架构国家教育体制，探索出一条以学院制为主体的教育改革之路。在为期四周的学习中，我从英国教育学者的讲述和对学校的参观中反思：教育不能刻板、教条，也不能实施机械化批量生产，一定要去除浮躁，实现理性回归。

1. 校园建设在说明什么

如果不是进入到校园内部，我几乎不敢相信这就是奇彻斯特

---

① 本文发表于《江西教育》2014 年 1—2 期管理版；2015 年，被《江西教育》评为 2014 年度优秀稿件奖。

大学精挑细选出来供参观学习的改革成功学校，因为每所学校都有一个共同特点——校门很小，建筑也很平常，甚至很不起眼，甚至给人感觉都不是一所学校。当我走进去细细观察，才发现这不起眼的校门里面简直是别有洞天。教学楼外，设置了学生物品存放柜，有供学生休息的六方桌以及供散心、亲近大自然的草坪；室外走廊上，陈列着学生种植的植物，也有允许学生玩耍的泥沙，但学生玩耍的物品总与观察、探索有关。教学楼内走廊上，赫然书有学习理念，成长动力方面的"学校专属"标语，有供学生自动复印资料的指纹复印机，有悬挂学生书包和陈列学生作品的设施，有灭火器等消防器材。学生在校可以参与烹饪、做手工、缝纫，甚至还可以参加保健服务等实践活动。教室里，学生桌多用六边形，方便学生合作学习、交流互动。教室布置不强调所谓的美观、整齐，而注重教育因素。学生参与教室布置，虽然稚嫩，但很有特色。教师办公室就在教室内，保证对学生的管理、教育无任何遗漏。电子屏幕安装位置较低，便于学生参与、演示。学生可以使用计算机，但不能玩游戏，而是围绕规定的任务思考、制作课件。课堂活动充分体现师生平等，相互尊重。助教、家长志愿者均可参与到学生学习活动中，进行针对性帮扶，不放弃任何一个孩子落到了实处。学生参与活动、学习的专注度很高，基本不受其他因素影响。学生图书分年级各有侧重，其图书多与科学、探索、创造有关。生活常见品如毛线、胡萝卜、梨等也进入学习视野，体现了学习与生活的密切关系。学生利用废旧品自制的垃圾箱得到了很好利用；孩子们一有垃圾，便主动捡拾、丢放其中。学生展示、介绍自己的学习成果时自然、大方、彬彬有礼。真可谓一草一木都在述说着教育，一砖一瓦都在书写着教育，一门一窗都在展示着教育。这让我们明白：教育不需要太多的展示，校园的一切都要服务于教育；教育需要平心静气、脚踏实地地服务于学生，学校的每个地方都应该承载教育的因子；教育需要注重细节，需要教育者通过细微的举手投足告诉学生需要怎么做。

2. 班级文化在呈现什么

来到每个教学班，眼前几乎是一片凌乱。桌子上放的东西是学生需要的笔墨纸张、玩具杂物、剪刀胶水等，也有学生刚交上来的或者教师已经批改和还没来得及批改的剪贴、拼接作业。教室的墙壁上，随处可见学生涂鸦的杰作，也有师生共同完成的成果展示和全班学生成长展示图。在教室的角落，不太整齐地堆码着各种书籍；教室外的小走廊上，更是堆得七零八落——沙盘、木工锯子、小砖石、烂木板、盆栽的植物等物品随处可见。只不过，地面上确实没有一丁点儿纸屑、垃圾，也看不见灰尘的痕迹。有趣的是，每节课快结束时，没听见教师安排学生收拾废弃的东西，却见每组中都有一位学生不动声色地捡拾剪切下来的碎纸片，并丢进纸箱里。这样的班级、这样的班级文化，谁能说这不是经过了长时间的训练所获呢？

3. 细节语言在主张什么

众所周知，"细节决定成败"，但细节又在主张些什么？在一所学院制学校参观时，校方破例让我们旁观由学校体育老师组织的一次关于多参加体育活动的集中训练。那天午餐后不久，没听见铃声，没听见高音喇叭播出刺耳的广播声，没听见体育老师尖锐的哨子声，也没听见班主任此起彼伏对学生的吆喝声，只看见全校5~16岁的孩子猫腰轻步快速地涌向一道对开门。我们应邀来到门口，只看见所有学生在即将进入大门前，都无声地脱掉脚上的鞋，提在手上，再小跑进入室内。随着学生涌入室内操场，只见校长站在最前面的靠左的位置，一位体育老师偶有并不显眼的动作在微调各班的队列，各班学生不分男女来到自己班的所在位置，没发出丝毫声响便就地坐下。全校老师分列四周靠墙的边上站着。整个集合大概花了几分钟时间。室内操场里，没有扩音设备，连简陋的"小蜜蜂"也没有。但校长在活动前的讲话和体育老师所讲的全部内容，应该说没有一个人听得清清楚楚。这样的细节，不得不让我思考：我们的教育做了吗？做到了吗？有什么样的差距？今后该何去何从？

"以生为本"：遵循着教育本质

尊重差异发展——体现有教无类。在四周时间的学习中，我感受最深的莫过英国教育对学生差异发展的尊重。英国教育体系一般分为五个阶段：第一学段是 3~5 岁的幼儿园教育；第二学段是 5~11 岁的小学教育；第三学段是 11~16 岁的中学教育。5~16 岁为法律规定的强制教育阶段。适龄儿童必须入学，由国家负责必须的学费、书籍和必要的供应。第四学段是 16~18 岁的中学高级班（或大学预备班），为中学至大学的过渡期，也称继续教育阶段，主要是学术方向和职业方向学习。完成预科的学生主要参加普通教育高级考试，简称 GCE。而职业技校的学生除了要参加 GCE 考试外，还要参加普通国家职业资格考试，简称 GNVQ；第五学段是大学教育，一般从 18 岁开始，读本科需要 3~4 年（医科为 5 年），可取得学士学位。硕士通常为 1~2 年，博士为 3~5 年。英国教育在有教无类思想的引领下，根据学生学习的情况，实施差异发展，不仅体现了以人为本的思想，也节约了教育资源，减少了教育资源的不必要浪费。

尊重个性发展——体现因材施教。英国的教育强调因材施教，突出学生的个性发展，所以，英国的学生表现出来的素质在全球都是有目共睹的。英国的义务教育阶段，主要学习语义（英语）、数学和科学三个学科，这是基本课程。小学教育阶段，每位老师几乎要担任全部课程，这样的安排有利于课程间的整合学习。每个班还配有 1~2 名助教，有的班还有家长志愿者。老师设计的教学目标有层次、讲梯度。在课堂上，老师按照预设的目标进行简要指导、讲解后，更多的时间是与学生一道进行合作、探究、交流式的学习。助教或家长志愿者就更是直接坐在需要帮助的孩子身边"一对一"地进行针对性辅导、协助。可以感受得到每位学生都在尽自己最大的能力投入学习活动中。比如，一节科学课"动物的天敌"，在课堂上，绝大部分时间是学生利用老师事先准备的各种资料——动物图片、动物皮毛、吹塑纸、塑料瓶、旧麻布、有色布巾、废旧的泡沫板、旧包装纸壳、竹篾块、树枝条、捆扎绳、宣传海报、笤帚、铝盆等，按照自己所知的关于动物和动物制敌的知识进行假设、拼凑、组装、装饰，描画自己想象中的"天敌"形象。最后，向大家展示自己的成果，并说出小组合作的"理由"。学生在这种轻松、投入、自由、合作、探究的氛围中学到了关于制服天敌的知识。这种学习，我想学生一定会终身受益的——这不是死的知识，而是对知识的灵活运用，是对知识的再创造。窥一斑而见全豹，正因为英国的学校教育注重人的认知与开发，所以，培养出来的学生的实际能力在全球都属拔尖。难怪英国人获得诺贝尔奖的人数这么多：截至2012年，如果按毕业生算的话，剑桥61人，牛津25人。如果按所有在学校待过的人算（包括毕业生、老师、研究员等），剑桥90人，牛津57人。无论是按什么算，剑桥大学的师生在拿诺贝尔奖的人数上都是世界第一。

尊重特色发展——体现全面育人。英国的学生集中表现为有以下素质。

独立学习能力强。每个学生都能够去图书馆查阅文献，寻找自己需要的信息来完成一个比较正规的"计划""设计""规划"。他们从学生的兴趣和社会实际出发，题材极为广泛：从理化生实验、数学建模到英国的历史、地理，从环境保护到关爱生命，从反恐到世界和平，从政治到经济，应有尽有。

独立生活能力强。不分担家务劳动的学生很少见，他们从小就帮助父母擦汽车、剪草坪。小学生打工的也很多，送报纸是最常见的，学生们钱虽然挣得不是很多，却拥有了面对社会、独立处理问题的机会。到了假期，加油站、快餐店、超市，到处都有中学生在忙着干活。一个假期下来，不但能挣几百英镑，更重要的是他们逐渐变得自信、老练。

团队意识极强。英国学校历来都很重视对学生进行"团队精神"教育，在公共场所或集体活动中，个人必须服从大家。如果哪个学生为了自己出风头而连累了大家，他就会被一致斥为"没有团队精神"。

探究精神极强。英国学生做事十分开放，敢想敢干，不受条条框框的束缚，他们认为"只要不被禁止，就可以做"。所以，成功的机会也相对较多。每个学生都有自己的思想和行动。他们不迷信课本、不迷信权威，也不像中国台湾学生那么关注问题的答案、关注他人的看法。对问题不但有自己的见解，而且特别注重科学论证。注重在探究中寻找答案。

"发展至上"：凸显着价值追求

教师的发展是学校发展的前提条件。不容置疑，教师的专业发展是学校发展的首要条件，也是提升学校教育教学质量的根本保证。好的教师可以支撑好的学校，好的学校一定离不开好的教师。英国在确定了《课程标准》之后，由各学校任课老师从上百种教材中自选符合自己使用的教材，并在此基础上，由学科组进行研究、整合、重组、编辑，整理出具有学校特色的学科教材。为此，这样的学科教学首先就考验着教师的课程意识和课程能力，即在一个主题或在一个大的框架下怎么去建构自己学校的课程内容，怎样在课程组建中体现学校的教育价值追求，怎样实现学校各自的特色发展，都在检验着老师们的课程意识和课程能力。可见，只会教教材的老师在英国是混不下去的，整合课程能力差的老师也不可能在英国混得好。所以，教师需要不断学习，不断更新，不断超越，实现自我的专业化发展，努力使自己成为时代需要的合格教师。难怪他们说："一个好老师，首先要像个演员，不管你有多累，都得装出神采奕奕的样子，把自己的良好形象留给学生；一个好老师，也要当个小偷，要善于像小偷一样去窃取别人的可用资源，以充实自己的教学资源。"英国的教师在制订个人目标时，都必须做到与学校的目标保持高度一致，目标可测，有挑战性又有可实现性，目标具体，分解到明确的时间点上，甚至精确到某一天。可见，在英国做老师，绝不是盲目的，每个老师都必须是明白人，每天都必须做明白事，最终才能实现自己的整体目标。

学校的发展需要共同价值追求引领。在英国，学校的自我发展目标是师生的共同价值追求。几位校长在讲课中都谈到，在重组学校时，学校原有的老师可以自主选择去留问题，如果要留下来，就必须认可新学校的发展目标，朝着新学校的共同价值追求前进。在这样的新学校中，每个教师都是学校的主人，都要为实现学校的共同价值付出最大努力。

学生的发展是衡量学校办学质量高低的唯一标准。在英国，也有对教育质量的评价。他们的评价是基于学校的自主发展目标进行的，其自主选择的目标的达成情况是评价机构对学校进行评价的重要依据。而学校的自主发展目标，主要看学生的成长和发展状况，学生成长得好，学校工作效率就高；学生发展得有特色，学校工作的特色就鲜明。学生的发展，又主要集中在对知识的运用能力和解决实际问题的能力，他们不考死记硬背的东西，他们的考题大多以分析、判断、推理、综合为路径，考察学生思考问题的成熟度、精细度、全面性、辩证性等。他们的教学，实践了"教是有限的，学是无限的。教师只有将有限的教融入学生无限的学，学生才能在有限的学中学到无限的学"的伟大教育理念。

（六）总结提升

千锤百炼为一"绿"①
——小专题研究成果的总结与提炼

儿子写日记："夜深了，妈妈在打麻将，爸爸在上网……"

爸爸检查时，很不满意地说："日记源于生活，但要高于生活！"

孩子马上修改为："夜深了，妈妈在赌钱，爸爸在网恋……"

爸爸更不满了，愤怒地说："看看中央电视台、地方报纸是怎么写的。一定要提倡正能量，以正面宣传为主！"

孩子再修改为："夜深了，妈妈在研究经济，爸爸在研究互联网＋生活……"

爸爸看后说，这还差不多，但深度不够，有待进一步提高！以后你长大成了硕士研究生，你就知道应该这么写了："妈妈在研究信息不对称状态下的动态博弈，爸爸在研究人工智能与情感供给侧的新兴组合。"

爸爸接着说，要是你打算成为博士，得这样写："妈妈在研究复杂群体中多因素干扰及信息不对称状态下的新型'囚徒困境'博弈；爸爸研究的是'大数据视角下的六度空间理论在情感供给侧匹配中的创新与实践'"。

两点感悟：文化真的很重要，包装真的很重要。

---

① 本文与成华小学李春玲、戴晓、黄志平、华林小学张敏合作撰写，用于对成华区教科室主任初阶、中阶班成员培训。这里只选择了其中部分内容。

1. 什么是小专题研究

以教师自身教学过程中发生的具体问题为研究对象，以问题的解决为研究目标的小课题。它是针对平时教育教学中常遇到的但容易被忽视的小问题、小现象，甚至小技术、小环节进行剖析和研讨，在短期内寻求解决问题的有效途径、策略和方法。

2. 小专题研究的特点

小。小专题之本就是以小步子推进。从小事情、小现象、小问题入手，关注的是教育教学问题中的"某点"或某个细节。

专。研究集中在某一方面的问题解决，并且是在实践操作中的问题解决。

实。就是面对现实、基于真实、追求实用。源于真实的教育教学问题，也就是不忘我们提倡的"做真实的研究，真实地做研究"的初心。

快。就是周期短、"疗效"好、见效快。

3. 小专题研究案例举证

案例：课堂笔记与学生成绩的相关性研究。

现象：美国黑人学生斯通智力一般，但数学成绩一直很好。

发现：课堂笔记特别认真。

问题：二者之间有联系吗？如有，可否找到普遍提升数学成绩的可行途径？

思考：你发现过类似现象吗？你进一步研究了吗？

设计一：要求全班学生按教师规定的统一格式做课堂笔记，连续做课堂笔记一个月。

分析结果：

（1）成绩特好和成绩特差的孩子课堂笔记都比较简单；

（2）成绩特差的孩子中有相当一部分孩子的智力不差于前面例子中的学生；

（3）例子中的学生强调通过笔记的方式强迫自己认真听课，

找到并记录教师讲解中自己不懂的问题，课后想法弥补。

设计二：以例子中这个学生等中等生的课堂笔记为基础，形成 3 种学生课堂笔记范例：

①A 模式：只记自己感兴趣的课堂笔记；

②B 模式：以记录自己听不懂的问题为主，辅之以课后弥补；

③C 模式：全面记录的课堂笔记。

在自愿的基础上建立 ABC 三个数学学习小组，人数基本相等，按三种方式坚持做课堂笔记一个月。

分析结果：

（1）对中等智力学生而言，课堂笔记能够普遍提高学生学习注意力，直接影响学生学习成绩；

（2）①A 模式对中等智力及以下学生影响不大；②B 模式对学生成绩影响明显；③C 模式多数学生无法坚持，但坚持下来的效果极好。

研究特点：

从身边问题入手，具有改变自身教学的强烈意识和自觉行为；

从课堂问题入手，通过系统的方法设计，有意识地干预自己的教学和学生学习，逐步形成明确的认识和结论。

4．小专题研究与课题研究的关系

课题研究：是对教育理论或教育实践中的现象和问题进行有意识、有目的、有计划的研究，用来解决实际问题并提示因果关系，探讨教育规律，以推动教育改革，提高教育质量的科学研究活动。

小专题研究：是以教师自身教学过程中发生的具体问题为研究对象，以问题的解决为研究目标的小课题。小专题研究与课题研究的区别见表3 34。

表 3-34　小专题研究与课题研究的区别

	课题研究	小专题研究
目标	解决学校重大教育管理问题	提高广大教师的某项专业素质
选题	偏重宏观的教育管理问题	偏重微观的，如教师遇到的教育教学问题
研究方法	重在行动研究、开展活动或制度改革	重在读书实践思考，寻找方法，在教育教学实践中验证方法
课题管理	比较严格，包含立项、可行性研究、中期检查和结题等版块	相对宽松，根据教师自己安排，主要检查教师提出什么问题，读了什么书，教育教学改进程度
研究结果	结题报告、学校发展等	教育叙事、教学案例、小论文
影响力	涉及面广、影响力大	教师个人行为，改进自己教育教学
投入程度	有大量经费投入和人力投入	投入小，周期短，见效快

结论：不管是小专题，还是课题，都有共同点——问题即课题，过程即研究，结果即成果。

注意：并非任何教学"问题"都能构成研究的"课题"，只有当教师持续地关注、追踪、分析某个有意义的教学问题，只有当教师比较细心地"设计"解决问题的思路后，日常的教学问题才可能转化为研究课题，教师的"问题意识"才会上升为"课题意识"。

5. 小专题研究的基本路径、策略

（1）小专题研究的基本路径

①案例引发路径：从案例谈起—将所发现的问题设计成课题—准确诊断问题—寻找适当的方法解决问题。换言之，是"发现问题—分析问题—解决问题"，只不过作者强调要从案例出发，从问题导入：分析案例—找出问题—设计课题—分析原因—解决问题。

②目标落实路径：立足教育教学目标—对应目标找差距—分析存在的原因—设计解决的方法—再付诸实践进行检验—找到最终落实的根本措施。

③问题解决路径：找出教育教学的具体问题—分析内在的原因—寻求解决方案—再经过实践的检验。

④能力培养路径：抓住学科学习中的"关键能力"（即"不需要再学习的能力"，比如阅读能力、写作能力、分析能力、总结能力、搜集处理信息的能力等）—围绕能力培养设计课题研究。

⑤经验研究路径：根据身边优秀教师的教育实践—进行分析研究—提炼出这位优秀教师独到的、可以复制的经验—用教育学、心理学、哲学等理论加以分析和解释，上升到理论的经验。

总之，小专题研究的基本路径与大课题研究的基本路径没有多大区别，只是选择的"点"更窄小，使用的方法要简便，解决的问题要具有针对性。

（2）小专题研究的基本策略

小专题研究具有指向的"自我性"、过程的"随动性"、时限的"即时性"、形式的"灵活性"等特点，所以，其基本策略是有以下几点。

提高认识。不要把"小专题"与"规划课题""重点课题"混为一谈，提出过高要求；也不要认为小专题是少数优秀教师才可能做的事情，一般老师没有精力，没有必要，也没有能力做研究。小专题研究其实应该是一种"草根式"研究，不一定非得要有创新性、前瞻性，只要通过研究让自己原来无效、低效甚至负效的教学行为变得更加有效、高效，这就是一种有效的小专题研究。对小专题研究应该有"工作问题化，问题课题化"的意识，将自己在教育教学过程中存在的问题作为小专题逐一进行研究并有效解决。小专题要"小"，就是从小事、小现象、小问题入手，以小见大；小专题要"近"，就是要贴近自己的教学现实，不好高骛远；研究要"实"，要实实在在，摒弃大而空的描述，多一些实在的关注；研究要"真"，要真研究、真讨论，写出真感受，最后得出真成果。

平衡价值。不要将"评先""晋级"与小专题研究挂钩。一旦一味追求小专题研究的数量和质量，就会存在"多而无为，虚而失实，伪而乏真"的现象。小专题研究主要是教师开展自己的研究、解决自己的问题、改进自己的教学，从而不断地更新教育教学观念、改善教育教学行为、提升教育教学水平。在研究过程中，应该多整理案例、总结经验、深入思考，并及时撰写成论文、案例和随笔。

抓实过程。小专题研究一般要经历这样一个过程：①发现问题、确定主题；②学习借鉴、初定方法；③尝试实践、及时调整；④总结提升、形成成果。在这个过程中需要及时反思研究过程、认真分析存在问题，主动学习别人经验，理性思考解决策略，积极实践预设策略，合理调整教学策略，科学总结解决策略，每一环节都必须抓实抓好。也只有抓实抓好过程，才能使自己对问题的理解更加全面与深刻、分析更加深入与理性、阐述更加自信与自如、视野更加开阔与高远。

持续研究。不要"追风头"，赶潮流，要针对某个方面或某个问题进行深层次、长时间的持续性研究、系列性研究，使自己的研究有深度、有广度。

科学总结。要重视研究成果的总结与提炼，使自己的总结与提炼不仅有感性认识，更有科学性和理论性，总结出可以共享的经验。在总结过程中做到3点。第一，及时梳理，梳理"自己是怎么做的"，习惯地问自己"为什么要这样做、怎样做会更有效"，以便发现更多的问题，尝试更多的方法，积累更多的经验。第二，积极写作，将研究过程、改进过程、实施过程、实施效果和成败得失、教学感悟如实加以记录,可以写成论文、案例或随笔,以写作的方式促使自己进行深入学习与实践反思,提高创新思维能力,培养表达的准确性、科学性、条理性和完整性。第三,科学提升,善于从理论层面梳理并提升自己的教学智慧,既有感性的描述又要有理性的思辨,既要有感而悟又要有悟而发,既要有由点及面作发散性思考又要有由表及里进行深层挖掘,从而提高思考问题的整体性、层次性、系统性。

6. 小专题研究的成果总结

小专题研究成果包括显性成果和隐性成果两个方面,因此,小专题研究成果就可以从这两个方面进行总结。

(1) 显性成果

从教师层面讲,是指在"教"的领域,教师采取的解决问题的方法、策略、措施,教师总结的典型经验、有效做法,等等。

从学生层面讲,是指在"学"的领域,能够看得见的学习行为改善、态度的优化、学习成绩的提高,班级面貌的改观,等等。

还可能是学校管理效益的提高,领导、教师、学生之间人际关系的改善等。

显性的成果可以用调查数据的形式呈现。

(2) 隐性成果

教师的素养、学识、思考能力、方式方法等一些难以量化、难以物化的方面的提高。

学生素质结构的优化,兴趣、动机、精神面貌的变化,良好行为习惯的养成。

学校教育教学质量的综合提升等。这是最终的,最有价值的研究成果。

隐性成果可以通过故事、案例等形式呈现。

特别说明:课题研究,现在一般用"研究成效"取代"研究成果"，包括"研究成果"和"研究效果"两大方面。"研究成果"，又包括"研究取得的理论成果（认识成果）"和"研究取得的实践成果（操作成果）"；"研究效果"，包括学生、教师、学校，甚至还包括家长及与该研究有一定关联的事务的变化等。

7. 小专题研究成果的总结与提炼

（1）基本结构分享

小专题研究成果的写作，可分为标题、正文、落款。标题又分公文式的，一般由单位名称、时限、内容、文种组成；双标题式的；正文由前言、主体、结尾组成；结尾又分自然收尾和总结全文；落款由单位名称和时间组成。

具体地说，主体部分常见的结构形态有三种。

①纵向结构。就是按照事物或实践活动的过程安排内容。写作时，把总结包括的时间划分为几个阶段，按时间顺序分别叙述每个阶段的成绩、做法、经验、体会。这种写法的好处是过程清楚、明白。

②横向结构。按事实性质和规律的不同分门别类地依次展开内容，使各层之间呈现相互并列的态势。这种写法的优点是各层次的内容鲜明、集中。

③纵横式结构。安排内容时，既考虑时间的先后顺序，体现事物的发展过程，又注意内容的逻辑联系，从几个方面总结出经验教训。这种写法，多数是先采用纵式结构，写事物发展的各个阶段的情况或问题，然后用横式结构总结经验或教训。

主体部分的外部形式，有贯通式、小标题式、序数式3种情况。

①贯通式。适用于篇幅短小、内容单纯的总结。它像一篇短文，全文之中不用外部标志来显示层次。

②小标题式。将主体部分分为若干层次，每层加一个概括核心内容的小标题，重心突出，条理清楚。

③序数式。将主体分为若干层次，各层用"一、二、三⋯⋯"的序号排列，层次一目了然。

小专题研究成果的呈现形式，多用课例、经验、教学反思、故事、调查数据等来呈现。

从严格意义上讲，最终的成果呈现形式，最好还是完整地、有条理地将在研究期间形成的阶段成果进行汇总，比如以《×××课题研究报告》的形式来呈现。

课例、经验、反思、故事等阶段成果形式与最终成果形式如同"珍珠"与"项链"的关系。

（2）语言特点赏析

（略）

（3）成功案例拾英

（略）

（4）文章的表达亮点

①用数据说话：数据呈现，形式丰富。

②针对问题，提炼策略。

③案例呈现完整，案例描述、分析与反思有机结合。

④利用表格，简明、清晰地将研究内容序列化。

⑤建模：根据学科特点、课型差异，形成了相应的教学策略和模式。

⑥成果积累丰富，体现研究的扎实性。

（5）五点修改建议

①研究动因应包括问题的呈现、成因分析。

②研究报告的基本结构要完整。

③《研究报告》不能等同于《工作报告》。

④研究成果需要丰富的支撑材料。

⑤要区分开研究成果与研究效果。

总之，小专题研究成果的合理表达、有效表达、高质量表达，不仅是研究的需要，更是提升教师教育教学能力的需要。我们要在小专题研究中，加强研究、实践、反思、改善、总结与提炼，以实现我们教师的专业化成长。

可以说，小课题虽"小"，但其价值并不小。如果一线教师在做小课题研究时，能做到上述各方面，不但会使小专题研究变得简单，而且能有效提高自己的教育教学质量，同时还能为以后做大课题研究打下扎实的基础。

（七）只问耕耘

课程改革，因为有美育而更精彩

曾有这样一段歌词：

心中拥有一片天地/把青春和生命握在手里/不怕狂风暴雨/面对挫折分离/我要战胜我自己/让时光冲走昔日空虚/让春风带来新的生机……

正如这首歌所描绘的一样，成华小学人在心中拥有一片尚美的天地，大家用智慧、青春和热血书写了教育的蓬勃生机，绽放了绚烂的美育之花。

更无柳絮因风起，唯有葵花向日倾

自建校以来，成华小学就确定了以美育人的发展方向，美育几乎成了成华小学的代名词。面对基础教育课程改革，领导、老师们思考最多的是：在实施课程改革的情况下，还能不能继续走美育之路？怎样才能既保持美育办学特色，又扎扎实实做好基础教育课程改革工作？能不能找到一个契合点，以实现美育与课程改革的双赢？……

思考影响意识，意识决定行动。大家在经过反复思考、反复碰撞、反复论证之后，萌生了把美育与课程改革相融合的念头，

开展了"儿童生活美育""小学学科教学审美化""美育校本课程的开发""尚美教师文化建设"等全方位的系列研究，找到了美育在课程改革中的新的发展要素，这正是"更无柳絮因风起，唯有葵花向日倾"。成华小学在一轮又一轮的研究中，脚踏实地，取得了骄人的成果，学校的知名度也因此日益提高，成了省、市、区窗口示范学校，先后被评为成都市"义务教育示范学校""四川省校风示范学校""四川省百所艺术教育特色学校""四川省教师职业技能示范学校""四川省爱国卫生先进单位""四川省德育工作先进单位""四川省文明单位""成都市巾帼文明岗""成都市绿色学校""全国环境文化艺术建设先进单位"等，学校特色得到充分展现。

寻常一样窗前月，才有梅花便不同

在课程改革与美育相融合的过程中，成华小学走过了一段值得回眸的历程。

儿童生活美育。学校以儿童生活中各种美的事物为审美对象，以儿童在学校、家庭、社会生活中的美为审美内容，有计划、有目的、有组织地开展了形式多样，令孩子们喜欢的美育活动。从孩子的着装礼仪、邀请礼仪、购物礼仪、就餐礼仪、招呼礼仪、电话礼仪、待客礼仪、作客礼仪、告别礼仪、参加活动礼仪、师生间的礼仪、与父母间的礼仪、在公共场合的礼仪、接触外国人的礼仪等基本礼仪入手，再到关注自己的生活——整理书包、整理床铺、整理衣物、装饰自己的小天地、美化我们的教室、装扮学校的环境、留心我们的社区等，既有完全属于自己生活中的美育，又有关心他人、关心班级、关心学校、关心社区的生活美育。这样的活动的开展，让孩子的心灵得到了美的熏陶，让家长也受到了美的感染。

学科教学审美化。学校还针对学科教学实施美育相对薄弱的实际情况，以及小学美育与学科课程的目标、内容、教法衔接研究不够的现状，对学科教学中的目标、内容、过程、情景、评价等要素的审美化及其组合进行了深入研究，整理、提炼出小学各年级教材中的美育内容，形成了主要学科的审美化教学模式。学校明确提出了教师审美化备课要求、审美化课堂教学原则、审美化课堂操作细则、审美化课堂教学实施意见，全体老师在语文、数学、音乐、美术、体育等各学科教学教学中，一是把美育目标作为教学常规环节，每篇课文、每个章节、每节课都尽力挖掘美育因素，定出明确的美育目标。二是在教学过程中，按照"美的规律"对教学内容和形式进行重新取舍与组合，注重体现教学艺术美、教学行为美、教学环节美、教学过程美，帮助学生在学习活动中获得更多的审美体验、启迪与感悟，实现"以美启智""以美育人"的教学目标。三是老师们从"进入教室形象""讲台形象""上课形象""教学结束形象""教师服饰礼仪形象""整体台感形象"等方面展示自己的风采，每天都以自然大方的举止、整洁合体的衣着、稳重庄严的姿态、精神饱满的情绪，给学生良好的印象和赏心悦目的美感。四是发掘艺术课程的人文价值，打破传统的美育、音乐教学体系，紧密结合学生的生活实际和兴趣需要，突出艺术教育的人文价值。

美育校本课程的开发。坚持以课堂为主阵地，以课程整合、开发、延伸为主渠道，学校发掘和放大不同课程蕴含的"美育"因素，对学生进行了"润物细无声"的美育熏陶、启迪和浸润，丰富了学校和师生生命行走的精神力量。

大胆整合艺术课程。学校开设的欣赏自然美、了解社会美、关注生活美、感知艺术美、探索科学美、感受成长美等综合课程深受学生喜爱。

开设美育选修课。学校根据学生需要开设的健身艺术（中华武术、艺术体操、健美操、民族舞蹈编排）、传统艺术（国学小书院、线艺、编结)、生活艺术(摄影、服装设计)、文化艺术(新闻采访与电视制作、辩论与演讲、课本剧、文学欣赏、诗歌欣赏、影视欣赏、阅读指导、电子阅览、英语话剧、音乐鉴赏)等美育选修课程,实现了美育选修课综合化、生活化、活动化和审美化。

开展丰富多彩的校园文化艺术节。学校开展的"我创新,我快乐"的创新科技节、"展示成长足迹,享受童年快乐"的快乐艺术节、"运动、健康、成长、快乐"的趣味体育节、"圣诞快乐,新年快乐"的动感英语节等校园文化艺术节,无一不受到学生、家长、社会关注。

"尚美"教师文化建设。学校要求教师思想上保持纯洁,远离污秽;工作上求真、务实;行动上行善、乐于关爱他人,善于发现美、欣赏美、创造美,从而促进自己在真、善、美方面的和谐统一,并进一步落实到自己的教育教学活动中,促进学生真、善、美的和谐发展,最终延伸到社区、社会的真、善、美的和谐统一。由于本研究着眼于培植和发展人性中的善根,培根固本,顺乎自然地把人导向了健康的发展之道。教师具有"尚美"的"三三目标"(对自己——信仰、习礼、笃实;对他人——怡情、谐趣、欣赏;对工作——秩序、智慧、创造。)每个教师具有了更高的审美素养,确立了促进学生健康、全面发展的教育价值观,推进了求真、向善、尚美的教育科学和人文精神走向,开拓了学生个性化发展的时空和路径,使老师思想品格的陶冶、专业素质的提升、合作能力的加强、服务意识的树立、高尚气质的养成都有显著变化。老师做到以美的心灵感染人,以美的仪表影响人,以和蔼的态度对待人,以丰富的知识引导人,以博大的胸怀关爱人,从而促进了学生的健康发展。

这些有益的尝试,使成华小学基本实现了由单一到综合、由局部到整体、由校内到校外的"以美育人"与课程改革的融合,老师们清楚地意识到：美的因素不仅能滋养人的性情，也可提高人的理性，培养人的想象力和创造力，孕育全面和谐发展的个性。

何须浅碧深红色，自是花中第一流

成华小学通过让全体老师在学习中陶冶审美情操，在教学中践行审美互动，在活动中追求审美体验，在评价中渗透审美合作，在管理中提高美育修养，在休闲中拓展审美领域，使老师们进一步地清醒地认识到：美，能令人爽心悦目；美，能唤醒人们的理性；美，能促进人求真、向善；美，能使天人合一。老师们也基本能做到胸怀理想，充满激情和诗意；表现出自信、自强，不断挑战自我的精神；善于与同事合作，彰显人格魅力；处处充满爱心，时时受到学生尊敬；工作中努力追求卓越，富有创新精神；目光更远，具有社会责任感。年轻教师邓起林在自己的日记中写道："在对待自己上，美育与课程结合，教会我审视自身；在对待学生上，美育与课程结合，教会我换位思考、尊重个性；在对待工作上，美育与课程结合，让我实现认识和行为上的彻底转变。"音乐教师、区学科带头人李林更是站在一个高度道出了该校实施课程改革的收获："教学理念发生了根本性的转变，课堂以审美为核心，音乐教育不再是技能的教育和训练，而是以音乐为载体，让学生感悟音乐的美，玩味音乐的美，享受音乐的美。"《四川教育》记者张泽科在对该校的课程改革与美育研究进行采访之后写道："教育应当充满诗意，把学生带到一个宽容、刚健的人文地带；教育应当充满机智，把学生心中的智慧和自信唤醒；教育应当充满激情，以永远年轻的心跳把生命的未来点亮……美育先行、导引及其柔性光辉润泽，开启素质教育之门及其纵深图景，开启生命潜能、生命个性及其幸福美景，开启美育学校特色及其个性化发展走势……成华小学十余年潜心、虔诚而智慧的美育探索，找到了一条优化生命成长的素质教育新路线。"
是啊，"何须浅碧深红色，自是花中第一流"，相信成华小学的美
育与课改之花会在老师们的精心浇灌之下开得更加艳丽，绽放出
璀璨夺目的光彩！

参考文献

四川省教育厅中专处. 心理学 ［M］. 成都：四川人民出版社，1980.

刘寿祺. 简明教育心理学 ［M］. 长沙：湖南教育出版社，1982.

侯文达. 语文教师的修养 ［M］. 成都：成都出版社，1991.

王敏勤. 国内著名教改实验评介 ［M］. 青岛：青岛海洋大学出版社，1993.

戴宝云. 实用小学语文教学 90 法 ［M］. 广州：广东教育出版社，1995.

张大均. 教学心理学研究 ［M］. 重庆：西南师范大学出版社，1998.

李泽厚，刘纲纪. 中国美学史 ［M］. 合肥：安徽文艺出版社，1999.

罗伯特·卡尼格尔. 师从天才：一个科学王朝的崛起 ［M］. 江载芬，闫鲜宁，张新颖，译. 上海：上海科技教育出版社，2001.

佐藤学. 静悄悄的革命 ［M］. 李季湄，译. 长春：长春出版社，2003.

杨斌. 语文美育叙论 ［M］. 南京：南京师范大学出版社，2005.

雷玲. 名师教学机智例谈 ［M］. 上海：华东师范大学出版社，2007.

肖川. 生命教育：为幸福人生奠基 ［J］. 人民教育，2007（12）.

费孝通，季羡林，厉以宁，等. 美学是什么 ［M］. 北京：北京大学出版社，2008.

张法. 美学导论 ［M］. 北京：中国人民大学出版社，2008.

曾蓉，李建荣. 教师尚美文化的理论与实践 ［M］. 北京：科学出版社，2009.

陈循南. 语文教师应该是怎样的人 ［J］. 语文学习，2012（4）.

中华人民共和国教育部. 义务教育语文课程标准 ［M］. 北京：北京师范大学出版社，2012.

董诞黎，胡早娣，邵亦冰，等. 课程整合——课堂教学新变局［M］. 杭州：浙江大学出版社，2012.

约翰·D. 布兰思福特，等. 人是如何让学习的［M］. 程可拉，孙亚玲，王旭卿，译. 上海：华东师范大学出版社，2013

王荣生. 阅读教学设计的要诀——王荣生给语文教师的建议［M］. 北京：中国轻工业出版社，2014.

叶开. 语文是什么［M］. 上海：华东师范大学出版社，2014.

顾黄初，李杏保. 二十世纪后期中国语文教育论集［M］. 成都：四川教育出版社，2000.

张庆林. 当代认知心理学在教学中的应用［M］. 重庆：西南师范大学出版社，1995.

张映雄. 当代目标教学［M］. 成都：四川教育出版社，1992.

吴立岗. 小学教学论［M］. 南宁：广西教育出版社，2000.

徐永森. 小学作文教学信息论［M］. 北京：语文出版社，1995.

阴国恩，李洪玉，李幼穗. 非智力因素及其培养［M］. 杭州：浙江人民出版社，1996.

朱学思. 小学语文教改实验与研究［M］. 成都：电子科技大学出版社，1995.

王铁军，陈敬朴. 中小学教育科学研究［M］. 武汉：武汉大学出版社，1997.

张映雄. 推广教育科研成果的开发性研究［M］. 重庆：西南师范大学出版社，1997.

心理学百科全书［M］. 杭州：浙江教育出版社，1995.

瞿葆奎. 教育学文集·教学［M］. 北京：人民教育出版社，1988.

王希尧. 人本教育学［M］. 成都：四川教育出版社，1999.

张田若，郭惜珍. 小学作文教学研究［M］. 郑州：文心出版社，1996.

张大均. 教育心理学［M］. 重庆：西南师范大学出版社，1997.

燕国材，马家乐. 非智力因素与学校教育［M］. 西安：陕西人民教育出版社，1992.

李顺，唐小平. 构建作文教学的新秩序——"做人·作文"的素质教育追求［J］. 教改实验，1999（10）.

李建荣，张慈佳. 作文教学中的教师语言艺术［J］. 四川教育，1999（2-3）.

苗春风，杨正德. 论人文关怀视野中的现代教育［J］. 教育科学论坛，2003（1）.

刘微. 角色扮演：促进课堂人际互动的有效策略［J］. 教育科学论坛，2003（1）.

秦德林. 解放人：素质教育的应然功能［J］. 小学各科教与学，2003（4）.

李建荣. 小学语文加强感悟教育的理性思考［J］. 四川教育，2000（9）.